国家艺术基金 2023 年度艺术人才培训资助项目

当代策展人的求索

“中青年视觉艺术策展人培训”
学员文萃

中国文联文艺研修院 / 编著

中国文联出版社

图书在版编目（CIP）数据

当代策展人的求索：国家艺术基金2023年度艺术人才培训资助项目“中青年视觉艺术策展人培训”学员文萃 / 中国文联文艺研修院编著. -- 北京：中国文联出版社，2024. 7. -- ISBN 978-7-5190-5552-3

Ⅰ. G245-53

中国国家版本馆CIP数据核字第2024YR1126号

当代策展人的求索：国家艺术基金2023年度艺术人才培训资助项目“中青年视觉艺术策展人培训”学员文萃

编　　著：中国文联文艺研修院
责任编辑：张超琪　黄雪彬
责任校对：秀点校对
封面设计：武　艺
版式设计：高　洁

出版发行：中国文联出版社有限公司
社　　址：北京市朝阳区农展馆南里10号　　邮编：100125
网　　址：http://www.clapnet.cn
电　　话：010-85923091（总编室）　010-85923058（编辑部）
　　　　　010-85923025（发行部）
经　　销：全国新华书店等
印　　刷：三河市龙大印装有限公司

开　　本：787毫米 × 1092毫米　1/16
印　　张：27.25
字　　数：272千字
版　　次：2024年8月第1版
　　　　　2024年8月第1次印刷
书　　号：ISBN 978-7-5190-5552-3
定　　价：158.00元

本书编委会

主　任：李洪伟

成　员：陈光宇　石　琳　刘怀彦

井照雪　张艺可

前　言

为深入学习贯彻习近平新时代中国特色社会主义思想和党的二十大精神，特别是习近平文化思想，由彩票公益金、国家艺术基金资助，中国文联文艺研修院主体实施的国家艺术基金 2023 年度艺术人才培训资助项目“中青年视觉艺术策展人培训”于 2023 年 8 月 26 日至 10 月 31 日以线上线下相结合的方式举办。其中，8 月 26 日至 9 月 25 日在京开展 30 天集中培训，9 月 26 日至 10 月 31 日为线上创作交流阶段。

本期培训班共 45 人，均是在策展领域积累了深厚学术功底和扎实实践本领的青年策展人才，平均年龄 37 岁，所在单位涉及美术馆、博物馆、高校、文化机构、文联协会、新文艺组织等。培训期间，学员们充分调动学习积极性和自主性，认真参加各项教学活动，如饥似渴地吸收理论知识和实践经验。同时，结合自身工作实际不断地反思、消化、转化、运用，师生之间、同学之间广泛交流、深度研讨、寻求合作，真正实现了教学相长、学学相长、学有所用。

培训结束后，45 名中青年策展人将所学内容与近期或即将举办的实际展览案例相结合，写下对策展人及策展工作的新认识、新思考、新感悟和新思路。我们希望这部汇聚45位中青年策展人智慧的培训成果，可以给今后从事策展工作的人或多或少地带去一些启发，共同推动文艺策展事业蓬勃发展。

目录

中国文联文艺研究院
Academy of Literary and Art, CFLAC

秦 谊

贵州大学美术学院副教授，硕士研究生导师，中国艺术研究院艺术理论博士，民革党员，中国文艺评论家协会会员。著有《当代艺术与宋庄的三重解读》，曾获贵州省高教成果奖一等奖，第十三届AAC年度出版物入围奖。主要研究方向为当代艺术、艺术与区域发展，发表论文多篇。

参训感言

感谢国家艺术基金和中国文联文艺研修院孜孜不倦地持续推动中国视觉艺术策展人的行业进步。在参加了本次策展人培训后，有许多收获，得到了来自前辈老师们的经验和鼓励，得到了同辈同学们的支持和合作，也得到了对于行业发展的新观念和信心。这些，对个人而言是促使自己专业进步的动力，习得的专业知识在今后的展览策划中能够提升理论和实际的展陈水平，收获的良师益友则能够为行业的整体发展搭建平台。“星星之火，可以燎原”，策展人培训让我们以“策展人”之名短暂地相聚，但却是我们作为策展人职业生涯中浓墨重彩的一笔，愿本届策展人都能在新时代的策展领域留下自己的痕迹。

1

视觉艺术策展人的身份与职责

秦瑄

摘　要：从视觉艺术策展人的定位切入，通过策展人培训，探讨中国视觉艺术策展人的身份与职责，明确作为当代视觉艺术的思想者、理论与实践的连接者和新时代的注解者，策展人应该提升自身的理论和实践水平，更好地用艺术展览为新时代的发展佐证。

关键词：视觉艺术；策展人；文化融合

一、视觉艺术的思想者

何为“策展人”是本次中国文联文艺研修院举办的“中青年视觉艺术策展人培训”（以下简称“策展人培训”）中多位任课老师在讲课时首先提出的问题。从行业或者学科的角度而言，关键词“策展人”的定义意味着界限、职责以及发展方向。有了相对清晰的认知，策展人才能明确自己的身份与职责。尽管“策展人”是一个发展中的概念，但对其已有的历程和当下的变化，通过策展人培训的学习实践，亦可做一个简单的梳理概括。

西方国家对于策展人的定义众多。Curator 一词首度出现于 14 世纪中叶，意指监督者、管理者或维护者。随着时代变迁，17 世纪兴起的奇珍室逐步发展为 18 世纪到 19 世纪的公共博物馆、美术馆，艺术品或奇珍异物、历史文物的保管者和陈列者由 Keeper 扩展为以主题或历史时段等为目标的专项展览策划者 Curator，而后又细分为“主题专家策展人”“独立策展人”“艺术家—策展人”及“部门主管策展人”等。呈现出与今日策展行业相近的“策展人”概念范畴，即策展人是展览项目的负责人，或是展览的策划者和组织者，或是艺术理论的梳理者和实践者，或是艺术实践兼艺术风格、流派等主题的探索者。不论从哪一个角度阐释“策展人”的概念，都蕴含着对于艺术的思考和理解，并且要付诸实践即策划实施，那么，策展人首先应该是视觉艺术的思想者。

策展人培训中以“融合”为导向，录取学员的标准就是按照策展人的四个概念方向来考量的：从项目负责人的角度，选择了专业展览场馆的馆长、副馆长和展陈部主要负责人，作为“部门主管策展人”；从策展实践和组织角度，选择了民营文化机构的“独立策展人”；从艺术理论的梳理实践角度，选择了艺术类的高校教师；从艺术实践和探索的角度，选择了既是艺术家又是策展人的学员。四个方向的45名学员会聚在一起，再根据不同的选择方向大致平均分配到5个小组中，每个小组是一个临时的“策展团队”，在培训期间要完成一次展览策划。由此，年轻的视觉艺术思想者们便要迅速地发挥所长，用实践来理解“策展人”的身份与职责。

二、理论与实践的连接者

中国的“策展人”的概念与西方的概念应有区别，由于社会和历史发展的不同，中国的“策展人”更应将西方的“策展人”概念融合进本土化的艺术事业和产业发展中。

2011年12月，国家文物局印发《博物馆事业中长期发展规划纲要（2011—2020年）》，明确指出：“建立策展人制度，建立陈列展览设计、施工单位资质管理制度。强化学术研究对陈列展览的支撑。”2012年，《关于加强博物馆陈列展览工作的意见》进一步强调：“创新运行机制，探索实行策展人制度。”两个政策性指导文件都敦促了本土化“策展人制度”的建立和实行，那么，本土化的“策展人”概念就更需要细化和明确，由确定身份进而明确职责，才能建立制度。

在中国的展陈事业与文化产业发展过程中，有以下一些与西方“策展人”概念的区别之处：首先，中国的“策展人”所在单位类型不同，一部分策展人就职于国有各级别的博物馆和美术馆等文化展示场馆，一部分策展人则就业于民营的美术馆、博物馆或文化类企业，两种类型的“策展人”在身份认同和职责上倾向是不同的；其次，中国的“策展人”作为职业，其兴起和繁荣的时间较短，策展人培训中的授课老师如王春辰、王璜生、尚辉等前辈作为第一代策展人，仍然活跃在当今国内外的艺术策展领域中，可以说，他们是中国“策展人”身份的首批塑造者；再次，中国的“策展人”独具中国传统文化的学术背景，又接受了西方的艺术教育模式，在中西方文化对话的过程中，往往要在文化的冲突和融合性上把握尺度，做到理论与实践的有机连接，这一点非常不易。

策展人培训的60堂讲座中，老师们将理论与实践相结合，给学员们分享了他们在各自的策展领域里丰富的实践案例以及理论应用，有成功有不足，为后辈“策展人”传授了弥足珍贵的经验。在思政艺德及文艺理论板块，傅亦轩、周由强、黄悦、陶勤等老师梳理了各自专业方向的文艺理论内容，加深了学员们对于当代中国策展人立场和观念的认识。在业务素养板块，吴为山、尚辉、魏祥奇、张子康、朱洪宇、李宁、裔萼、丁宁、吴洪亮等老师侧重主题展、传统文化展类型的分析应用，详细解读了如何正面塑造主题展和中国传统文化的品牌形象；王春辰、刘礼宾、彭锋、武小川、蔡萌、王璜生、苏丹、唐克扬、高鹏、晏燕等老师侧重当代展览的艺术理念和展陈设计实践应用，提供了丰富的值得借鉴和思考的案例细节。在展览与民族民间文化和乡村振兴结合的部分，方李莉、陈小波、苑利、崔波等老师分享了他们成功的实践经验，突破了传统场馆的限制，提出了创新的展陈观念和方法。另外，周林、任冬生、焦洋等老师从工作实际角度补充了策展法务、舞台灯光和中国绘画等相关知识。此外，数次外出参观展览和了解相关展览的策展情况于学员而言，加深了对于不同类型场馆、文化机构的认识，在类型的对比中更加明确自身作为“策展人”的身份认知和具体职责。

“策展人不是艺术家的搬运工，直接把作品运送到展览空间中挂在墙上。策展人在理解艺术家及其作品的基础之上进行考量，找到作品与展览之间的某种联结，使得展览主题与艺术家的作品观念里应外合，从而将作品之于展览主题的信息力度增强，在展览空间展现给观众。”这是策展人最为基础的连接任务，而在具体的每一个展览中，如何协调中西文化、民族性与现代性、传统与当代等等相对概念则是更上一层的连接任务。最后，如何在多元化的世界观念中艺术地展示中华文化的自信，是最高层的连接任务，这些是作为“连接者”的“策展人”所要履行的职责。

三、新时代的注解者

艺术是时代发展的佐证，经济繁荣的时代往往也是文化繁荣的时代。从改革开放到新时代，艺术对于时代的记录蕴藏在一次次大大小小的展览和策展体系的发展中。从中国第一代策展人摸索着将中国的展览与现代化的场馆和生活相结合，到将一批一批的中国传统和当代艺术品送到海外展览，他们走出了一条属于中国的策展之路，尽管在理论和制度上不甚完善，但未竟之业就在一期一期的策展人培训中薪火相传。一方面，中国策展行业的相关理论需要建立系统和完善结构，另一方面，实践的经典案例也需汇集成册成为行业学习的典范。再者，策展人的相关制度包括从业资格、学习和培训体系、考核机制及就业范畴等都需要在发展中明确。

20 世纪 90 年代以来，策展相关的著作陆续出现，策展课程在大学中逐步创建，策展的理论和职业架构在逐步规范。当下，全国的美术类专业院校和综合类大学的美术学院都在积极参与策展相关的理论建设，相对的共识包括以下一些内容：第一，策展人必须面对和快速接纳视觉艺术的新潮流，以之融入策展实践，置于必要的理论探索之中；第二，策展人逐渐成为综合意识与艺术的设计者，即将文化和观念的视觉呈现表达到位，不只停留在文字上；第三，必须尽快规范策展人行业，有相对标准的职业规范及教育教学体系；第四，重视策展人的身份与职责，建立和完善相关法律法规，让他们能够持续地用展览和视觉文化研究为新时代做好注解。

新时代的成就非凡，其中令人瞩目的是 2020 年实现了全面脱贫。贵州的乡村文化振兴与产业振兴同样重要。贵州作为全国为数不多拥有 56 个民族的省份，多民族聚居杂居的模式促使乡村文化和少数民族文化多样性融合，是实践“美美与共”的理想沃野。新时代的贵州需要对外展示脱贫后的新形象，将地区的民族民间文化特色和新时代的生活、观念融合在一起。在策划筹备落地的“未来之州”展览中，拟将贵州的民族民间文化以色彩、服饰、观念、探索四个部分进行展陈设计，其中，用少数民族的色彩系统展示贵州独特的审美；用服饰的现代化展示体现传统元素的当代形式美；在观念板块，用数字化展陈方式介绍部分民间文化、传说，阐释古老的传统和当代人在生活观念上的共通性；在探索板块，将古老的夜郎文化和对未来的期许结合，穿越千年贵州，步入新时代。

图 1　民族民间文化的数字化展陈设计图

经过本次策展人培训的学习，拓展了展陈设计的理念和思路，于切实落地的贵州文化展览而言，需要坚持“四化一高地”的战略定位，用视觉文化讲好贵州故事，将贵州文化的兼容并包、与时俱进融入中华文化的“天下大同”之中。

参考文献

阿德里安·乔治. 策展人手册［M］. ESTRAN艺术理论翻译小组，译. 北京：北京美术摄影出版社，2017：12–17.

国家文物局. 关于印发《博物馆事业中长期发展规划纲要（2011—2020年）》的通知［A/OL］.（2012–02–02）［2024–05–06］. http://www.ncha.gov.cn/art/2012/2/2/art_2237_42262.html.

中国政府网. 文物局发布《意见》要求加强博物馆陈列展览工作［EB/OL］.（2012–12–21）. https://www.gov.cn/gzdt/2012–12/21/content_2296102.htm.

王璜生，中国美术馆中的策展人制度非常乏［N］. 北京青年报，2014–03–28.

陈　晨

博士，天津师范大学历史文化学院文物与博物馆学系副教授、硕士生导师、博物馆与艺术鉴藏研究中心主任；天津博物馆书画文物鉴定专家、策展人；中国博物馆协会青年工作委员会常委、陈列艺术专委会委员、博物馆学专委会委员。

参训感言

2023年的夏天，有幸能参加中国文联文艺研修院举办的国家艺术基金“中青年视觉艺术策展人培训”项目。虽然之前参加过很多次不同类型的培训，但是这次却与众不同。首先，在课程内容上，感慨美术、书法、摄影等不同类型的课程。授课专家都是各专业的大咖学者，能够把最新的研究理念传授给大家。其次，在行程安排上，30天的时间丰富且紧凑，不仅有室内授课，还有外出考察，而且有很多互动环节，非常有意思。最后，就是收获了一群志同道合的同学伙伴。大家来自不同城市不同专业，但因此结缘，聚是一团火，散是满天星。

2

关于博物馆『策展人制度』项目化管理方式的构建

陈晨

摘　要：随着社会公众对精神文化的需求不断提升，博物馆行业也告别了“冷板凳”的时代，逐渐成为人们愿意关注的热点。然而，作为博物馆自身来讲，却面临着压力与挑战。如何使博物馆的功能更具社会性与服务性？如何利用馆藏策划出更好的展览与活动？相信是每一位博物馆领导者所需要思考的问题。我们经常会发现，许多展览的策划过程并没有较高的工作效率，工作氛围也并不是和谐愉快的，观众体验服务也并没有做到十分人性化，最终的展出效果也会多少留下些遗憾。问题究竟出在哪？笔者认为这与没有建立一套科学的“策展人制度”息息相关。本文从旧博物馆管理模式的局限与新时代展览发展的需求入手，提出博物馆“策展人制度”项目化管理方式的建立，并就相关问题进行说明。

关键词：博物馆；展览；策展人；制度

一、“策展人项目”的基本内容与实施流程

无论是博物馆，还是其他单位，工作职能范畴是开展工作之前第一需要厘清的事情。也就是说，要明确该职位所要完成的工作任务，以及最终目标，这样才好从全局把控。针对博物馆展览工作来说，其目的就是使观众了解展品所呈现的文化、历史、艺术内涵，从而激发其对博物馆以及相关文化的热爱。从这个方向出发，博物馆首先应该寻找观众感兴趣的展览主题，挑选能够说明这个主题的展品，其次通过形式设计呈现出来，再通过各种教育活动使观众可以参与其中，再次还要从经济效益的角度考虑，设计生产出一系列的衍生产品，最后针对观众体验调查以及产品的销售额来评估一个展览成功与否。所以，笔者认为随着当代社会展览行业的发展，策展人不能仅仅局限于“撰写展览大纲——挑选藏品陈列”这种单一的陈列模式。新时期的展览策划工作应该更具全面性与多样性。

如图 1 所示，展览应该是由策展人主动发起，并且要做好相关的准备工作。如，首先应当做市场调查，找准观众感兴趣的展题，或

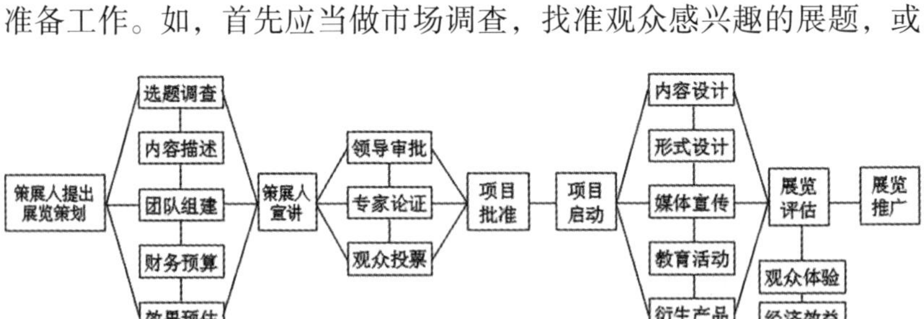

图 1 “策展人项目制度”的基本内容与实施流程

者大时代背景下的热点等。之后需要将这些想法形成文字，概述其目的意义以及主要内容。此外，策展人应该在本馆范围内寻找适当的合作伙伴加入策展团队之中，还要计算出该展览项目所需要的经费以及展览最终达到的目标效果。当策展人将一套准备方案做足之后，应召开宣讲会，邀请馆领导、相关领域专家以及观众代表参加出席。策展人可以利用多媒体手段表述自己的展览设想，馆领导从政治方向、实际操控力等方面把关；专家从专业角度进行论证分析；观众从趣味性与兴趣点等方面发表意见，最终三方意见汇总，讨论表决实行与否。

展览项目获得批准之后，策展人可以着手准备实行。笔者将策展人与其团队在展览过程中需要承担的工作划分为内容设计、形式设计、媒体宣传、教育活动、衍生产品五个部分。如图 2 所示。

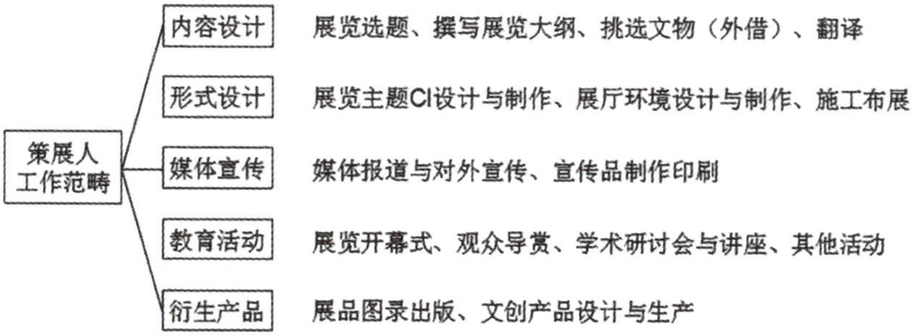

图 2　策展人及策展团队工作范畴

首先是展览主题的确立。策展人应根据本馆藏品特色与市场调研中的观众需求乃至当今社会最为流行、热门的文化现象或学术前沿等多个因素来共同确定展览主题。然后根据展览主题挑选文物，如果文物因为品相不好需要修复应当提前申报。在这里需要声明一点，策展人应当拥有馆藏文物的文字与图像资料，这样才方便挑选与研究文物。展览大纲的撰写包括前言、单元说明、文物名称与说明、辅助图版说明等一系列说明文字，之后还要做相应的英文及其他语种的翻译。这一板块的工作是整个展览的核心内容，其他板块都是依据展览的主题与内容来开展工作的。

在旧博物馆管理模式工作中，“形式设计”工作普遍由陈列部来完成。但是，随着设计艺术的不断发展与进步，老陈列部的工作人员不能满足当下观众的审美需要，于是很多博物馆又将此工作内容交由设计公司来承担。但是设计公司的设计人员不能快速理解策展人想要表达的主题内涵，甚至不了解文物展览的功能与价值，所以在交流沟通方面会产生很多问题。这就要求在策展人团队中有专业的设计人员，或者策展人本身就具有设计美感素养，这样形式设计才不会与内容设计相脱离。展览首先需要有一个主题设计，也就是在设计专业中俗称的“CI”。“CI”的中文解释是“视觉识别系统”，规范一个企业或一个活动的颜色、标志等视觉内容。比如，展览的主体色调、题目文字的字体、标志、说明牌的材质等，这对展览的格调品位与视觉规范十分重要，也会对观众的参观意愿产生催进作用。另外，展厅的环境设计也是十分必要的，包括展柜的摆放、场景的搭建、灯源的调整等。但是许多展厅都是固定展柜，所以需要策展人能够因“地”制宜、因“材”施策。文物布展是在平面设计与环境设计完成的基础之上再进行的，不然会有文物安全隐患。

宣传是展览成功与否的重要工作。展览策划得再好，没有大力的宣传，也不会产生好的社会效益。策展人团队中需要有专人负责记录拍摄、媒体宣传方面的工作。首先需要策划宣传节点，例如在布展、开展相关活动时能够联系媒体或本馆网站做出相应的新闻报道，并且在本馆内明显的场地上要做出新展览的宣传。如果宣传经费充足甚至可以考虑联系广告。宣传品的设计包括海报、宣传册等，也应该由策展团队完成。需要注意的是，无论哪种设计形式，都要基于主题 CI 设计的基础之上，不要另辟蹊径。

社会教育是博物馆社会职能的体现。很多展览过于专业性或艺术性，使观众在理解上有些困难。这就需要策展人团队提供相应的服务，如讲解、语音导览、举办各种专业讲座与沙龙，并且可以针对不同的观众目标群来开展适合儿童、学生、老人等围绕展览的各类活动。当然，这个板块的内容需要大量的人员支持，所以策展团队可以考虑招募志愿者或实习生来辅助完成。志愿者的工作职能并不仅局限于宣教部的讲解与服务工作，对于展览的宣传推广，他们同样可以发挥热情与能力。

所谓的衍生产品实际上就是根据展览内容所设计制作出来的文化艺术创意品，用于获取经济利益。这是博物馆营销中用来获取经济价值的一项很重要的内容。衍生产品包括的类型很多，最为常见的则是出版专业的展览图录与画册，将展览的展品全部收录进去，并且配以文字介绍说明与专业性的研究文章，可以让观众得到此展览完整的信息资料。除此之外，还可以根据展览设计出一系列的文化创意产品，如徽章、文具等，使观众可以把“博物馆”带回家。

在展览结束之后，馆方可以对该展览进行评估。展览的目的是社会效益和经济效益的双赢，社会效益可以通过观众服务的调查反馈、参观人数等信息得知。经济效益可以依据开发的衍生品收益、门票收益等衡量。同时，策展人还可以将这套成熟的展览向其他博物馆进行推广，开发更大的社会效益与经济效益。

二、“策展人项目制度”的相关问题

1.“策展人”的选培与素质要求

策展人实际上是一个展览的灵魂人物，就如同一部电影的导演，是需要具有创造力的艺术家，并不是谁都可以胜任的。所以，博物馆领导对于策展人的选培是需要十分慎重的，要根据其性格、素质、能力等多方面进行考量。

第一，策展人应该具有个人风格，形成个人品牌。一位高水平的策展人事实上就是一位高水平的艺术家。艺术家就要具有自己的个人风格与个人品牌，使观众可以看到作品就能知道是哪位艺术家所做。从选题到大纲编写，再到设计风格，都应贴上策展人风格的标签。当然，这种风格应该是以大众审美为出发点的，具有时代精神与艺术美感，而不是光怪陆离、哗众取宠的。策展人要将每一次展览都当成自己的艺术作品，导演这场艺术盛宴，逐渐形成自己的风格，创造品牌效应。

第二，策展人要具有强大的气场与人格魅力。很多人都会忽略策展人自身的性格与外在条件。一个成功的策展人需要在领导及同事面前介绍自己的展览构想，需要为观众进行展览导赏和解析，需要与其他馆进行交流合作，推销展览产品。所以，策展人需要具备强大的气场和个人魅力，才可以在面对面的交流中感染对方、说服对方。所谓“明星”策展人，不只是其展览作品具有个人风格，其形象气质、举止谈吐都会为自己增分许多。

第三，策展人必须具有组织与协调能力。组织与协调能力是每一个团队领导者都必须具备的素质。在团队工作之中，如何安排工作，如何沟通关系，都会体现策展人的组织能力。策展人需要具有清晰的逻辑思维、高效率的工作能力，以及人际沟通能力。一个大型文物展览涉及的范围十分广泛，牵扯的环节也十分多，所以策展人作为一个大型文物展览的组织者，不仅要从宏观方面对整个展览进行政策、方向上的把握，而且还要从微观的角度，对整个展览运作的各个细节进行布局和调整，因此具备优秀的组织能力和运筹整个展览的能力是策展人必备的条件之一。

第四，策展人需要具备专业技能和专业素养。针对全面、专业的市场调研结果，策展人必须有敏锐的专业嗅觉，明确市场的需求，不仅要针对需求做出文物展览主题思想、相关内容、文物清单等的策划方案，而且还要策划出市场运作的整体方案。策展人须对全国的文物资源有深入的了解，因此还必须具备学者的身份，对相关的历史、文物专业知识有所认识，并对国家相关法律、法规有深刻的理解。这是策划任何一个文物展览的先决条件。

第五，策展人需要具备扎实的美术功底，具备高格调的审美能力。每个展览都应该是一件艺术作品，都要传达给观众知识和美的东西。这就要求策展人具有扎实的美术功底，通过各种展示手段去展示展品的内在和外在的内容。对物体的比例、色彩及摆放环境要有深刻的认知。在整个展览的色调、造型的把握上要从绘画的角度去理解，但还要结合“三大构成”的理论去分析，这样才能掌控住整个展览的设计方向。

第六，策展人需要熟悉使用计算机相关设计软件，熟悉各种应用材料，对美工类材料的材质特点、应用方式、表现效果要有准确的认识。不具备这些知识，作为展览的策划者，会无法与具体设计人员沟通，达不到应有的设计表现力，展览也就做不好。对施工图纸的较强分析能力，这是进行施工监督的基础。策展人还需要对光环境、多媒体等高新技术进行了解，用最前沿的科技来实现展厅的布景效果。

2.“策展人团队”的构成组建

策展团队的人员构成应该本着“贵精不贵多”的原则，应该由策展人牵头组建团队成员，参与人员需要对该展览有足够的热情与高水平的工作能力。策展人在组建团队人员的时候不能仅仅局限于同业务部门的同事参与，更应该将选择的范围扩展到本馆其他部门中，将有志于策展工作的人才集中，而不是硬性地分配任务。如果馆内工作人员在工作能力与工作态度方面不能满足策展人的工作要求，作为策展人甚至可以考虑借调志愿者或实习生帮忙协助，但是要在保证文物安全的前提之下，所以这就需要策展人在具体工作分配时有所把握。无论选择哪类人才加入策展团队，其目的都是更有效率地完成展览。一个策展团队中主要的人员构成有如下几类。

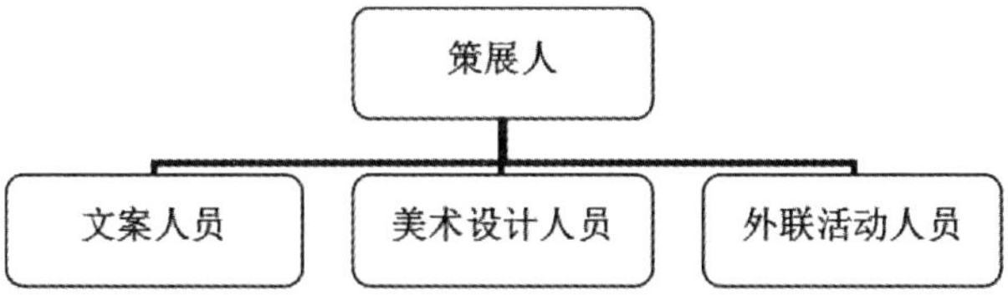

图 3 策展人团队人员构成

如图 3，策展人团队中大致有这三类人才即可。文案人员需要具有深厚的专业知识与学术背景，熟悉与该展览主题相关的学术研究领域，主要负责撰写展览大纲、挑选展品、编写图录与研究性文章等工作。一般来讲，此角色都由策展人亲自担任，是整个展览的核心与灵魂。但一个构思再成熟的展览也需要专业的艺术包装，无论从展厅布置，还是“CI”设计，都需要具有一定的形式美感。所以，策展团队中需要美术设计人员。该人员要从始至终与策展人、文案人员共同策划展览，要深入了解展览的内容与格调，从而设计出与展览主题品位相符的艺术形式。这类人员一般要具有深厚的美术功底，并且要熟悉相关计算机设计软件。如策展人自身也具备美术设计能力，则更能将展览的效果表现出来。展览的宣传推广与相关活动在过去的博物馆展览工作中没有十分受到重视，但是随着近年来博物馆事业的发展，教育职能越发体现出其重要性。外联活动人员要对该展览进行一系列的媒体宣传计划，联系媒体并安排相关的社会活动。所以需要性格外向，策划组织能力较强的人员担任此工作为宜。

上述人员构成只是按照策展工作所涉及的职能进行划分，并没有限定人员数量。也可以依据具体成员的实际工作能力兼任多个岗位，免去了岗位职能间的程序烦冗与沟通障碍。

魏　琳

毕业于内蒙古师范大学美术学院，现就职于内蒙古包头博物馆。三级美术师，内蒙古自治区美术家协会会员，包头市美术家协会会员。获国家级奖励1次，自治区级奖励2次，自治区美术展览入围3次获奖2次，市级奖励3次。发表学术论文5篇。2012年进入包头博物馆陈列展览部工作，承担展览策划、平面设计、展览联络及接待工作。参与设计展览百余项，个人独立完成展览策划及设计工作30余项。

参训感言

在此次学习中，我不仅学习了如何策划展览和如何更好地呈现艺术作品，更深入了解了艺术与文化的深厚联系。培训过程中，我认识到策展不仅是艺术品的展示，更是一种文化的传承和推广。通过与老师和同学的交流，我获得了宝贵的灵感和经验，也学会了如何打破思维定式，创新思考。团队合作也是我在培训中收获的重要经验，我学会了如何与他人有效沟通、合作，共同实现目标。总之，策展班的学习让我收获颇丰，激发了我对艺术和未来的热情。希望在未来的日子里，我将能够运用所学知识，为艺术和文化事业做出贡献。

3

博物馆策展与美术馆策展共性与差异的深入探讨

——基于包头博物馆案例分析

魏 琳

摘 要：博物馆和美术馆作为文化的载体和艺术的表现舞台，其策展工作在很多方面具有共性。然而，由于它们所涉及的领域和对象的差异，策展的理念、方法和目标也存在一定的差别。本文将结合包头市当代史展（暂用名），从博物馆和美术馆的策展概述、共性分析、差异性比较和未来策展的挑战与机遇四个部分进行深入探讨。

关键词：博物馆策展；美术馆策展；文化；艺术

一、博物馆策展与美术馆策展的概述

（一）博物馆策展

博物馆作为保存、展示和研究物质文化、自然历史和人类历史的重要场所，其策展工作主要围绕如何有效地保护、展示这些珍贵的文化遗产展开。博物馆策展不仅关注单个展品或主题的选择和呈现，更重视这些展品之间的关联性和故事性，以呈现出一段段鲜活的历史或一个个生动的文化场景。

（二）美术馆策展

美术馆作为展示视觉艺术作品的场馆，其策展工作更多地聚焦于绘画、雕塑、当代艺术等视觉艺术的呈现。美术馆的策展主要关注艺术作品本身的审美价值，探讨艺术家的创作思路、作品价值以及艺术作品背后的社会议题等。

二、博物馆策展与美术馆策展的共性分析

（一）保存与展示

无论是博物馆还是美术馆，其首要任务都是对文化遗产或艺术作品的保存和展示。在策展过程中，两者都努力通过最优的方式保护并传承这些文化遗产或艺术作品，让更多的人能够从中了解和欣

赏到人类历史与文化的丰富多样性。保存与展示是博物馆和美术馆的核心任务之一，为了实现这一目标，它们采用了各种技术和方法，如专业的存储设施、丰富的展览展示手段、精细的保养和修复手法以及教育活动等，以确保这些珍贵的文化遗产能够被更长久地保存下来，并通过展馆展现于公众面前。

（二）教育与启示

博物馆和美术馆的策展都强调对公众的教育和启示作用。通过展览，观众可以了解到各种知识，从历史事件、自然科学到艺术鉴赏等。这两种机构的策展都需要确保展览内容易于理解、令人难忘，并能够激发观众的好奇心和兴趣。教育和启示是博物馆和美术馆的重要功能之一，它们不仅是文化和艺术的展示场所，同时也是教育和研究的机构。通过展览和教育活动，观众可以更加深入地了解文化遗产和艺术作品背后的意义和价值，从而获得启示和思考。通过展览可以培养观众的文化素养和审美能力，引发对古今、对艺术甚至对人生的思考，进而促进社会的文化发展和进步。

（三）多元化的展示方式

博物馆和美术馆的策展都需要通过多元化的展示方式来吸引观众，包括静态展示、动态展示以及互动展示等，以增强观众的体验。多元化的展示方式能够让观众更深入地了解文化遗产或艺术作品，同时也能提高观众的兴趣和参与度。多元化的展示方式是博物馆和美术馆展览的重要特点之一，它们通过各种展示方式来呈现文化遗产和艺术作品的多样性和丰富性，这些不同的展示方式能够满足不同观众的需求，提高展览的趣味性和吸引力，同时也可以帮助观众更好地理解和欣赏文化遗产和艺术作品。

三、博物馆策展与美术馆策展的差异性比较

（一）目标和重点的不同

虽然博物馆和美术馆的策展有许多相似之处，但它们的目标和重点还是有所不同的。博物馆的目标往往在于研究、教育和保护历史文化，因此其策展更强调叙事性，重点在于讲述历史故事或呈现文化场景。而美术馆则更注重推动当代艺术的发展、创新和交流，因此其策展更多地聚焦于艺术家的作品展示和艺术思潮的探讨。这种目标和重点的不同使得博物馆和美术馆在展览内容和形式上有着不同的侧重点，博物馆侧重于历史文化的保护和教育，因此其展览内容通常以一段历史发展脉络为主线，文物和相关辅助内容贯穿其中，通过展览向观众呈现出一段完整的历史或一个完整的故事。而美术馆则更加关注当代艺术的创新和发展，强调艺术家的个人风格和创新精神，展览内容通常以当代艺术家的作品为主线，通过展览呈现出当代艺术的多样性和创新性。以博物馆“包头市当代史展”为例，展览通过展示包头当代的一些重要人物介绍、城市风貌照片、生活生产工具等，串联出包头市当代的城市发展脉络，让观众更好

地了解到包头当代的发展史；如果是在美术馆做“包头市当代史展”，展示的就是一些本市艺术家的作品、城市雕塑或者装置等，作品之间有关联但不是按照某条主线进行。

（二）视角和叙事方式的不同

博物馆和美术馆的策展在视角和叙事方式上也有所不同。博物馆的策展往往更加注重历史和文化的连续性和传承性，通过展览为观众呈现出一个完整的历史发展脉络，因此其叙事方式通常是以时间为线索，通过不同时期的文物和文化遗迹来展现历史的发展过程。而美术馆则更加关注当代艺术的前沿性和创新性，强调艺术家的个人风格和创新精神，因此其叙事方式通常是以一个主题为中心，艺术作品与这个主题有关联，但作品之间不一定是相关的。

（三）策展手段和表现形式的不同

博物馆和美术馆的策展在手段和技术上也有所不同。博物馆因为展示的是曾经的场景，很多内容是通过专家的分析理解再现的，所以在策展中通常会借助更多的辅助展品（图版文字场景复原等）来保证叙事的完整性，也会通过一些虚拟技术手段，为观众创造出更加逼真的历史场景体验。而美术馆的策展则更加注重突出艺术作品本身的展示效果和审美体验，通过精心的布局和设计，呈现出艺术作品独特的魅力和内涵。

（四）艺术性方面的差异

博物馆的设计艺术性主要体现在，如何通过布局、灯光、色彩和音效等手段将展览的主题或历史事件呈现出来，同时表现出历史事件的不同氛围。博物馆策展人还需要考虑如何还原历史场景，让观众能够身临其境地感受历史事件的气氛。例如，在“当代展”中还原大炼钢铁的场景，展示工业部分用冷光，展示欣欣向荣的城市部分用暖光，通过灯光和色调的调节，将观众带入展览中。美术馆的设计艺术性则更注重如何通过布局、色彩、材质和空间等手段将艺术家的创作意图和艺术作品的内涵表现出来。美术馆的策展人通常需要考虑如何将艺术家的个人风格、艺术思潮和时代背景等元素融合在一起，以呈现出独特的艺术气息，使得观众可以更好地理解艺术家的创作思路和艺术风格。

四、未来博物馆与美术馆策展的挑战与机遇

（一）数字化与智能化技术的应用

随着数字化和智能化技术的不断发展，未来博物馆和美术馆的策展将会面临更多的机遇。策展人可以通过应用虚拟现实、VR 互动等技术，更好地还原历史场景，让观众获得更加真实的体验，同时增加展览的互动性和趣味性，吸引更多的观众前来参观。

（二）社会参与度和互动性的提高

未来博物馆和美术馆的策展也需要更多地考虑如何吸引更广泛的观众群体，提高社会参与度和互动性。例如，可以通过开展社会调查、艺术进社区等方式，让观众更多地参与到展览中来，使展览内容更加贴近观众的需求和兴趣。

（三）文化多样性和包容性的体现

随着社会的发展，人们对文化多样性和包容性的重视程度不断提高。未来博物馆和美术馆的策展需要更多地考虑如何呈现不同文化、不同背景和不同人群的故事和声音。例如，可以通过展示不同地区的文化遗产或者呈现不同艺术思潮的交融，来推动文化多样性和包容性的发展。

结　论

博物馆和美术馆的策展作为文化保护、传承和教育的载体，在很多方面具有共性。策展人需要在保证展览内容准确性和真实性的同时，保证展览设计的艺术性和审美性，这需要很高的策划能力和设计能力。如何在保持文化遗产或艺术作品的原汁原味的同时，还能够吸引更多的观众，也是博物馆和美术馆策展所面临的一大挑战。由于其领域的特殊性和对象的多样性，两者在目标和重点、视角和叙事方式以及策展手段和技术等方面也存在一定的差异。

未来，随着数字化和智能化技术的应用、社会参与度和互动性的提高，社会对文化多样性和包容性的重视程度不断提高，博物馆和美术馆的策展将会面临更多的机遇和挑战。这需要策展人不断地学习和探索新的理念和方法，以实现更好的保护、传承、教育和启示作用。

参考文献

赵志红 . 当代艺术策展与博物馆藏品展示的互动研究［J］. 美术观察，2020（10）.

王建国，杨小飞 . 当代艺术策展与城市文化建设的关系研究［J］. 南京艺术学院学报（美术与设计），2019（3）.

张琳 . 从“艺术 + 科技”看当代艺术策展的新思路［J］. 文艺研究，2019（4）.

范顺赞

艺术家，浙江省摄影家协会副秘书长，二级摄影师。毕业于中国美术学院摄影系，法国阿尔勒国立摄影学院(研修)。作品曾在法国卢浮宫、美国洛杉矶、澳大利亚、韩国等地展出。曾分别获得大理国际影会、平遥国际摄影大展、丽水国际摄影节最佳策展人奖和优秀摄影师奖。作品被北京恭王府和国内外多家艺术机构和个人收藏。出版著作:《现实给了梦想多少时间》《中国当代摄影图录: 范顺赞》。

参训感言

感恩有这么一次高层次的学习机会，来自不同地域、不同专业的同学们相聚北京，从第一天的破冰活动到相互交流与融合。30天的线下集中培训，研修院为大家邀请到了59位遍布全国展览策划及相关领域的专家学者，老师们讲述的内容覆盖策展的方方面面。从策展的理论和实践等层面给大家带来了具有针对性、指导性的高水平授课。在以跨界融合为办学理念的培训中，体会到策展工作需要综合运用各种思维方式和角度来解决问题。

通过与老师和同学们的交流，我学会了更加开放、多元的思维方式，能够更好地面对策展中的挑战和问题。

通过理论学习、实地教学，以及多元思维的培养，我对策展工作有了更深入的理解和认识。同时，我也明白了持续学习的重要性，将会继续努力提升自己的策展能力。

4

创作性策展与策展思维的创作

——基于范顺赞的《家有儿女》艺术创作与展览的案例分析

范顺赞

摘　要：本文将围绕创作性策展与策展思维的创作之间的紧密关系展开论述。通过创作性策展，艺术家可以将自己的创作与策展相结合，展示出更具个性与独特性的艺术作品。策展思维介入艺术创作则能够激发艺术家更深层次的创作灵感，拓展艺术的边界，展现出更多元化的艺术表达形式。本文围绕《家有儿女》系列作品的策展案例展开，通过此案例来探讨创作性策展与策展思维的创作的内在联系。

关键词：创作性策展；策展思维的创作；案例分析

策展作为一种对艺术作品进行组织、呈现和诠释的艺术形式，一直以来都是艺术的重要环节。然而，传统的策展方式往往更加关注展览的整体布局和作品之间的关联性，较少关注艺术家的个体创作。因此，创作性策展的出现，为艺术家提供了一个将自己的创作与策展相结合的平台，使他们能够以更加独特和个性化的方式展示自己的作品。

一、创作性策展的特点

创作性策展是一种独特的策展方式，它与传统的展览策展有所不同。创作性策展强调的是将策展过程与艺术创作过程相结合，通过艺术家的创作和策展者的策划，共同打造出一个有机而富有创意的展览形式，使展览不仅仅是作品的陈列，更是一种艺术创作的延伸。策展者通过对艺术家的作品进行选择、组织和呈现，与艺术家共同创作出一个整体艺术体验。

创作性策展鼓励艺术家和策展者在展览中进行创新和实验，可以尝试新的展览形式、新的观展体验，突破传统的展览模式和观念，以更加前卫和创新的方式呈现艺术作品。不拘泥于特定的艺术形式，可以涵盖绘画、雕塑、摄影、装置艺术、影像艺术等各种艺术形式。策展者可以根据主题或概念选择适合的艺术形式，并将其融合在展览中，创造出多元化的艺术体验。

二、艺术创作中的策展思维

很多艺术家在创作的最初期就具备了构想一个大型展览的想法，这就是策展思维介入艺术创作很好的体现。艺术创作中的策展思维是指在艺术创作过程中，艺术家或者策展人在展示作品时，对于选择、组织和呈现作品的策略和思考方式。这种思维方式对于艺术家来说非常重要，因为在创作的过程中就要求艺术家考虑作品与展览之间的关系，以及如何将作品与展览主题相融合。

策展思维融入艺术创作的过程能够帮助艺术家挖掘作品的潜在可能性，引导他们在创作过程中思考如何将自己的观念、情感和想法通过多种媒介和艺术形式进行呈现，可以使艺术家的创作更加多元化和丰富。

策展思维的艺术创作过程不仅关注作品本身，还注重作品的呈现方式与观众的观赏体验。它能够帮助艺术家考虑观众的需求和期待，设计展览的空间布局、展示方式等。通过运用策展思维创作的作品可以更好地帮助观众理解艺术作品背后的意义，与作品进行对话与互动，从而获得更深层次的艺术享受和思考，为艺术创作提供了更广阔的空间和可能性。

三、案例分析

我在创作《家有儿女》时融入了策展思维，我将创作过程整体化和多元化。本次展览的主题围绕着家庭生活以及生儿育女的点点滴滴，旨在通过展览空间的设计和展品的呈现，传达出作为父母的心酸、幸福和复杂情感。

我将展览空间设计为一个仿真的两室一厅家庭空间，以增强观众对作品的共鸣和情感体验。展厅的玄关处设置了前言文字和女儿绘画的一家四口儿童画，作为整个展览的引子。第一个房间展示了孩子新生和一家四口的温馨场景，通过摄影作品展示了家庭生活中的喜乐和亲情。大厅展示了生儿育女 10 年中的心酸压力与幸福相互交融的复杂情感，旨在传达出日常生活与艺术理想追求的复杂感受。第二个房间展示了围绕日常生活中的点点滴滴，从中观众可以感受到背后美好生活的心酸和辛苦。最后的结尾是一件由女儿绘制的一家四口儿童画做成的雕塑，与开始的玄关进行呼应，雕塑也有一家四口亲情永恒的象征。

为了丰富展览的形式，我采用了多种展品呈现方式，包括摄影作品、实物装置和视频作品等。摄影作品比较直观和丰富地展现了家庭生活的美好瞬间和复杂情感。实物装置让观众更加如实地感受到物品背后所传达的情感和意义。视频作品则记录了日常生活和成长，通过动态视觉与听觉相结合的方式呈现家庭生活的变化和情感交流。

在整个策展过程中，我注重将策展理念融入作品的创作和展示

图 1　展厅模型

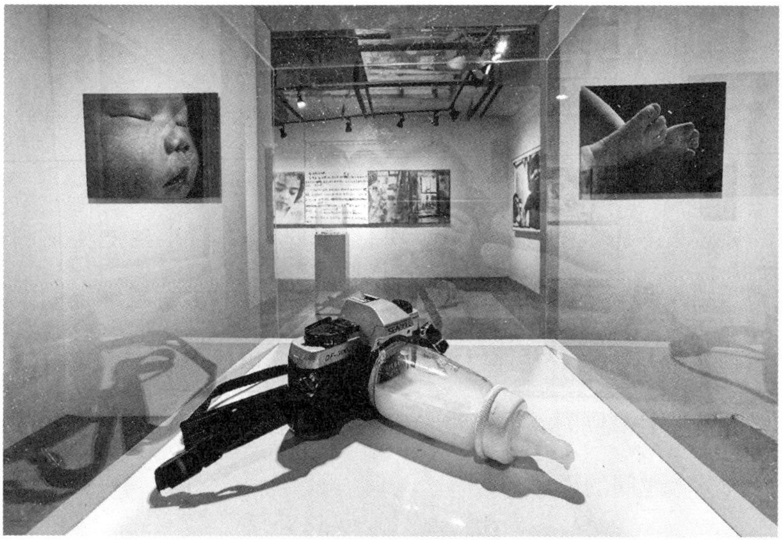

图 2　实物装置作品

图 3　展厅空间 1

中。在创作初期，我就意识到了整体化的重要性，并以个展的思维进行创作。这使我在作品的构思和拍摄中更加注重整体的呈现和叙事性，使作品之间相互呼应和衔接。通过不同媒介的结合，打破了传统摄影展览的单一形式，使整个展览更具有艺术性和观赏性。

通过策展思维的创作方式，将自己的摄影作品与家庭生活和艺术理想追求相融合，呈现出多维度的创作作品。展览旨在探索家庭生活的复杂与美好，并通过艺术的表达方式传递出我作为家庭成员的情感和体验。同时，展览也希望能够引起观众对家庭与个人关系、生活与艺术之间的思考与共鸣。

通过《家有儿女》摄影作品展的策展案例分析，我们可以看到在艺术创作中融入策展理念的重要性。通过理论学习和实践探索，我们可以更好地将策展思维应用到创作和展览中，使作品更具整体

图 4　展厅空间 2

性和多样性，增强观众的情感共鸣和艺术体验。策展不仅是一种展示作品的方式，更是一种创作的理念和方式，通过策展，我们能够更好地传达出作品的意义和情感，为观众带来更加丰富和深入的艺术体验。

四、总结

创作性策展与策展思维的创作是艺术家与策展人共同探索的领域。通过创作性策展，艺术家可以展示出更加独特和个性化的艺术作品，而策展思维融入艺术创作则能够激发艺术家更深层次的创作灵感，也将不断拓展艺术创作的边界，创新艺术的表达方式，为艺术家和观众带来更丰富、更具参与性的艺术体验。

方梓熙

四川夯九文化传播有限公司创始人，法国尼斯大学博物馆传播与艺术文化管理双硕士，师从国家级工艺美术大师杨莉尔倩学习成都传统漆器制作。展览策划：2018 年，法国尼斯市政文化项目博物馆节亚洲博物馆负责人、展览“科技与艺术”联合策展人、法国新具象流派代表画家波诺瓦 · 巴塞特“爱之密语”“I‘Amour d’ intimité ”油画展览策展人；2019 年，“流动的盛宴”西南青年艺术家油画主题展览策展人、“DALI DALI 平行世界 · 异想天开”西班牙超现实主义大师萨尔瓦多 · 达利与西南青年艺术家联展策展人；2022 年，成都市委宣传部“黑与白熊猫艺术创意展”策展人、成都市世界文化名城成果展“花开四季”策展人。

参训感言

在此次培训过程中，我深感策展人的职业魅力，同时也认识到不断提升专业技能学习的重要性，对这一职业有了更深入的理解。这让我更加坚定信念，积极推动社会主义文艺事业的繁荣发展，并充分认识到德艺双馨的关键性。我相信，每位学员都将带着培训的成果，为文化强国建设贡献自己的力量，并充分发挥各自的专业技能。同时，我也期待能在未来的策展工作中继续挖掘潜力，追求卓越，展现出属于自己的独特光芒，策划出更多更好的展览服务大众。

5

符号与思维：大众艺术策展

——黑与白熊猫艺术创意展

方梓熙

摘　要：本文以2022年策展举办的“黑与白熊猫艺术创意展”为对象，以非公立机构艺术策展人视角从展览策划框架、策划思路、策划主题到展区策划陈设进行概括介绍。目前，就我国人均博物馆美术馆配备数量，跳脱出美术馆、博物馆的艺术文化展览可以为更多的城市空间进行更新赋能，同时还可以让大部分从未去过博物馆、美术馆远离文化场域的大众与文化进行连接交流。大众艺术策划展览里发声场地将高传播度的文化符号作为展览策划的传播理解通识，策划无差别观展受众群体的主题展让大众充分享受国家文化惠民的社会化福利。

关键词：熊猫艺术展；文化符号；展览观众；展览策划

中国博物馆、美术馆在过去20多年快速发展并取得了显耀成果，截至2022年全国博物馆总数达6565家，排名全球前列。据统计，2022年全年我国博物馆举办线下展览3.4万个、教育活动近23万场，年接待5.78亿人次。据国家发展和改革委员会公布数据，截至2022年中国人口统计141175万人，平均21万人一所博物馆的配置，全国约三分之一的人口一年进入一次博物馆。博物馆、美术馆人均配备数量还远达不到满足全国人民日益增长的文化增长需求，且很多博物馆受众较为局限，越来越多的馆注重社会公教尤其针对少年儿童，但如何让中老年观众可以触及文化艺术，无疑需要越来越多的艺术文化展览跳脱出博物馆、美术馆场地，来到远离文化场域的受众人群密集居住地，与非专业观展观众进行日常生活中的连接与交流。展览的发声场地将一切高传播度的文化符号作为展览策划的传播理解通识，在空旷的广场、嘈杂的社区院子、充满烟火气息的菜市等大众艺术策展的场地生根。刨除一切艺术文化至高论，将艺术还原至生活本身，下至3岁上至耄耋一次快乐、公益的观展体验可能都是他们观展的第一次启蒙，文化惠民与文化强国的建设生态相息。

2022年7月，成都东郊记忆举办了全国首个“熊猫IP”艺术展——“黑与白”熊猫艺术创意展，作为此次展览的独立策展人，我负责主导了展览从策划到执行落地的全流程。此次展览策划落地周期历经6

个月，主要工作涵盖立意选题、场地考察调研、撰写策展方案、全国展品组展框架撰写、多部门协调、展览保险、展品运输仓储、展览安保组织、展览搭建、电检线检、展览消防、作品布展、展览志愿者培训等。组建策展执行团队60余人。策划执行团队涵盖策展助理4名、平面及空间设计师8名、展览统筹2名、文案与文字处理2名、翻译1名、学术指导2名、行政2名、志愿者10名、安保20名、现场后勤与维护12名。展览开展单日日均参观人数4000余次。文创销售额和艺术品销售额日均5万元以上。展览报道相关搜索结果500多万条。

一、展览概述

展览的展出面积2500平方米，策展空间规划融合了传统文化与当代流行元素，参观动线采用一进一出的主循环和观众自由漫游的方式进行空间展区策划划分。展览以熊猫艺术创意表达为核心，作品涵盖雕塑、摄影、书画、非遗经典、数字创意、潮玩艺术、玩偶手办、熊猫文创等多个板块，展出了超过600件以“大熊猫”元素的多元化艺术作品。展览邀请了超过100个艺术家和设计机构参与，汇聚了50多个潮流品牌，运用多种表现形式来创新表达“熊猫IP”。展览不仅为成都市民呈现了独特的视觉体验，还搭建了顶尖艺术家、品牌IP运营方、优秀文创企业等多方交流、多元合作的平台。通过构建创意设计生态圈，推动“熊猫”这一文化元素的创造性转化和创新性发展。此次展览作为公益展览免费面向公众开放。

二、展览策划思路

展览策划旨在以文化创意为消费场景注入新活力，丰富城市生活新体验，创造经济发展新增长点。通过推动天府文化中具有代表性的大熊猫文化的创造性转化和创新性发展，打造具有成都印记的现象级 IP 和城市级活动盛宴。这有助于持续提升“三城三都”的国际美誉度和全球化影响力，并为成都文化创意产业的生态优化提供力量。“熊猫”不再单纯是一种动物形象，而更像是一个文化符号，深植于大众心中。“熊猫文化”已成为中国对外文化交流中不可或缺的重要元素。作为世界文化历史名城和国内新一线国际化大都市，成都一直将大熊猫视为城市的文化名片，熊猫文化已经完全融入并根植于成都人民的日常生活中。

此次展览由成都市文化产业发展促进中心和中共成华区委宣传部主办，中共成都市委宣传部提供指导。作为此次展览的策展人，需要充分考虑展览的立意及符号解析重构与城市文化的品牌形象传播之间的互动关系。同时，我们还需要挑战传统熊猫符号的传统认知印象，以颠覆性的方式全面展现“熊猫 IP”的魅力。与以往的熊猫主题展相比，本次展览更加注重多元化展示和在地性与国际性的融合呈现。我们将把熊猫符号与人的情感相结合，以让观展的观众感到开心和快乐为目标。通过这次展览，我们希望能够进一步推动成都文化创意产业的发展，提升城市的国际影响力。在培训中，中华世纪坛馆长冀鹏程以“策展对于打通文化供需侧各生产圈层的价值”为主题的分享，也促使我加深对如何通过策展将文化资源进行有机整合从而凸显文化内涵和特色的策展逻辑层面进行思考。

图 1　展览入口

三、展览策划主题

此次展览地点成都成华区东郊记忆国际艺术中心。东郊记忆前身是始建于 20 世纪 50 年代的成都国营红光电子管厂，该厂是“一五计划”期间苏联援建中国的 156 个项目之一。2009 年，成都市计划利用东郊老工业区中的原成都国营红光电子管厂旧址，将部分工业特色鲜明的厂区作为工业文化遗址予以保留，并与文化创意产业结合，打造成音乐产业基地。这里日均接待大量游客，且周围是密集型居民社区，场地为一个专业非学术型的展馆场所，与博物馆、美术馆内的展览形式相区别。这些背景因素是前期策划主题的市场调研内容。

大熊猫作为一种文化符号，在社会化大众传播及其应用范畴内，展现出多样性的表现形式和丰富的实物载体。此次展览旨在挖掘熊猫这一象征的深层内涵，将其生活化、艺术化，体现成都作为熊猫故乡的特色，展现成都人民心中那只色彩斑斓的熊猫，象征着现实与理想的平衡、勇气与畏惧的较量，以及坚强与挫折的对抗。

黑与白，作为熊猫的代表色，不仅承载了中国传统文化的抽象表达，也体现了国际化的简约风格。主题概念将熊猫这一具象化符号进行广泛传播，黑色代表包容、力量，白色象征纯洁、和谐。黑与白之间的距离包含了所有颜色的过渡，代表着融合、平衡和相遇。将展览主题定义为“黑与白”，恰好呼应了熊猫符号在社会层面上升的新精神化需求和表达。吴洪亮老师在“未来考古——策展实践中的几点思考”讲座分享中谈及文化 IP 的打造，他的理念让我进一步思

图 2　多媒体数字丛林

考策展主题的目标性。如果每一场展览都是一具 IP 身体成长涵盖的生长因子，那这具身体必将对应一个名字，这个名字在大众传播的环节不停地加深符号的传播最后形成统一的印象。

四、展览板块策划与展陈

图 3　展览平面功能分区图

（一）大师级艺术展陈区

陈设的艺术作品是本次的重点展品，由 8 位国家级艺术大师作品组成。将文化传承和公园城市环保可持续化发展概念结合，契合各位艺术大师展出的熊猫主题非遗作品进行表达，传递非遗艺术作品的优雅气质，同时营造年轻时尚化的展陈设计感，增加年轻观众对成都非物质文化艺术的探索兴趣。展陈方式：展区中心设计定制再生竹筒纸柱打造的沉浸式非遗竹林展台园林小景。

（二）艺术生态装置区

成都是一座雪山下的公园城市，大熊猫则代表生态环境的良好发展。绿色与植物契合熊猫的主题，化作一件艺术空间装置，共同去探讨好生态、环保与循环的主题。展陈方式：植物、石头、综合材料组成的大型空间装置。

（三）潮流摄影展区

艺术家们通过摄影来记录生活，影射自己的心境，无论是光影层次，还是构图、拍摄角度，用不同的创作方式表达出属于自己的“熊猫”。用镜头记录下与熊猫的每一个难忘的回忆和不可复制的魅力，留下永恒的唯一的光影纪念品。展陈方式：摄影作品通过配合特殊定制软膜与竹子，采用中国传统裱画方式作为结合造型。打造一个熊猫摄影的暗房空间。

（四）潮艺玩展示区

潮艺玩展示区包含三个板块区域，将潮流艺术和熊猫文化完美融合，视觉享受拉满，从多角度多维度呈现熊猫最具魅力和艺术性的内容。通过结合熊猫文化、天府文化和当代艺术，用新面貌的方式去更好地阐释熊猫形象。展陈方式：Amazing Panda 展区将以纯白画廊为基地，各种大型潮玩雕塑和挂画为点缀来呈现。万象映画展区与国内人气 IP 马思唯合作，以 U 型滑板台为画布，用喷漆当画笔，整个区域色彩冲击力强。有一种超现实的未来感，夹杂着立体几何主义味十足的科技感，也是街头涂鸦艺术与熊猫形象的一种崭新的呈现。万物籍展区空间陈列的形式将现代简约时尚风格，配合拉丝不锈钢展台，地面设计如庭院山水落石的布局展出方式呈现。

（五）书画艺术长廊区

传统书画艺术作品有感染人心的力量，也可以说是引人深思的人性镜像，安静地洗涤着浮躁的心灵。现当代书法家以书法为载体，在那横竖撇捺，工笔细描或潇洒泼墨中，表达对大熊猫的喜爱之情。现当代的书画家在继承传统的基础上，从构图、线描、立意等方方面面，揭示和对东方文化及韵味的体现，为熊猫形象源源不断地注入新的生命力。展陈方式：以悬挂的方式陈列书画作品，兼顾整体性、协调性和层次感。

（六）油画作品展示区

油画是一个独立的结构，通过追求一种不同的浑厚色彩，摆脱掉符号体系的束缚，作品中流露出来的是不规则、不固定、永远变化的熊猫。熊猫的颜色可能是有限的，但创意却是无限的；黑白与彩色的交融，建构想象，拥有更广阔的空间来盛放熊猫文化，让人感受到色彩的魅力。展陈方式：分区造景，使展厅空间画面协调。

（七）多媒体数字丛林区

展览将用数字滚动屏装置打造一个数字创意藏品及交易实境体验空间，即数字化进程空间，为艺术家及艺术品创造了一个全新的平台。通过区块链的留存，在展览现场可以进行数字藏品的浏览和交易，将数字化的艺术品普及给公众。展陈方式：独立暗房空间展区，镜像装置墙面夹杂着钢管连接的象征二极管的展示电子屏幕，熊猫头灯箱、墙面灯管。

（八）文创超市快闪区

各种各样的熊猫文创产品，让目不暇接中带着惊喜。像是一次文创之旅，像一场邂逅，去看到不一样的东西和世界。不管是创意还是产品，都是一次见识的拓宽，去感受日子里温暖和可爱的部分。展陈方式：沉浸式快闪店与茶歇区结合，以货架的方式陈列文创产品，配合以竹凳、竹椅等元素来呈现。

（九）交互式艺术沙龙区

展览将沙龙区设计为艺术交互装置，建立一个开放和包容沟通的场景。舞台前方放置巨型立体黑白国际横盘，横盘上摆放黑白两色竹椅各 16 把作为棋子，形成对阵格局。邀请艺术家、熊猫专家等开展沙龙活动。同时，观众可登上棋盘区参与文化沙龙分享，成为艺术装置的一部分，打卡拍照留念。展陈方式：定制巨型钢架黑白棋盘与黑白竹椅及黑白长毛地毯，舞台大屏幕。

五、活动与社教

此次展览配备了青年艺术家现场签售见面会、熊猫主题影音放映沙龙、艺术家分场沙龙论坛、手工艺术体验坊、社会化教育社团参观讲解等活动。由于展览是在疫情时期举办的，线下活动类别场次控制减少，但效果反响依然热烈，市民参与程度高。

谈及非公立机构策展人在执行大型展览的策划实施过程中遇到的难点问题，此次培训中高鹏老师给了我新的灵感。他在分享今日美术馆 10 年工作经验时，强调策展人的角色需要灵活多变，具备极强的跨专业统筹和应变能力以及强悍的快速执行能力。这让我重新思考策展人的职业生涯发展定位是否应当要具有坚定不移的初心作为指导。

对于非公立机构策展人，我个人更偏向称呼这类策展人为职业经理策展人。职业经理策展人的每一个策展项目需要双管齐下，既要注重项目经济效益，还要充分体现文化的社会价值。在培训中，周由强老师以“回归与超越——习近平总书记文艺工作重要思想学习体会”为题，结合习近平总书记关于文艺工作的重要论述和党的二十大精神，重新解读新时代背景下的主旋律的意义，即“主旋律代表一种精神，反映社会主流价值取向，不论什么题材都可以体现主旋律，反映主旋律，成为主旋律鲜明的乐章……”。这让我有了深刻的认同感。职业经理策展人更需要充分理解主旋律精神，将推进社会主义文化强国建设作为职业发展的初心与指引，坚定中国优秀文化传播立场，这是今后工作中更高的目标追求和担当。

参考文献

中国青年报 . 国家文物局：2022 年全国正式备案博物馆总数已达 6565 家［EB/OL］.（2023–07–28）. https：//baijiahao.baidu.com/s？ id=1772637066784939868&wfr=spider&for=pc.

国家发展和改革委员会 . 数据概览：2022 年人口相关数据［EB/OL］.（2023–01–31）.https：//www.ndrc.gov.cn/fgsj/tjsj/jjsjgl1/202301/t20230131_1348088_ext.html.

吴雅婷，卢星宇 . 对话策展人：多元化展现“熊猫 IP”擦亮成都城市名片［N/OL］. 成都日报锦观新闻，2022–07–08.

王嘉勇

中国书法家协会会员，云南省政协特聘艺术家，云南省“兴滇英才支持计划”文化名家，大理州文化艺术研究所副研究馆员。

参训感言

通过30天的线下精彩纷呈的集中学习和后期线上课程听讲，如同一场艺术盛宴，令我收获满满。作为受益人感恩文联文艺研修院给了我这次难得的学习机会，作为参与者在未来的策展实践中努力成长为一名优秀的“导演”，实现书法艺术展陈方式在新语境下创造性转化，在创新中发展中国书法的独特价值与精神魅力。作为一名基层书法艺术工作者，我将用此次所思所悟所学引领更多艺术同道一起走在书法的大道上，以守正创新的正气和锐气赓续历史文脉，讲好中国故事。策展班的高密度高质量学习如暗夜里的一束光，是方向，是希望，也是温暖，照亮我们继续光明前行、翰墨薪传！感动而难忘各位导师言传身教的策展经历，感谢研修院和同学们一起分享的点点滴滴，历历在目，同时也感受到作为一名新时代策展人的责任与力量！

6

当代书法策展的多维建构与实践探索

——以『书写与边界——第六届昆明美术双年展』为例

王嘉勇

摘　要：进入21世纪，随着网络的发展和全球化进程加快，各种新型材料和媒介运用进入艺术领域，当代书法诸多展览亦概莫能外。这些媒体技术的冲击和各种材料的介入，使得书法开始掀起从二维走向三维空间的探索，也使得书法策展有了多维建构的可能。同时，当传统书法实践形式已不足以表达当代精神生活的复杂性和多样性时，重新发掘和探索书法展陈方式在当代转化的可能性，已成为书法策展人思考和努力的方向。本文旨在从当代所要求的多视角、多理念、多媒介出发来探讨当代书法展览，通过对“书写与边界——第六届昆明美术双年展”的理解，探讨当代国际艺术交融背景下书法创作和展览在守正创新中的迭代发展。

关键词：当代书法；跨界融合；多维建构；迭代发展

当代书法与古代书法最大的不同在于观看环境和方式的改变，随之也带来了材料装饰和展陈方式的变化。古代书法偏重于实用，在实用的基础上追求美观。而现代书法则吸收并借鉴了西方博览会、博物馆、美术馆的展览、展示方式，更注重书法的艺术观赏性。古代书法或契刻于龟甲兽骨之上、或铸造于青铜器皿之壁、或镌刻于山野庙堂之间、或埋藏于墓冢之内外，或是挥洒自如的书信手札，或是随手写就的竹简帛书、或是砖瓦装饰、或是玺印缪篆等，从古代书法作品的形式看，汉代以前的书法更偏重于实用，刻石记功，传之久远，但同时也具有一定的观赏性。晋唐以后书法发生了很大的变化，大批文人参与书法活动，书法除了具有刻石记事的实用特征外，更自觉地在文人之间流行，则以大量的手札书信以及长卷为代表，讲究把玩和案头观赏。到了明清时期，出现了中堂、对联、扇面等新的书法表现形式，书法的观赏性更突出了，书法作品悬挂在大厅里、书房内，中堂配对联，壁上观的特征使得书法作品有了展示的功能和特征。而当代书法进入美术馆后，就如许江先生所说的“书法已经成为一种精神性的资源，潜身在多种艺术的探索之中”，所以我们需要在抽象的、装置的、巨幅的、组合的、解构的、行为的方式里找到自己的表达方式。

通常所说的展览的维度，是指展览所呈现的宽度，以及所辐射的广度。例如，是否反映了一种艺术现象，体现了一种艺术生态，折射了一种文化现实，关怀了一种文化群体……简而言之，就是以小见大。通过研究与策划，提出某些问题，并站在更高的角度和更宏观的视野来总结归纳出某些思考和启发。下面，以“书写与边界——第六届昆明美术双年展”为例，来看如何使展览主题既符合当代书法艺术的学术定位，又能够站在更高的文化视野去阐述与表现书法展览与创作的关系。

第六届昆明美术双年展以“书写与边界”为主题，探索书法在当代的衍生和扩展，发掘中国传统艺术在当代转化的可能性。“书写与边界”的提出，一方面将改变书法缺席国内外艺术类双年展的失语状态；另一方面将通过对边界的探讨及反思，重申书法在当代文化艺术中的价值与意义。这个展览的策划和举办让书法界和普通观众的眼睛一亮，产生了重大的影响，从展览的标题就可以看出策划者睿智的思考和精心的筹划。从“边界”二字来看，其领域指向策展工作方法。策展思路围绕展览，从“继承发展”“现代试验”“互通语际”“界外生长”四个维度，阐释“书写”当代艺术发展中何以跨越艺术种类而成为具有当代性特征的边界拓展。云南美术馆作为云南艺术展示的平台机构，多年来十分关注书法的时代发展和新的创作成果，成功地举办了一系列学术性的书法展览，受到社会各界的好评。

这次“书写与边界——第六届昆明美术双年展”是云南美术馆的大手笔，展览邀请了全国100位实力派书法家创作出风格各异的作品，作品包含传统书法、现代书法、水墨、实验水墨、雕塑、装置、影像、行为等，几乎涵盖了“现代书法”运动和“八五美术新潮”以来较为常见的艺术类型和艺术形态。每一位作者的作品内容、形式、尺寸、篇章结构都经过精心的构思和策划。

展览分为四个维度：继承发展、现代试验、互通语际、界外生长。就四个维度而言，大家共同关注的文化价值没有变，书法精神没有变，展览所呈现的是各种艺术形态激活下的书法文化精神，艺术家的不断实践，实现着当代书法美学理想。该“维度”不同于其他双年展的分类方式，或者不叫“分类”，因为它不是被割裂的“单元”。相反，使用“维度”这一阐释方式，可以让每个空间作品的书写性和书写现象在边界上得以有系统性的演进表述，在展览的空间模块中，它们会自行生产边界，不论是艺术家还是艺术品本身，乃至观者，都能感知边界的存在。

（1）继承发展。这个部分 27 位书家作品聚焦崇尚经典和内化出新，注重临古涵养和个性表达，比较全面地记录和反映了业界研习、演绎传统经典的阶段性成果。参展作品精研古法、取法有道、品类丰富、博采众长。他们通过临习古法追溯书法正脉本源，在文化传承与风格塑造上，尊古不复古，破法不悖法，临创贯通、相得益彰，在书法实践中不懈探索时代特质与个性特征的相互契合。回答的是继承和发展的问题，即何为书法、何为书写之精神的问题。

（2）现代试验。所谓的“现代书法”实质上是指与传统书法风格相对而言的一系列探索之作。在这一名目下，它容纳了艺术家借助书法元素进行各式各样的试验。他们把书法艺术置换为“汉字艺术”，把汉字的字形艺术张力不断地扩张，甚至完全抛弃汉字字形，从架上走向抽象绘画、装置、景观、行为，这是当代艺术对书法的解构。什么是当代艺术呢？就是打破了原来的油画、版画、雕塑的概念，运用行为、观念等手段来表现作品。白砥、曾翔等老师的这个部分现代实验作品即是当代艺术对书法解构探索。

（3）互通语际。100年后的今天，我们突然发现，西方已经从19世纪末印象派绘画开始走到了20世纪上半叶的观念艺术，然后走到今天新的艺术形式景象：绘画已经从传统画架上走向行为、装置、景观。当代西方的画展，除了博物馆的经典外，已经很少有单一的架上作品展出了，行为艺术成为当代艺术的新潮流。到卢浮宫，到大英博物馆看绘画，这是传统模式，不是现代艺术展示模式。如果我们到美国大都会博物馆的展览厅去看当代美术展览，会发现已经不是看古典绘画的时代了。当代西方艺术发生了形态上的巨大变化，它不是一块布上涂的油彩了，而成为一个人在行为中完成的作品。一般艺术家的作品都要和装置、雕塑、景观、行为联系在一块，就像20世纪80年代末在中国美术馆举办的中国现代艺术大展一样。以徐冰老师的《天书》，王冬龄老师的《乱书》为代表的作品，他们不是画了一幅画，而是煞费功夫制作了很长的谁也不认识的“非典字库”的字幔挂在空中，或如雪花一样在宣纸上自由飘舞。这个时候，书法往往呈现出书写与文字更为本质的艺术含义，将自己带向一个广大而综合的艺术新空间之中。此时的书法精神以各种形态活着，但从表面上看，此书又非书。这种装置与行为的艺术值得我们去进一步探索研究。展览中的这批实验性作品，呈现的不只是时代的痕迹，更是一段艺术探索的历史，它们仍然构成了我们前行的坐标。

（4）界外生长。学者张钟萄认为，过去百年，大多数艺术都经历了悖论式的演变：它们自身强大的生长力，转而成为强势的生存压力。这既源自外部的现代性危机，也涉及导致内部文化决裂的危机。绘画在技术演变过程中自我革命，雕塑在新的空间发现中不断反抗自身。越界而不逾矩，成为界外生长的共识性规范。书法命脉悠长，根系庞杂，它自内生长，触底公众、触碰日常，也混合媒介，从山水的精神世界转向工业的都市文明。时至今日，书法仍然身处自己的“后革命”时代，但这里的“后”不是历史哲学的内涵，而是兼具鱼目混珠与迭代更新的生存状态。故此，界外生长遍布危机，也充满机遇。

从以上四个维度可以看出，这是策展人和创作实践者对书写艺术的探索及创造。与此同时，展览学术论坛还从多个视角开展专题研讨，将目光聚焦于域内外各种书写艺术现象，深入其精神内核，探寻书写与未来艺术更多的可能性。因此，我们从“书写与边界——第六届昆明美术双年展”，可以通过书法管窥传统文化于当下所遭遇的困境和机遇，思考多维建构中国优秀传统文化的策展实践。加强学科之间的互动，寻找共通点和契合点，弄清范畴和分类的差异性。在当代学科壁垒森严的界限之下，书法策展的汇通精神依然具有跨越学科边界的能力，甚至这种“汇通 ”对现当代的艺术、学术研究，具有极大的启迪意义。

参考文献

北京画院.北京画院美术馆展览工作手册［M］.桂林：广西师范大学出版社，2021.

刘正成.书法艺术概论［M］.北京：商务印书馆，2014.

朱晓兵

现任福建华光摄影艺术博物馆副馆长。毕业于大连医科大学艺术学院摄影专业。2006—2009 年于北京《竞报》任图片编辑，2014—2015 年取得波顿大学国际新闻摄影硕士。中国摄影家协会会员。

参训感言

一个月时间的学习，从艺术史到美术馆学，从数字媒体到当代策展理论实践，无一不刷新并纠正我对展览及策展人的认知。这是一段奇妙的旅程，既有丰盈的学识经历，又有自我剖析的痛楚。最后结果是好的，其间，顶尖导师的授课、与同学们的讨论，对我个人能力来讲都是有很大推动作用的。对之后的策展方向，比如注重传统文化内涵的当代表达，注重空间叙事逻辑等也有很大的启示。重要的是，在这里，我可以和策展人、艺术家们成为朋友，甚至参与他们的人生轨迹，同时也可以在这场探索的途中认识更多现实中志同道合的人。

7

从『运河中国影像大展』分析摄影展的叙事方式

朱晓兵

摘　要：本文以摄影策展人的实际策划工作为基础，在总结过往策展工作的基础上思考：文本与空间叙事的关系；梳理文本内容与形式的关系；挖掘在当下摄影语言和艺术观念环境下，影像研究的方式以及方向。在实际策展工作中，艺术与思想同等重要，同时要关注当下艺术生产和人文变迁，在展览中把握文化、社会以及城市变革。寻求在展示空间中达到文献与作品共生的状态。

关键词：展览与策划；叙事；结构；感受

一、展览与策展

（一）什么是展览

从概念上来讲，展览是个著作权法术语，指公开陈列美术作品、摄影作品的原件或者复制件。从字面意思来看，“展”是转动，“览”是观看，而在英语里不管是 Exhibtion 还是 Show 都过于强调展。广义的展览是存在于我们生活各处。比如说超市本身就是一个展场，商品即是展品，陈列的逻辑和方式成为最为鲜活的展示。古斯基将美国超市的货架的陈列拍摄下来（《99 美分》）成为另外的艺术形式。再比如河南巩义的麦田里的宋陵，那样矗立千年的石像，又何尝不是日常的陈列。

策展人不是艺术家的搬运工，不是把作品运送到展览空间，然后把作品直接挂在墙上的工作。策展人需要在理解艺术家及其作品的基础之上进行考量，找到作品与展览之间的某种联结，使得展览主题与艺术家的作品观念“里应外合”，从而增强展览作品的主题信息，并在展览空间中与观众共鸣、互动。策展工作是博物馆学与传播学的跨界，随着时代的发展，策展工作更是体现策展者的综合能力和知识维度。“多学科 +”成为未来策展工作发展的趋势。

（二）策展人职业的兴起

说到展览，首先要说说策展人。这个词来自西方翻译，它的英文是“curator”。而“curator”的意思是指博物馆、展览馆的馆长或管理者。(curator 一词是来自拉丁语词根的 cure，意思就是照料灵魂的人）在西方语境中，博物馆“策展人”并不是一个专职，而是指在博物馆等社会文化机构中负责藏品保管、研究以及展览活动构思、策划、组织、管理的专业人员。作为职业，最早可以追溯到 16 世纪，随着私人博物馆的兴起而出现的负责藏品研究、保管和陈列的专职人员。

我国古代的园林工匠、商场橱窗的设计者都算最早的策展人。在我们国家，大致将写展览大纲的专业人士都称为“策展人”，并且把“策展人分为三类：机构策展人、学者策展人、独立策展人”。

二、展览中的叙事

（一）文本叙事

策展人必须对展览的表达持有自己的观点和主张，只有这样才会让展览具有独特性。例如，在当下 AI 时代，在利用这项技术“输出”自我的观点的过程中，作为技术的机器是冰冷的，缺乏有温度、有个性和观点。而作为策展人在围绕某一项观点去选择、组织展品、组织空间中，夹持个人的情感让这个展览有了更多的价值。

当前策展行业现状，艺术家吕克 · 图伊曼斯批评说：“近日的展览行业，从视觉出发的策展越来越少，不少策展理念仍在对流行性的哲学话语产生种种消化不良的伪知识分子式理解。”也就是说，在展览策划中，策展者要思考受众的需求和兴趣，进而兼顾策展人的思路。在叙事中要少用或者不用难以消化的长句语言，以及晦涩的哲学观，要用简明的文字。降低理解成本，而不是反复读也不能理解的文字。

（二）空间叙事

空间设计是展览设计的关键元素之一，它使观看者能够在物理空间中更好地理解策展人的思路，从而使展览更具吸引力。策展人必须综合考虑物理空间、观众体验和叙事元素，以有效地传达信息和引发观众的情感共鸣。

1. 空间叙事可以按照特定的路径或顺序引导观众体验故事，也可以根据自己的兴趣和好奇心自由地浏览展览。

2. 空间叙事需要考虑观众的感知和行为，以确保他们能够轻松地理解故事并与之互动。观众的观看方向、可达性和视野都应该被纳入设计考虑。

3. 利用展览空间的元素，如墙壁、支架等来支持叙事。这些元素可以被策展人做成一部分故事，例如，通过墙上的图像或装置来传达信息。

“运河中国影像大展”中，策展人力求从影像的角度发掘运河经济及文化。把不同角度的运河影像置于空间之中，呈现为若干个供人停留、沉思的空间。场地上做了有效的分割，整个展场以中国园林传统造景手法进行整体展览空间设计，形成可赏、可游的东方美学，同时具备整体视觉的公共展览空间，并且搭建曲折的墙面装置，

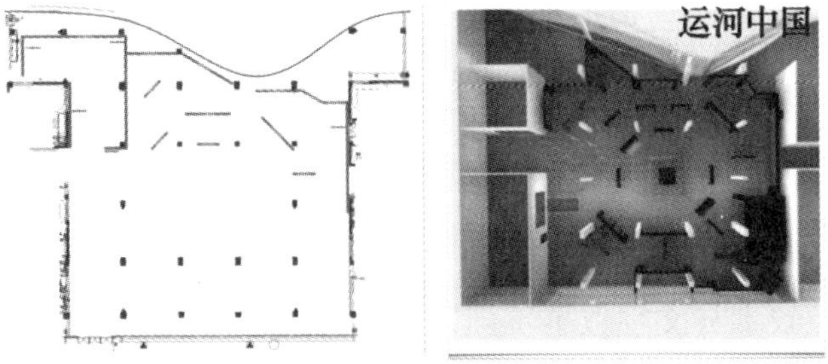

图 1　“运河中国影像大展”展览策划图

图 2　“运河中国影像大展”现场图

图 3　“运河中国影像大展”现场图

融入空间成为展览的一部分，如图 1、图 2、图 3 所示。

（三）影像叙事

影像叙事与文字叙事不同，它是通过图像中的画面来展示故事内容。这就需要通过阅读从图像中感知各种元素，同时，通过将各种元素重新排列组合来了解故事内容。影像语言叙事能力需要不断刻意练习，在揣摩和实践中将锻炼这样的能力转化成我们的视觉素养。策展人需要视觉素养，从而在展览中驾驭不同的影像内容。

以“运河中国影像大展”为例。我们从近年来几代关注运河的影像艺术家入手，他们行走生活于运河流域，用影像展现了古代运河带给人们的想象和热情，也描绘了运河历经时间和社会变革所加注的智慧和力量。在这样一个微妙而富有极高实验性的背景下，京杭大运河成为精神和物质的交汇点，同时也蕴含着文明发展的重要线索。

他们实地考察、细心记录，结合当下的问题与思考，激活宏阔历史与当下世界、日常生活的隐微关联。他们顺河而下，体察山川流变，入境迁移，探寻人与天地交融所生发出来的生命力量。人们可以更好地了解运河背后的物质和精神面貌，展现出中国文化的独特性和延续性，为对历史认知的构建和文明线索的探索提供了有力支撑。

运河影像之所以日益受到关注，是因为它们在寻觅历史的同时，并不仅限于从学术上探究问题的答案，而是思索今天人们对历史的认识是如何被建构的。驱动他们行走的思想动力来自对当下的思考和发问。在这个意义上，“运河中国影像大展”以艺术家在地创作为方法，拓扑河流以及两岸的过去与现在，物质与精神生活，也可为理解当下提供一种路径。艺术家们的创作给我们展现了人与人之间超越地域、风物、文化等建构而相互连通的生存经验、感受。

三、结语

一个展览是一件产品，产品的好坏取决于用户的感受；策展人就是一个设计师，他负责用作品、空间以及与观众的关系、体验来完成他的设计。它们“不只要面对艺术家，还要指挥和应对包括核心策展团队成员在内的各种人，要在一个宏大的文化语境中去判断展览的有效性，并在各种复杂关系中找到绝佳平衡点”。它们更需要严谨的学术素养和独具慧眼的发觉判断能力，需要具有批评家的视野以及良好的道德修养，以便于在当代艺术的环境下，涌现更多精彩的作品。

参考文献

王璜生．中国美术馆中的策展人制度非常乏乏［N］．北京青年报，2014-03-28.

陈晨．如何看懂一座博物馆？［M］．北京：北京燕山出版社，2023：207.

蔡萌．回归策展的本体：初论“创作策展”［J］．信睿周报，2020（25）．

张林杰

江西省民进会员、江西省青联委员、江西省美协实验艺委会委员。于南昌大学美术系获学士学位，于南昌大学艺术学院获硕士学位，后留校就职于学院美术馆。2020 年 1 月入职江西画院，2022 年江西文化艺术基金“纯真之眼 · 携手——少儿美育人才培养”项目执行人；2023 年担任《纯真之眼 · 携手少儿美育人才培养》文献集主编。多年来从事艺术创作、策展、理论研究、美术教育、美术馆运营等相关工作，策划各类艺术展览 40 余场。

参训感言

“你们在座的各位，多多少少关联着中国策展的未来……”丁宁老师的这句话深深地触动了我。这让我突然开始思考要成为能够影响中国未来展览的策展人应该具备什么样的能力？带着这样的思考回顾这段时间所学，我想未来应该在写作能力、沟通能力、洞察能力、多元的知识结构等方面努力。30天的培训很快过去了，我不仅收获了知识，还收获了真诚的友谊。这45位同学在这一个月里从相识到相知，最后恋恋不舍地分别，带着所学回到各自的岗位，未来这45位同学将在全国乃至其他国家绽放光芒。我想未来再相见，除了联系感情，同时可能在学术上，在展览上有更深入的链接，期待未来和大家的每一次相遇。

8

博物馆书画作品展览的活化探讨

——以『鱼与石——八大山人高仿作品研习展』为例

张林杰

摘　要：人民群众对于文化艺术的需求越来越旺盛。我国历史文化艺术资源丰富，大量的经典书画作品休眠在博物馆的仓库里。倘若通过高仿作品的形式广泛在多种艺术空间展出，能使广大人民群众感受中国古代书画的魅力，不正契合了展人的使命吗？本文以2023年7月28日开展的“鱼与石——八大山人高仿作品研习展”为例，探讨高仿作品展览的优势和特点。

关键词：高仿真作品；八大山人；博物馆书画作品；高仿作品展览

一、经典离我们有多远

2017 年 9 月 17 日央广网发布一条名为“排队 5 小时只能看 5 分钟，900 岁名画再度引发‘故宫跑’”的新闻。同一时间全国各大媒体纷纷就故宫举办的“千里江山——历代青绿山水画特展”进行了报道，报道的点均是要看这个展览有多不容易，甚至有热心网友发出了如何少排队即能看《千里江山图》的攻略。即便如此，最终能看到原作的人也为数不多，而今各大博物馆、美术馆一票难求的情况也屡见不鲜，这些现象表明人民群众对于文化艺术的需求越来越旺盛。

大胆设想一下，如果《千里江山图》能每年在全国各个美术馆、博物馆展出将又会是何种场景呢？当然，现实种种原因限制了博物馆的作品无法进行广泛的展示。我在做相关博物馆书画作品展时遇到了一些困扰，我的这些困扰放眼全国博物馆，也有一定的普遍性，总结来看有以下几个问题。

（一）展品资源整合难

展品在任何展览中都是最重要的，而在博物馆书画展中展品的收集并不容易。在策划展览时提出一个好的选题相对好办，但展品如何能够满足选题需求是比较困难的一件事情，相关展品如果在本省还好，可以通过省内馆际之间借展来实现。但是如果展品在省外或国外，那么这个展览实际落地起来困难就相当大，假设有幸找到了相关展品，但如果作品的品相不好，展陈也存在一些问题，要么就进行修复，要么就无法展出。

（二）空间技术要求高

相信很多朋友在进入博物馆都有一个体会，展出的书画作品光线很暗，很难隔着玻璃看清作品的细节。如果展厅是“低反射玻璃”还好，如不然，观看作品就会更加地吃力，恨不得把眼睛贴着玻璃看。这类书画作品要在湿度、温度、紫外线、安防都达到文物展示要求的博物馆内才能展览，对于国内大部分美术馆来说，在建设初期并未将文物展陈作为空间技术要求的必要条件，所以国内能达到展示文物标准的美术馆并不多，这也就大大限制了博物馆的书画作品走进美术馆。

（三）实物研究受限

博物馆在推出古代书画作品展览时，对艺术从业者来说是非常好的研究机会，在作品没有展出之前，想要研究作品，只能通过文本或者网络图片。而这些资料的清晰度和完整性均取决于数据采集时的状态，即便看到清晰的图片通过电子屏或书籍也很难感受到原作的状态。那么，到博物馆看书画作品原作可谓是重要的“一手资料”，但是展览时间有限，而且到达现场也无法近距离地研究细节。

有些长卷作品达十几米长，而在展厅内很难实现全部展开的状态，对研究者来说无疑是带有遗憾的。

（四）展览传播受限

一个好的展览成功开幕后才开始它重要的价值——“文化传播”。而今传播途径非常多元，如传统媒体和新媒体的宣传推广，每个展览匹配的公共教育活动，艺术衍生品的售卖，展览出版物的发行等。而今这些传播手段甚至成为每个展览的“标配动作”，然而这些传播推广手段随着展览的结束也相应结束，因为博物馆书画作品的特殊性，所以展览的传播就有一定的局限性。再说到《千里江山图》，2017 年有幸与它有 5 分钟缘分的人，此生再无望见到它，而绝大多数人这辈子连 1 分钟的缘分都没有。

那么，这些问题都是由于博物馆出于对书画作品的保护所限制的。博物馆的书画作品如何让艺术从业者高效地研究？如何让更多的人民群众观赏？如何将经典的文化瑰宝广泛传播？我想这是一系列广泛性的问题，也是各大博物馆在思考和实践的问题。

二、鱼、石及“鲲”的意象生成

2023 年 9 月 14 日，我参加“中青年视觉艺术策展人培训”时参观了国家博物馆“数说犀尊”的展览，整个展厅通过数字化的手段全面地展示一件文物。随后又参观了“盛世修典——中国历代绘画大系成果展”，这个展览看完后感受颇深，我原来对于经典名作的认知大都来源于书本，而看到这些高仿微喷作品后才发现自己原来的认知很多是片面的，特别是书本上看到的很多书画，只展示原作者的部分，而对于学术研究来说历代人物在这件作品上的题跋尤为重要，而题跋的内容可能是原作者作品内容的几倍乃至几十倍。

利用高仿真作品展览在全国来说并不少见，各大博物馆展览中很多不便展出的原作且对于展览结构又必不可少的部分大都以高仿作品来替代，这对于学术系统性和展览完整性来说有着重要的意义。利用高仿作品进行展览其实还有很多独特的优势，我就以 2023 年 7 月 28 日开展的“鱼与石——八大山人高仿作品研习展”为例谈谈策划高仿作品展览的心得体会。

此展览是由八大山人纪念馆主办、南昌市高新区美术馆承办，我担任策展人的一次博物馆书画作品活化展示的尝试。在接到这个展览的时候，我还是很有压力的，八大山人的作品全世界展出过无数次，专业人士对他的作品了如指掌，而我要以什么样的角度展示？历代对八大山人作品研究的学者不计其数，而我又要以什么样的观点来呈现？在大家可以随时进入八大山人纪念馆观看原作的前提下，这样一个高仿作品展览要怎么样吸引观众？八大山人的作品作为中国文人画的杰出代表，有着浓厚的传统气息，而南昌市高新区美术馆（图 1）是一座西式建筑风格的现代美术馆，两者如何协调地结合？我面对的这些问题，都是关键性的问题，如何破局我是这样思考的。

图 1　南昌市高新区美术馆

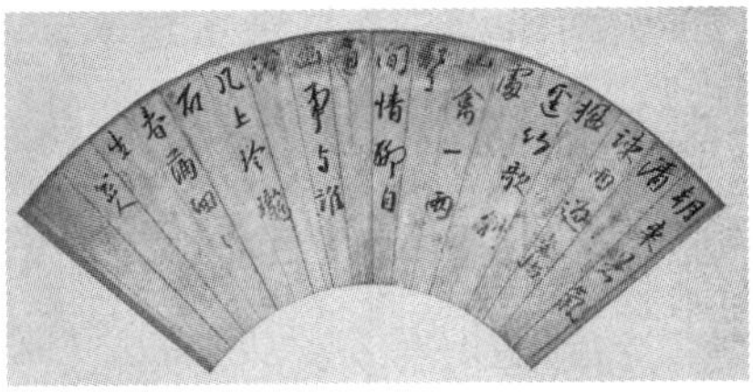

图 2　《行书五言律诗扇页》八大山人

（一）选题

以什么角度来呈现此次展览是最关键的。我在与主办方沟通后，决定选取八大山人所画的“鱼”和“石”进行展览，选取这两个点有以下几个原因：1. 相关高仿作品较多，2. 单独做这两个点的展览不多，3. 以小主题切入更容易做深入。最终确定选题后便开始选择要展出的作品，因展厅并不大，且是由两个独立空间组成的，所以作品不宜太多，而且八大山人的作品气场很足，所以更要给作品留出足够的展示空间。

（二）研究

在选择展品时要同步对主题及作品进行研究。八大山人不仅画得好，而且书法和诗文也写得好，他的诗书画印表达是一致的，都隐喻着对国家和自己命运的态度，那么在展览中同样要把诗书画的内容统一呈现。关于“石”的内容我选择比较有代表性的作品，有《行书五言律诗扇页》(图2)、《花卉册之十》、《传綮写生册之十二》等，关于“鱼”的内容代表性作品有《鱼鸟图卷》《安晚册之六》等，这些作品有着不同意境，但均是通过诗书画来表达同一主题，为了能让观众更好地理解作品的意境，我选择了几件作品造景，以《行书五言律诗扇页》为例。

这件作品的全文是“朝来暑气清，疏雨过檐楹。径竹欹斜处，山禽一两声。闲情聊自适，幽事与谁评。几上玲珑石，春蒲细细生”。全诗体现出作者在夏日雨后的清晨，稍有一些凉意，看着桌上的玲珑石和菖蒲感受到内心的一种宁静。“几上玲珑石，春蒲细细生”把整个意境提升到了无法言说的高度，我在展览中就把最后两句诗做成了场景(图3)。在构思此场景时首先要还原“几”“玲珑石”“春蒲”，案几我选择了明代的平头案，因为无论是从时间上来说，还是从八大山人的喜好来说平头案都比较吻合。“玲珑石”的选择有点困难，八大山人画了很多“怪石”“危石”，而能进入文人书房的赏石绝不会是一块普通的石头，除了要满足“瘦、皱、漏、透”的审美特点，同时还要有“个性”。为了体现“细细生”的状态，我特意提前一个月开始养菖蒲，感受它的生长变化。

在深入研究八大山人时，我发现他的作品分别表现出了“佛”和“道”的思想。如《鱼鸟图卷》中的诗文“东海之鱼善化，其一曰黄雀，秋月为雀，冬化入海为鱼……”，这不正是庄子的《逍遥游》的再现吗？《传綮写生册之十二》作品中写道“击碎须弥腰，折却楞伽尾，浑无斧凿痕，不是惊鬼神”，描写的是一块小小的赏石，而“须弥”“楞伽”却是佛家的大意象，以大写小，以小见大也是佛家常用的表达方式。通过对八大山人作品的深入研究，逐渐发现其作品深厚的文化内涵。

图 3　造景图

（三）展陈

我策展的工作方法是边研究边构建展示空间。在展陈方面我遇到的最大的困难就是美术馆的 A 馆，这个空间很高，且西式建筑风格很突出，八大山人的作品要如何呈现才能没有违和感？用“鱼”和“石”来填充这个空间不太合适，跟“鱼”和“石”相关联，同时还能充满整个空间的东西我最终选择了竹林，而竹林在这个展览中要如何成立，我恰巧在八大山人的书法中找到一幅《行书唐诗轴》（图 4），这首诗描绘的是主人喜欢竹子，并把竹林移回家的场景。竹林成立了接下来就是让整个空间饱满，我在竹林中垂挂一条 8 米长的八大山人的《墨荷图》，当观者走入竹林看到这幅立轴时会有一种视觉感受的反差，观看视角从平视转为了仰视，而这幅画也正是站在荷塘底自下而上的观看视角。在立轴的下方放了一个红石水槽，里面养了荷花，这样真实的荷花和八大山人画的荷花又形成对比，水槽中有几条小鱼游来游去，让观者的视角在真实与非真实之间来回切换，感受八大山人作品的意境（图5）。

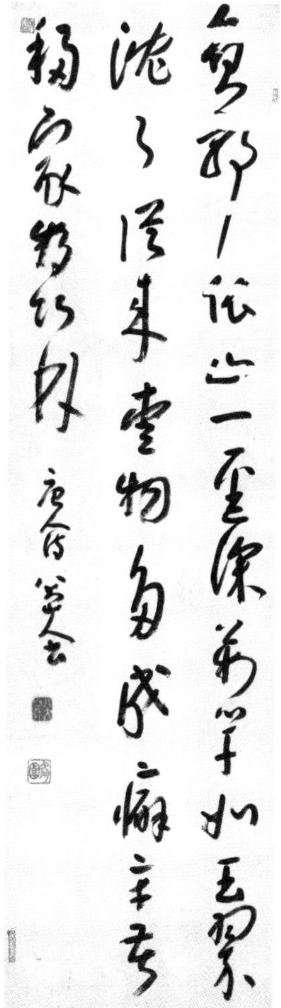

图4 《行书唐诗轴》
八大山人

视觉设计是一个展览在传播中最重要的。在海报设计时，我和设计师沟通的核心思路就是要呈现一个“具备现代性的八大山人”，所以海报中无论中英文都是选取比较硬朗的现代设计字体，画面配色直接用黑白灰，增强了视觉的冲击力。在主海报中，右下角放了一块八大山人画的赏石，左上角则“飞”了一群鱼，八大山人作品中有很多鱼是飞在天上的，海报中的这群“飞鱼”与八大山人“鱼鸟善化”的思想吻合。鱼既然飞到天上了，那它就不再是普通的鱼了，所以在英文翻译中我将主题“鱼与石”翻译成“Kun and Stones”，其意指八大山人所画的鱼是《逍遥游》中的“鲲与鹏”（图6）。

图 5　造景图

图 6　主海报

实物造景在展览中运用得好是可以把展览格调迅速提升的。八大山人的作品气场足、意境深，且有些诗文晦涩难懂，为了让观众更容易读懂他的作品，我首先将部分诗文用简体字呈现在墙面上，然后再配合实物造景，让观众更容易进入八大山人的意境中。《安晚册之六》是我最想用实物造景来呈现的，所以我特意用3个月来养一条小鳜鱼，我发现真实的鳜鱼和八大山人笔下的鳜鱼完全是两回事。真实的鳜鱼行动灵敏，性格凶猛，只吃活鱼，甚至可以吞下和自己差不多大的猎物，而八大山人为什么把鳜鱼画得这么“可爱”？在展厅中，把真实的鳜鱼和八大山人的鳜鱼放在一起展示，再配合诗文解读让观者感受到别样的深意。

（四）公教

我认为公共教育是一个展览中最高效的文化传播，这是公众直接面对专业人深度了解一个展览的机会。在此展览策划前期我就把公教活动介入，在确定展示内容后我找了雕塑老师，让他带着小朋友了解赏石，解读八大山人的赏石，最后用他们自己的方式来把赏石做出来。当看到孩子们的作品时我非常震惊，他们天真自由的状态在雕塑作品中被展现得淋漓尽致，这给展览增添了一笔特殊的亮点。

展览开幕后，我们同样开展了一系列公教，有关于“赏石”的、有关于“鱼”的、有关于“书法”的、有关于“感受与表达”的，通过不同的公教课程让更多的人了解八大山人，了解中国传统文化，然后再反观自己，带着所学运用到自己的生活中。用这样的方式理解中国传统文化不是更好吗？

三、一个高仿展的实践之思

此次展览是一次成功的尝试，在策展过程中我充分感受到了用高仿作品策划展览的优势和可能性。我总结出以下几个特点。

（一）空间适应性强

策划高仿作品展览不需要像博物馆书画作品一样要恒温恒湿、限定光照，只要一个展厅就可以，甚至都不一定要展厅，是一个空间就行，只要展陈得当，展出的效果甚至比博物馆还好。我在此次策划的展览中，原本西式建筑风格的展厅空间与八大山人的作品很不协调，但是通过展陈和作品的空间运用，展览呈现出别样的特色。

（二）展览形式自由

在展览中，作品展陈的灵活性决定了整个展览的可能性。高仿作品在展陈中可挂、可躺、可吊，形制方面可轴、可框、可软片、可灯箱。此次展览中我用八大山人的作品做了几个等比例的微喷灯箱，在展览结尾处让观者从古代回到现代，运用新材料呈现八大山人的“鱼”和“石”让观者以别样的视角来阅读书画作品。

说到此不免让我想到古人对于书画的展陈方式和阅读习惯。我在偶然间发现一幅清代画家苏六朋的《赏画图》，侍者拿画，主人与朋友立于画前左右，边看边交流，我想这可能就是古人的展览，只不过展厅是自己的书房，观众则是自己的好友。那么，在用高仿作品展览时也可以尝试用这样的方式来呈现，让当代的观众用古人的方式来阅读古人的作品，不是更有趣味吗？

（三）展品选择空间大

我在此展览的策划中作品的选择比较自由。起初是在《八大山人作品全集》中选择，选完之后再和馆方沟通交流，所选择的作品大部分都有高仿实物，实在没有的也可以通过电子文件直接制作，这样来看大大节省了收集展品的时间和精力。而今国内各大博物馆都在推动馆藏作品数字化，以高仿微喷作品为展品的展览就更容易策划。对一个博物馆来说，借一件文物很难，但是借一件高仿作品就容易得多，即便没有高仿实物，借电子数据喷绘制作也要相对便捷。一个好的策展思路能成就一个好的展览，利用高仿作品来策划展览，选题和立意受作品的限制少，对策展人来说可发挥的空间就大。

（四）便于研究

在策展前期，我对八大山人的研究主要资料就是书和电子图片，当确定好选题拿到高仿作品后，才发现我对八大山人的理解很肤浅。在高仿作品中能清晰地看到他的笔墨痕迹，运笔的方法及先后顺序，这可以研究他的绘画习惯；能清晰地看到他的绘画材质，这可以研究他绘画材料的来源和品质；能清晰地看到画面破裂和修补的痕迹，这又可以辅助研究它的流转和存储条件，总之在近距离面对作品时，对当时作者创作的场景感受非常强烈和真实。举办高仿作品展览也是给更多专业人士一个深入研究作品的机会和空间。

（五）便于传播

一个好的展览无论是主办方还是策展人都希望有更多的观众进入展厅参观。博物馆策划的书画展览，展期是有限的，但如果是高仿作品的展览，理论上来说是可以无限巡展的，只要空间合适就可以展览。在巡展的过程中，也能在不同的空间中碰撞出多种可能性。而且，高仿作品的展览还有一个特点就是可复制，一个好的展览可以同时在不同地点同时开展，这对于展览的传播来说无疑是非常好的一种手段。

盛葳老师在“图像的旅行：印刷艺术与视觉全球化”的讲座中说到了版画的复数性最大的优势就是便于传播，图像传播的是文化思想，而作为展览来说也是通过多种视觉图像来传播文化思想的。我国历史文化艺术资源丰富，大量的经典书画作品休眠在博物馆的仓库里，倘若用高仿作品进行专业展览策划，在多种艺术空间展出，让广大人民群众感受中国古代书画的魅力，不正是策展人的使命吗？

谈到高仿作品，很多人会觉得它是复制品，没什么价值。那么音乐、电影、舞台艺术不都是原创作品的复制呈现吗？艺术作品的观看更多是给人视觉的享受和文化的认知，高仿作品虽然是复制品，但它给人的视觉感受和文化信息并不比玻璃柜里的原作差，甚至你能在一个高仿作品展览中得到更多在博物馆中得不到的体验，我想这是高仿作品展览的价值。随着科技的发展，未来高仿作品会更加接近原作，我们在享受科技带来的新生活方式时，利用科技让更多的人认识我们的传统文化，在专业策展人的努力下，让更多博物馆的书画珍宝借着科技的东风“飞入寻常百姓家”，让广大人民群众享受科技所带来的文化福利。

张　一

《大众摄影》杂志编辑，中国摄影家协会会员。2004 年大学毕业后进入杂志社工作，曾于北京电影学院进修电影摄影，有器材、技术编辑和作品编辑的经历。2018 年开始参与策展工作，曾参与“筑梦——我们的新时代美术、摄影作品展”、中国摄影艺术节、芒砀山摄影季等多个项目策展工作。

参训感言

2023年9月，我参与了中国文联文艺研修院组织的“中青年视觉艺术策展人培训”，一个月内在教室、荷塘、展场之中流连切换，领略到众多业内专家的风采，他们从各自专业领域和经验出发，在短暂而密集的讲座中给出大量“干货”，一时间无法完全消化，需经常回看，并在每次展览实践过程中不停思考。展览是工作，是做给受众的，也是个人智识生活的现场。培训中结识的一批同学更是人到中年接收到的一股难得的活气，培训如同容器，将这些个体置于其中，碰撞、组合、交融，非常感谢研修院领导与老师们的用心。

9

影像资料作为『现场』

——基于《大众摄影》杂志封面与海报展的案例分析

张　一

摘　要：摄影行为生成影像，在印刷品和电子屏幕上显现、传播。摄影作品作为杂志和海报的设计材料，杂志封面和海报作为一种鲜活的“现场”以及未来的“文献”，在纸媒已成为近乎“非遗”的今天，该如何观看一份摄影媒体的封面与海报？策展的批评视角如何体现？其当下性与物质性如何以展览的方式呈现？2022年8月，“设计了就好”——《大众摄影》杂志封面与海报展在永城市芒砀山影像艺术馆开幕，这次展览便是一次尝试。

关键词：摄影媒介；纸媒；文献；视觉文化；现场；当代影像呈现；案例分析

一、活儿，从编辑到策展

我所工作的杂志隶属于中国摄影家协会，创立于1958年，由毛泽东主席亲笔题写刊名。1979年复刊后，80—90年代曾经在国内摄影创作者、爱好者中拥有广泛影响力，对一本杂志来说，这样的经历堪称宝藏，但与任何实体或组织一样，丰富的过往同样是一种负担。21世纪尤其是近年来，随着技术发展，信息传播方式的巨大变化，让这本杂志同样进入不可逆的纸媒衰落区间，但无论作为协会沟通全国摄影人的重要工具，还是具有自身价值判断与定位的媒体，只要存在，就会生产内容，发出声音。近年来，杂志社主办或承办了不少展览，有主题性的大型展览，有针对各地合作方度身定制的展览，也有小而灵活但稍具实验性的小型展览。在这次培训中，多位老师都表达过同样的意思：策展是一个实践性非常强的工作，“是干出来的”。对此，我深有体会，正是在一次次的实践过程中，体会到策展工作的复杂、丰富、对工作者综合能力的要求。但是，怎样的“干”是有效的？展览作为一种传达方式，策展作为一份工作、一个志趣、一种经历，在混杂的历史脉络与现实境况之间，什么是值得被留下、值得被看到和被记住的？

二、摄影，从拍到看

摄影，用相机拍照，在我这辈经历过的时代中，已不带有改革开放前专业工作者的神秘和权力色彩，在21世纪后经历了数字化，在移动互联网技术普及过程中，变得更为普及，普及到了人们几乎可以不用再去思考这一媒介/语言内外的种种方法、理论和观念，也可以毫无障碍地使用它，今天我们谈论“摄影”，它的功能和方法早已不需要一本所谓的专业杂志去唠叨。今天已然是图像时代，技术发展模糊掉了传统认知中一门艺术创作主客体之间的区别，技术可以自己生成图像，技术可以自己生产自己，同时，我们的现实又经常在小区打狗和人口负增长等话题之间无缝切换，哪个更重要？哪个更切身？哪个更需要解决？哪个更具超越性？是否有慧眼可以看清？需要吗？话说回来，图像的时代，“拍照片”已被纳入“制造图像”这一行为当中，这并不需要拍照者本人的认知，但如何观看、审视、感知，是比如何得到一幅好看的照片更具探讨价值、更具启发性的。

“设计了就好”——《大众摄影》杂志封面与海报展在2023年8月由我策划执行，在河南省永城市芒砀山影像艺术馆展出，展览成本低，准备时间短，展品有限，但需要有“可看性”，需要在“可看”的呈现和不可尽言的说明中，让观者有所感知。我们要用过去三年来的杂志封面与海报作为内容，在一个由面粉厂改造的乡镇艺术馆白色空间中进行表达。

在培训过程中，有位老师的一句话给我深刻印象：没有什么是不能展的，你可以展一切，看你怎么展。凝练的句子，如同禅宗偈语，但在我构想和落实这个展览的过程中，确实体会到这一点。即使材料有限，成本有限，只要你能看到，你就能用展览的语言表达出来。

三、封面，从打样到展品

摄影展览，想当然的是“摄影作品”，加上引号，是因为摄影形成的结果，受限于“作品”这个说法，限制了我们对它的想象，暗房放大在银盐相纸上还是艺术微喷在哈内姆勒“艺术级”相纸上，经过“权威机构”认证的水平等等诸如此类的保证，确立了一张照片区别于其他的“作品”身份，是固定的吗？或许当然是，又或许，它与打火机上印的一幅风景图或美人图没有本质区别。图像与物性，或可视为解读今日摄影的两端，形式、符号、脉络、材料，都可成为读解感知摄影的角度。在培训中，不止一位老师引导我们从当代艺术的角度去理解摄影，对媒介的开放性，对更广泛的意识形态的认知，策展工作或可具有的批判性，展览实践中对空间和材料的创造性使用，都是对策展人综合能力的考验，没有对错，也可没有高下，但还是需要你的观点，也是这项工作的价值所在。

在这个展览中，我们面对的空间是由面粉厂改建的艺术空间，挑高近 4 米，白墙到底，我们所有的素材是过去三年以来杂志封面的设计样，包括未曾实际采用的和最终出版采用的，全部采用摄影图像作为主体，上方为白底或无底毛主席手书刊名，统一，简单，标明一份官方背景，具有历史的摄影杂志的身份，也展现覆盖在这一图层之下变化不定、左右游移的图像选择。我们用雅昌的新技术来输出制作，成本低，效果也很好，总共输出成本仅有几千块，是被动但更是主动地选择无装裱的方式直接上墙，低成本有低成本的办法，但素材的组织需要判断，呈现需要设计。我们用大头针将这些重新输出的封面和海报钉在墙面，只钉上面两角，下面两角不固定，大头针进入墙面一半，纸张离开墙面挂在大头针尾端，现场空调吹过，墙面上的纸张阵列飘动，像墙上的叶子，像晾晒的床单。阵列的飘浮物，也解决了墙壁和纸张平面的问题，空间的立体感得以浮现，以莫名的秩序邀请观者。

如何组织排列这些封面和海报，如何分区，涉及如何读解。曾刊用的封面，以时间顺序整齐排列在入场后的一侧墙面，是确立的身份，之后的整个空间6个墙面，留给未曾刊用的封面设计样，里面是编辑部对杂志“脸面”的确认、游移、窃喜、沉默和放弃。我在展览前言的最后写了这样几句话：封面与海报，讲求得能抓人眼球，在有限的平面空间里呈现出想要表达的主题。每一幅设计，每一个选择，都是多种考量之后做出来的，要“好看”，可仅是“好看”还不行，怎样的“好看”，谁的“好看”都是问题，与其将这些封面和海报视为单纯的信息载体与审美对象，不如将它们看作一个现场、一种文本。

从开幕现场观众的表情中，我觉得他们读到了，可能无须结论的一种感受。

希望今后参与实践的展览项目，除完成之外，至少都能放进一些我感受到的东西，毕竟我参加过这次培训，这样的经历非常难忘。

张勇正

河北传媒学院美术与设计学院副院长、副教授、硕士生导师，中国包装联合会设计委员会常务委员、河北平面设计联盟联合发起人，河北传媒学院设计创新研究中心主任、河北省外国院士工作站执行主任。

参训感言

参加中国文联文艺研修院组织的国家艺术基金项目，是我职业生涯一次重要的时间节点，项目以“中青年视觉艺术策展人培训”为题，完美的组织、丰富的内容、顶级的师资、优秀的同学，使我结合自身专业和管理工作思索良多，收获很大。同时，从视觉艺术内容的角度思考与视觉设计结合做策展工作，成为我在新时期的研究方向。

10

视觉策展中的设计方法解析

张勇正

摘　要：本文从视觉策展设计品牌形象化角度展开研究。视觉设计能传达展览主旨，促进传播并有效提升展览品质，是展览视觉策划的实践意义体现；从策展思维的呈现角度而言，视觉设计为展览观念构建树立了形象化语言，让策展观念得以具体呈现。品牌化的视觉设计研究，使得策展的意识层面与执行空间更有价值，是策展创新发展研究的关键视角和路径。

关键词：视觉；策展；设计；品牌化

策展是一门多元学科，策展工作的过程是分析问题，给出解决方法并实施落地的过程。伴随着博物馆、美术馆功能角色的拓展，展览生态结构的交叉混合，跨学科的整合赋能也扩展到策展领域。艺术史、艺术评论、艺术实践、编辑、设计、建筑、媒体传播、公共教育等专业，各自以开放的态度与学术语言一起启发灵感，协同合作，共同链接和构建了策展实践。

经历了从“实践”到“语言”的策展转向，方式越来越开放和自由，价值诉求也日趋多元。于展览呈现而言，视觉化的设计无疑是最具代表性的方式，如何将策展理念转化为现实，以视觉的方式实现转译，融入空间叙事，形成合理有效的视觉解决方案，是展览策划的主要目标任务。如今的现象是，由于缺乏系统化思考和传播手段的研究，让“看展”失去了其真正意义，一些美术展流于形式，布展就是挂画，开幕即闭幕，完全违背了展览的传达和交流意义。

随着视觉表现方式和媒介的边界不断扩展，视觉表达已渗透参与策展策略、方法论的构建等主体策展思维中，不断提供新的启发。面对不断创新的边界，视觉表现之于策展应用的核心要义思考，有基本的方法可循。

一、视觉设计整体融入策展策略

视觉设计在应用领域的发展已十分成熟，并伴随着时代的发展不断演化。如今的设计已从表现的艺术转化思考的艺术，具有思考问题和思维方法层面的价值。

视觉设计在策展中的作用，也不再是只充当展览内容甚至装饰元素的作用，而是作为视觉转译的策展思维的参与者。策展人如同影视编剧导演一般，像把关影片画面效果一样关注展览的实施效果和传播效应。同时，我们必须清醒认识到，策展内容的设计要通过直观的视觉呈现传达给受众，越早与受众产生互动越有效。

展览视觉识别系统，是品牌设计的一种形式，属于文化类品牌的范畴。策展策略就是品牌定位，也有主题明确、形式连贯的内容表达。因此，如果策展人对视觉设计融入策略的思考缺位，很容易导致展览与观众的信息互动障碍，这样的展览是失败的。

策展人发起的关于展览主视觉设计的创新探索，突破固定模式，逐渐不被定义约束。视觉设计在实践中的能动性发挥，对策展的边界拓展具有启发意义。各类同级别展览之间的争奇斗艳，也在视觉识别系统的发挥上体现得淋漓尽致。

二、确立有效的视觉信息元素

策展语境中的视觉转译是指将抽象语意转化翻译为符号、图像、色彩等视觉传达信息要素。整体视觉效果的有效呈现，是在明确的策展策略指引下实现元素间的有机组合。元素的选择，是策展人和设计师共同把控主导的，能够更好地体现策展意图的视觉表现形式。

1. 图形元素

以形象化的方式，在充分考虑认知、心理、传播功能的基础上，通过比喻、象征、拟人、夸张等修辞方法，产生适合主题意图的图形符号和图像语言。

图形图像元素的提取，往往都和展览主题和内容相关。如画展的视觉设计，以画家展出的代表作为主形象，结合其他元素设计海报等宣传用品，形式较为多见。有较强设计感的展览视觉识别系统，往往将展览主旨、价值导向、艺术风格等提炼为抽象图形元素，品牌设计称为“超级符号”，言简意赅，不仅有视觉张力，还为展览主题拓展了更多元的认知维度和理解空间。

2. 色彩搭配

色彩是视觉设计中极其重要的视觉要素，对表达展览主题、整体氛围塑造和烘托展品情境有很大作用。在此需要申明的是，展厅的白墙也属于色彩系统的搭配。根据策展策略，在视觉设计中明确色彩系统，合理应用系统颜色的搭配关系，涵盖整体局部，是品牌化视觉的重要表达呈现。

同时，模糊的色彩印象对于识记品牌化视觉有引导作用，如北京国际设计周的蓝色，是受众在识别和记忆中的重要因素，对非专业观众而言，图形感的字体 Logo 的构成形式不是记忆重点，色彩更容易深入人心，在活动展览情境和宣传推广中，蓝色颜色搭配的出现顺理成章，且能形成强烈的统一性和认同感。

3. 字体元素

字体是传达明确信息的载体，是为受众提供阅读的。展览中，大到活动主标题，小到作品注解，都是由文字承载的。当然，除去修辞之外，文字的呈现方式也需要被设计，不仅仅是字体字号的选择，还要有形式美感的视觉化判断，对字形和笔画进行设计，以及不同字体间的组合关系设计。融入整体视觉设计体系，发挥应有的作用。

三、视觉融入空间叙事

展览空间展示设计是“不言而喻”的空间叙事，是对策展主题进行意义建构与话语体验的重要知识生产方式。空间功能的视觉化设计，从整体氛围的塑造到细节品位的把控，会在更大程度上提升展览的形象感，使得空间叙事功能在原有基础上更加生动。以视觉设计的方式把策展理念及策展结构转化为空间形态，通过视角设定、布局架构对艺术作品、文献资料等展览内容进行空间视觉的再编辑与再创造，以建立展览与公众的信息交流与沟通。

展览空间设计为策展叙事的逻辑以启发与提升，从展览氛围与话语体验上，为空间叙事提供解决方案。空间叙事以视觉化的方式利用色彩、图形、字体等元素设计与组合，从视觉感受性的角度提升传达效能，给人更佳的感受体验。

四、视觉转译的媒介创新

以图形、文字、色彩为基本的视觉设计，通过元素组合的设计方式，融入空间叙事打造三维空间，控制时间动线产生的空间连贯性表达，形成全方位的展览体验。

在媒体背景下的新时代，新媒介、新技术又为策展的发展提供了更大的发展空间。尤其是线上虚拟展览形式的出现，线上展览的叙事方式不仅是在线模拟现实展厅空间，更有虚拟展品的全方位媒体化呈现，融入交互性叙事方式和审美方式，不断以媒介创新扩展视觉策展的边界。

视觉是人类最重要的感官，于是“看展览”才显得更有意义，视觉设计在策展和执行中的作用不言而喻。在展览实施过程中注重视觉的表达从策展开始，必须先期制定整体视觉规划再落实，也包括媒介手段创新的思考；在视觉规划明确之后，提炼视觉表现要素，研究综合表现范式，通过严格推理执行落地；视觉设计表现的研究内容中还包括在空间叙事中的重要作用。

总之，策展人要以综合全面的视觉分析，有效的推理形成方式，掌握媒介创新的融入度，用视觉设计贯穿于整个展览策划和执行的始终。

参考文献

纪玉洁 . 视觉转译、空间叙事与思维赋能——设计之于策展的价值初探［J］. 美术研究，2022（3）.

吉湘 . 对话设计师刘芊黎——策展与深度扣连的空间主视觉与风格软装［J］. 家具与室内装饰，2018（12）.

王焕然 . 策展翻译——美术馆展览设计再认识［J］. 美术馆，2023（6）.

李宇菲 . 策展人的视觉与实践思考［J］. 美术文献，2019（1）.

杨叶秋

现任伦佐杨（上海）空间设计有限公司设计总监，四川美术学院建筑与环境艺术学院教师，米兰理工大学设计学博士研究生，《家具与室内装饰》（北大核心期刊）青年编委、审稿专家，英国皇家艺术学会会士。主要研究方向为设计理论与批评、策展设计。在 A&HCI、ESCI、EI、北大核心等国内外期刊上发表研究论文 10 余篇，并获全国环境艺术设计大展优秀论文奖、中国知网高影响力论文奖。设计作品多次入选米兰设计周、米兰三年展、北京设计周。

参训感言

经过近一个月的深入学习与探索，我对策展的多维度有了全新的认识。首先，思想理论课程深刻地指明了以人民为中心的创作导向，为我们确立了四大观：历史、人民、艺术、审美，为文艺研修打下了坚实的理论基础。与此同时，众多专家带来的关于策展深入探讨，让我对策展的学术和实践有了更为丰富的理解。实地考察如中国党史馆、今日美术馆等结合学术性讲解使我对艺术与科技、艺术与生活的融合有了更为深入的理解。此次研修如一次策展艺术的宏大展览，每一讲、每一次考察都是精心布置的展品，为我展现了策展的魅力与深度。同时，我深感此次学习的重要与宝贵，希望将所学所悟运用于实践中，为中国艺术的传承与发展做出自己的贡献。

11

设计思维转型视域下的策展新探

——以“设计未来的设计教育”展览为例

杨叶秋

摘　要：随着社会和技术的发展，设计领域正在经历前所未有的转型，这种转型不仅涉及设计的内容和形式，还深入设计的思维方式。在第二届艺术与设计创新未来教育博览会上，米兰理工大学通过“设计未来的设计教育：2020米兰理工大学设计作品展”，生动地展示了这一设计思维的转变。以“批判性、可持续性、协作性”为关键词，将观众引入了一个从“大、中、小”尺度交织而成的设计生态链，反映出人类对生活、社会和自然的关系的深入思考。此外，设计也从单纯的“造物”转型为解决社会问题的方法论，与“衣食住行、柴米油盐”紧密相连，同时也是解决“经济危机”“社会创新”“教育公平”等“非造物”复杂问题的关键。本文旨在通过对米兰理工大学展览的深入分析，探讨设计思维转型下的策展新趋势。

关键词：设计思维；多尺度设计；复杂问题；策展新趋势

随着社会和技术的快速进步，传统的设计领域正面临着前所未有的变革挑战。这种转型已经超越了简单的形式与内容的改变，更深入地渗透设计的核心思维方式。在许多方面，这种思维方式的转型可以视为设计的一次重生，标志着其从传统的“造物”行为转向了更为复杂、多层次的社会创新活动。从历史角度看，设计一直与其所处时代的社会、经济和技术环境息息相关。然而，如今设计所面对的转型尤为显著。学者理查德・布坎南曾经指出，设计的变革是由四个设计的维度构成的，从简单的物品设计，到复杂的系统和环境设计。正如米兰理工大学最近的展览所展现的，这种转变不是表面的，而是触及设计的每一个维度，从大尺度的城市规划，到小尺度的产品设计。

“批判性、可持续性、协作性”这三个词语成为新设计思维的关键词。它们意味着在当今的设计领域，单纯的创新和创造性不再足够。为了真正达到其目的，设计师需要深入地批判和反思，持续地考虑其设计的长期效应，以及如何与他人合作来实现最佳的设计效果。此外，从米兰理工大学的展览中可以明显看出，设计已经不再仅仅关注物质层面的事物。与“衣食住行、柴米油盐”这些和人们日常生活紧密相连的事物一样，设计也成为解决“经济危机”“社会创新”“教育公平”等“非造物”复杂问题的关键。这意味着设计的边界正在扩大，它不再仅仅是一种表达或创造的手段，而是成为一种方法论，一种解决问题的方式。

本文将对由笔者策划的、于上海西岸美术馆落地的“设计未来的设计教育：2020 米兰理工大学设计作品展”进行深入分析，试图揭示其背后的设计思维转型，以及这种转型对未来策展活动可能带来的影响。笔者相信，通过深入研究这次展览，我们可以更好地理解设计领域正在发生的变革，以及这种变革对我们未来的生活和社会可能带来的深远影响。

一、设计思维的演变：从形式功能到策略

设计，作为一个古老的实践，一直在演变中。从古代的建筑和艺术品到现代的产品和系统，设计始终是文化和历史背景下的产物。传统的设计的关注以形式与功能的统一为核心，将其视为设计的首要任务。这种设计的思维主要基于物质文化背景，当时的社会需要功能齐全而又形式美观的物品来满足日常生活的需求。然而，今天的设计思维却发生了巨大的转变。

从历史看，设计思维的根源和演变历程反映了其对于解决日益复杂的问题的能力。据彼得罗所述，设计思维最初集中在物理产品的设计上，强调形式与功能的结合。但这一观点在 20 世纪中叶随着现代主义设计的崛起而开始转变，那时的设计师着重于如何通过简化和标准化来满足广大用户的需求。

进入 20 世纪 70 年代和 80 年代，随着人类中心设计理念的兴起，

设计思维的焦点开始转向用户体验。唐·诺曼指出，这一阶段的设计思维主张深入探索并理解用户的真实需求，并采用迭代的方式持续优化设计解决方案。而在21世纪初，受到数字化和全球化的双重驱动，设计思维开始倾向于系统性的思考，强调对整体的掌控。

2000年之后，设计思维被广泛地应用于各个领域，从商业和教育到医疗和社会创新，成为应对当代复杂问题的关键钥匙。这也标志着设计思维从一个关注产品和服务的方法，演化为一个全面的、系统的解决问题的策略。

二、设计思维的转型：作为策展的新视角

设计思维在过去的几十年中经历了显著的“转型”。从最初的产品和服务创新出发，它已逐渐渗透商业、教育和社会创新等领域。这种转型不仅仅是策略的变革，更是对问题与解决策略的深化认知。与此同时，现代的展览也正在经历一次全新的视野变革。这种变革反映了对设计方法和思维的深化认识，尤其是在意大利这样有着丰富设计传统的国家。意大利的设计学与建筑学之间的关系尤为紧密，两者都强调了从实践中学习和发展的重要性。

这次的展览笔者试图展现一个实验性的“建筑工地”，其中涵盖了设计的各个方面。这个“工地”不只是一个物理空间，更是一个思维空间，一个可以实现想法和构想的地方。每一个细节、每一份材料、每一个结构都充分展示了设计的过程性和实验性。而透明的

隔断、清晰的标识和有序的布局进一步强调了设计的系统性和整体性。这种整体性与系统性是现代设计思维的核心，也是意大利设计学与建筑学交融的体现。

工地作为一个实验性的空间，为设计师提供了一个独特的平台，让他们可以自由地尝试、探索和实验。这种自由不仅仅体现在物理上，更体现在思维上。设计师可以在这里摆脱传统的束缚，勇敢地尝试新的方法和技术。这种勇气和探索精神是现代设计思维的基石，也是设计转型的关键。通过这个实验性的工地，我们可以看到设计从传统到现代的演变，也可以看到设计与建筑之间的紧密联系。这种联系不仅仅体现在技术和方法上，更体现在思维和哲学上。正如这次展览所展示的，设计的真正价值并不在于最终的结果，而在于过程中的实验和探索。这种哲学恰恰与设计思维的转型相呼应：设计不再是一个孤立的过程，而是一个涉及人、技术和商业的综合性过程。

图 1　展览正视图

图 2　展览侧视图

图 3　展览内部图

三、总结与前景

经过一系列对设计思维的综述和对“设计未来的设计教育”空

间的洞察，我们得以更为全面地认识到设计领域正在经历的转型。这一转型不仅仅是技术和方法的更新，更是一场思维方式的重大变革。如尼格尔·克罗斯所言，设计师在工地这样的开放和实验性空间中所展现的勇气和探索精神，恰恰反映了现代设计思维的核心特点：设计师在这里不受传统的约束，可以自由地尝试和实验，这种自由与开放的精神正是设计思维转型的关键。

此外，本次展览所揭示的设计与建筑之间的紧密联系，进一步强调了设计的综合性。这种综合性不仅仅是技术的融合，更是思维的融合。现代设计已经不再是一个孤立的、仅仅关注于造物的过程，而是一个涉及人、技术和商业的综合性过程。

从这个角度看，策展工作也正在经历着类似的转型。传统的策展重视的是作品的展示，而现代策展则更加注重过程的探索和实验，强调策展的社会、政治、历史和文化意义。这种转型不仅仅是形式上的，更是思维上的，与设计领域的转型相呼应。

展望未来，设计和策展都将持续面临新的挑战和机遇。随着技术的发展和社会的变革，两者都需要更加注重综合性和创新性，同时也需要更为深入的社会、政治、历史和文化思考。总的来说，设计和策展的未来充满了挑战和机遇，这也为我们提供了一个宝贵的机会，让我们能够在实践中探索和发现新的方法和理念，为设计和策展领域的持续发展做出贡献。

参考文献

Norman D. The design of everyday things : revised and expanded edition[M] . New York : Basic books, 2013.

Buchanan R. Wicked problems in design thinking[J] . Design Issues., 1992, 8 (2): 5–21.

Manzini E. Design when everybody designs : an introduction to design for social innovation[N] . MIT Press 2015.

Margolin V, Margolin S. A"Social model" of design : issues of practice and research[J] . Design Issues, 2002, 18 (4): 24–30.

Hauffe T. Design[M] . London : Laurence King Publishing, 1998.

Rowe P G. Design thinking[M] .Cambridge : MIT Press, 1991.

Cross N. Designerly ways of knowing[J] . Design Studies, 1982, 3 (4): 221–227.

Kimbell L. Rethinking design thinking : Part I[J] . Design and culture, 2011, 3 (3): 285–306.

Brown T, Katz B. Change by design[J] . Journal of Product Innovation Management, 2011, 28 (3): 381–383.

Brown T. Design thinking[J] . Harvard Business Review, 2008, 86 (6): 84.

Pevsner N. A history of building types[M] . Princeton : Princeton University Press, 1976.

Cross N. Designerly ways of knowing[M] . Berlin : Springer, 2006.

Kolko J. Design thinking comes of age[J] . Harvard Business Review, 2015.

纪玉洁 . 视觉转译、空间叙事与思维赋能——设计之于策展的价值初探 [J] . 美术研究，2022（3）：111–118+40.

李磊 . 视点即观点：危机视角下的设计展策展 [J] . 东南文化，2022（5）：147–152+191–192.

魏宇彤

广东美术馆展览设计部专业技术人员，助理馆员。曾参与策划项目“有温度的存在——广州设计三年展2024”“何香凝与中国女子书画会：20世纪前半期中国女性艺术运动图景”等。参与策展项目“游艺东西：关良的风格史研究”荣获中华人民共和国文化和旅游部2021年全国美术馆馆藏精品展出季活动优秀项目。主要工作内容为展览策划、主视觉及展陈设计、协调统筹展览相关事宜，力求将艺术家的创作视角以令人印象深刻的方式呈现给观众。

参训感言

在参与“中青年视觉艺术策展人培训”一个月的学习过程中，我深刻感受到了策展的复杂性和挑战性。培训涵盖了许多关键领域，包括展览的语境创造、形式与内容的交融，以及策展人与设计师之间的互动。这些内容的深入探讨，让我对策展工作有了更全面的了解。

展览的语境创造是策展的核心之一，形式与内容的交融是策展过程中至关重要的一环，策展人与设计师的互动也是一个关键因素。总之，策展技术是一个复杂而多面的技能。在当代艺术领域，策展人需要应对不断涌现的新问题和挑战，同时创造独特的展览体验。这个培训经历让我更深刻地理解了策展的艺术和科学，同时也激发了我在这个领域不断学习和成长的渴望。策展不仅是一门技巧，更是一门充满创意和想象力的艺术，我期待着将这些新知识应用到未来的策展项目中，创造引人入胜的展览。

12

艺术博物馆的视觉设计和展陈空间特点

魏宇彤

摘　要：现如今随着观众审美需求的不断提升，早期的展陈方式和设计样式已经无法适应如今美术馆日益更迭的展览内容，无论是展陈需求还是视觉设计都需提高。展览空间和视觉设计的重要性毋庸置疑，整个展陈的效果和主视觉设计自然会影响到观众的整体感官和对展览内容的理解。因此，本文将对展览整体设计要点和展陈空间的几点思考展开探讨。

关键词：艺术博物馆；视觉设计；展陈空间

如今，大众对文化的需求日益扩大，各地的博物馆和美术馆已成为文化传播不可或缺的场所。但如老师们上课所说，当前的策展行业仍然过于注重展览内容，而在展示形式方面缺乏创新。正如吕克·图伊曼斯所指出的:“近日的展览行业，从视觉出发的策展越来越少，不少策展理念仍在对流行性的哲学话语产生种种消化不良的伪知识分子式理解。”要改变这一现状，不仅仅是要求策展人在展览内容上要有研究，展览设计形式也需要符合当代观众的审美，确保展览设计与展览主题相契合。展览设计是增加展览吸引力的重要要素之一，如果在展陈设计上别出心裁将会加大展览的吸引力，使观众参与整个展览环境中，也对艺术作品有了更好的诠释，这样的展览才是一个完整的展览。

作为广东省地标性美术馆，广东美术馆是岭南文化传播的重要载体，是目前国内颇具规模，配套设施较为现代化的艺术馆之一。同时，广东美术馆日益增多的展览项目也带来新的思考问题：展览内容如何多元化呈现给观众？一种更深层次的审美体验及清晰合理的展览动线是展陈设计人员所需要思考的问题。因此，展览设计对于提升本土文化和艺术审美有着极其重要的推动和导向作用。在这篇文章中，我将阐述展览中设计的作用，并分析近几年广东美术馆的展陈和视觉设计特点。

一、展览中的视觉设计

展览的视觉效果通常取决于展览内容和陈列方式的结合。设计应该围绕展览主题、突出关键内容和创造整体氛围展开。正如蔡萌老师在课堂上所强调的:“即便展览题目再怎么充满诱惑，如果不在策展技术和展览本身的细节呈现上下足功夫，将导致展览和作品不足以支撑展览主题，那么这个展览是无效的，甚至是不成立的。”简而言之，优秀的展览设计能够将艺术家的作品融为一体，从而提升其价值。

传统的展览设计元素包括挂幅、场刊、海报以及展厅陈列、墙面颜色、灯箱等。然而，传统的挂幅展览已无法满足多样化的展示需求。现代展览设计更强调整体性，确保设计和展览主题相契合。“设计师必须把学术转化为直观的感觉但布局设计要始终服从展出实物本身。”以“扮戏——现代视野下传统戏曲题材绘画研究展”为例，该展览结合中国戏曲和中国画两大国粹，根据其时间脉络和历史维度两个角度研究梳理，发现很多重合交集之处。在二者之间的交集，用戏曲将展厅分为三大板块。本次展览主要聚焦于以戏曲作为题材的绘画艺术，特别是戏曲人物画的衍义与发展。在这种情况下，策展人和设计师需要共同协商如何更深刻地传达给观众戏曲和画之间的关系。对于这个展览而言，如何让观众更加深刻地读懂戏与画之间的关系是策展人与设计师需要共同协商思考的问题。

在解决问题上，该展览的特别之处在于运用了大量文献期刊与绘画作品相结合，打破了传统挂画展览的枯燥模式。这一展陈也充分展示文字这一形式在展陈设计中的重要程度。“文字是人们发展和进步的一个非常重要的工具，对文字这一形式进行必要的创新可以让人和人之间的交流变得更加有效，将文字这一形式利用到视觉文化元素中是可以有效提升展陈空间的实际设计感和空间感受的。”文字排版和文献的合理运用也成为展陈设计师工作的重心之一，如何疏密有致，看上去不会十分繁杂，让阅读文字不再枯燥，也要吸引观众去停留在文献中了解作品的深度与历史脉络。因此，设计师要运用多种展示方法进行设计。例如，在展柜中展示、文献做旧装裱上墙以及做成可翻阅的书本供观众自己去阅读，三种方式多维度地去解析京剧与中国画在当时是有如此多重合之处。这一多维度的设计方法增加了展览的趣味性。

二、展览的整体空间塑造与设计

展览空间设计直接影响观众对整个展览的理解，包括视觉感受和精神体验。这就造就了策展人在研究艺术家和艺术作品的同时也需要掌握整体空间的把控能力。展览动线、空间布局、灯光营造都是策展人和设计师反复考量所提炼出的最佳的一个展陈方案。“每一件展品都是和经过精心设计的物质材料以一定的展示空间形式围合或搁置于展览空间，以至于展览空间内不仅容纳着你的行为活动和审美感受，而且还包含从中升华出由此产生的心理空间、信息空间。”如何运用设计吸引观众，让观众对作品内容产生兴趣，避免有些观众无法产生任何情感体验，是策展人和设计师需要关注的问题之一。为给予观众一种丰富的情感体验，在展陈设计中，我们仍然需要考虑色彩的搭配营造舒适的观展空间环境。将艺术符号提炼为艺术元素，并对艺术元素加以利用，有助于营造展览氛围，使设计呈现饱满的效果。

广东美术馆每年展览多样，内容的丰富程度要求展览空间设计具有多元性和创新性。作品再好、种类再丰富，如果在空间中缺乏展示，那么往往会影响作品的观感，这对于艺术家和观众来说都是损失。在大多时候都根据展览的不同内容、主题去进行不同的展陈设计。如主题性展览，应当严格根据历史动脉去进行划分，做到精密、严谨。在色彩方面以不同的颜色表达不同时期，用墙面色调的划分来对应展览主题的需要。比如，在 2021 年“广东省庆祝中国共产党成立 100 周年美术作品展”，该紧扣建党百年主题，以百年党史为主线，生动地展现了中国共产党百年来带领中国人民进行革命、建设、改革的壮美画卷。同时也以红色、绿色、黄色进行了三个时期划分，清晰明了。而当代展又应当充分利用色彩、空间，从而打破传统展览方式。如近期广东美术馆举办的“GDMoa 年度艺术家学术提名展”，该展览并没有清晰的展览动线和时间线，而是根据不同策展人所提名艺术家的作品来营造空间之间相互融合的关系。在当代展中我们更多考虑的是作品和空间的关系。因此，策展人和设计师需要根据展览的特点采用不同的设计方法。

三、结语

总之，不同主题和类型的展览需要不同的设计和陈列方式，通过设计和陈列来更好地呈现展览内容，吸引观众。在吸引观众注意力的同时，也不能喧宾夺主，设计和空间塑造的主要目的是吸引观众去欣赏作品。通过塑造一个良好的展陈设计空间和氛围，从而吸引更多的观众，让观众在观展的过程中获得更多美的感受。这些因素不仅能够充分展示策展人的审美趣味，也能够更好地展现出美术馆的综合实力，同时传播在地文化并吸引更多观众走进来。策展人应该在实践中不断总结和创新，以满足不断变化的观众需求和展览挑战。

参考文献

玛格丽特 · 霍尔 . 展览论：博物馆展览的 21 个问题［M］. 环球启达翻译咨询有限公司，译 . 北京：北京燕山出版社，2007：4.

张乐 . 南京博物院临时展览形式设计案例分析［J］. 东南文化，2023（1）：131-135+199-200.

吴硙 . 视觉文化与美术馆的展陈设计探索［J］. 大众文艺，2021（9）：78-79.

吴琼，张天羽 . 如何包装艺术的艺术——中国美术馆展览设计理念新谈［J］. 艺术市场，2007（10）：134-137.

苏　玥

本科毕业于广州美术学院，硕士毕业于香港城市大学，现就职于广东美术馆，任展览设计部专业技术人员。曾参与过“念念迁流——风景的图像变迁与当代转向”“一个人与一个时代——潘鹤与新中国雕塑研究展”“有温度的存在——广州设计三年展2024”等展览项目的设计、展陈相关工作。

参训感言

30天的集中培训令人受益匪浅。本次培训课程丰富多彩，内容兼具学术研究价值和实际参考意义。59位不同艺术领域的专家学者结合自身的专业、展览策划经验，以及艺术史相关内容，从业务能力素养、文艺通识、跨界思维与创新、思政与艺德四个角度为参训学员带来了一场场知识的盛宴。项目组还在理论学习的基础上安排学员到各大美术馆、博物馆进行实地参观课程，理论结合实际，帮助学员转化所学知识。本次培训的学员均为来自全国各地的文博体系专业人士，项目组为我们搭建了良好的交流平台，为我们提供了一个非常难得的机会，得以相互学习和交流分享。此外，我们还以小组的形式共同完成了一个展览方案，在讨论交流的过程中融汇培训所学，共同提升。

13

以观众体验为中心：视觉语言在美术馆展览中的运用

苏玥

摘　要：展览视觉作为策展理念与艺术理念的最终呈现形式，已经不仅局限于设计团队的负责范畴。在当前的美术馆展览工作中，策展人需要与设计师共同操刀展览视觉，灵活运用多种视觉语言建构与观众之间的联系。本文将以观众体验为出发点，分析光影、色彩、空间语言如何在展览中运用。

关键词：美术馆展览；观众体验；视觉语言；光影；色彩；空间

近年来，美术馆逐步实现从“以藏品为中心”向“以观众为中心”的路径转向，如今，观众体验已成为衡量美术馆展览成功与否的重要标准。如何通过展览在艺术品与大众之间建立沟通的桥梁、消除艺术理念与观众接受之间的隔阂，是美术馆策展团队的职责所在。

作为展览面向观众最直观的呈现渠道，视觉设计是展览工作中不可忽视的重要环节之一。在展览中灵活运用视觉语言能够更高效地呈现、转化、传达展览信息及其背后的学术思想，降低语言、文化环境、受教育程度等外在因素的影响，更好地履行美术馆文化传播、公共教育的职责，推动实现“艺术走向大众”的理念。在当前的策展工作中，展览的视觉由策展人与设计师共同把控话语权，设计师处于执行设计的位置。因此，策展人需要加强对视觉语言的研究，积极与设计师进行沟通，以确保展览的视觉既能够符合展览的立意阐释，又能够最大程度地满足观众的观展体验。

本文将站在观众体验的角度，结合 30 天培训所学，分析如何通过光影、色彩、空间等视觉语言的运用更好地实现美术馆策展工作。

一、美术馆展览中运用视觉语言应遵循的原则

美术馆展览运用视觉语言的根本目的在于更好地传达艺术理念、与观众建立更紧密的联系，为了达到这个目的，我们应该遵循以下几点原则：

视觉语言的运用应遵循辅助原则，起到突出、衬托艺术品的作用，避免割裂或者喧宾夺主。

视觉语言的编排与组织应严谨、清晰、富有逻辑性，需要做好视觉引导，突出展品的视觉吸引力，让观众能够分清主次关系；合理规划展览的视觉信息层级，保证辅助文字的易读性与整体视觉的舒适性。

视觉语言的运用应切合展厅实际，根据展厅的实际条件进行调整。

二、光影语言在展览中的运用

光影语言的运用直接影响着艺术品的呈现效果、情绪表达和展览的空间氛围，从而左右观众的观赏体验。

光影的基础运用如光的选用、光线强度、照明角度、灯光与作品的距离都是需要重点把控的细节。在光的选用上，策展团队需要根据作品的材质、显色性和需要突出的点进行细节的调整，针对不同材料、不同艺术形式的作品，综合考虑展厅整体环境，选用不同

的灯光及照明方式；在光线强度上，我们同样需要合理安排，不宜过分强烈。过强的光线会影响艺术品的展示，比如在过强的光线投射下，雕塑作品过度强烈的明暗对比会导致视觉失衡，阴影部分缺乏通透感也会影响作品细节的呈现；在照明的角度上，我们需要根据画幅大小、艺术品的材质进行角度调整，避免展品因亮度分布不均匀而产生眩光现象，引起视觉的不舒适；在灯光与作品的距离上，适时适度的调配也至关重要。灯光与展品的距离过远很可能会将观众的影子投射到作品上，降低视觉体验、分散观众的注意力。

基于上述光影的基础运用，策展团队还应该运用光影语言强化展览的空间氛围、突出展品的艺术性，提升美术馆展览的艺术感染力，进一步提高观众的视觉感受。比如，在中华世纪坛“童思筑梦——儿童设计美育新时代”展览中，策展团队灵活运用光影语言，将光影融入《过家家》等展品之中，提升了展品的视觉美感。此外，现代数字技术的发展、多媒体的应用为展览中的光影设计提供了更多的可能性。灵活利用光影的视觉冲击力、与展品相结合，能够将想要传递的信息更直观地呈现给观众，让观众更投入于展览之中。比如，在首都博物馆“辉煌中轴”展览中，策展团队利用投影在中轴线沙盘白模上展现了北京的四季变换，光影效果的呈现引人入胜；在党史馆的常设展览中，策展团队将数字技术与光影的巧妙地融入了作品《不灭的明灯》中，模拟烛光及烛光映射到人物皮肤上的效果，直观地还原了艺术家希望塑造的环境氛围，为观众打造出更丰富的观展体验。同一展览中的《守望》雕塑作品则模拟出阳光照射的效果，为作品带来氛围感和故事性的双提升。

简而言之，灵活运用光影语言对更好地呈现艺术品、提升展览的视觉冲击性、塑造展览的空间氛围感、传递艺术家的情感表达都有着非常显著的作用。

三、色彩语言在展览中的运用

色彩是美术馆展览中必不可少的视觉表现手段。

作为展览视觉识别系统的一员，展厅墙面色彩、墙面刻字颜色选择都深刻地影响着观众对展览的第一印象。因此，我们在规划展览墙面色彩时需要重视其与展览艺术理念、艺术家的情感表达以及与艺术品的契合度，让色彩起到辅助和突出的作用。刻字颜色的选用需要考虑文字的易读性，避免选择与墙面色彩过于接近的颜色。例如，某一展览在灰蓝色墙面的基础上选择了淡黄色的刻字，由于颜色灰度过于相近导致文字内容的辨识度和易读性下降，对观众的观展体验造成了一定的影响。

此外，我们还可以运用色彩语言在一定程度上弥补现有展厅条件的不足。比如，尚辉老师在“美术馆大型主题展的策展理念与创新实践”课程中提到，通过展墙色块的改变可以降低过高的展墙的视觉观感、调整作品画幅，从而调整空间的视觉观感。

四、空间语言在展览中的运用

展厅空间的分割、动线排布、情境营现都直接与观众体验相关联，我们需要综合考虑展厅的实际情况和观众体验进行规划。在板块的划分上，我们需要在保证展览节奏感的前提下尽量维持每个板块的内容均衡，空间的分割也需要维持合理性；在空间动线排布上，我们需要将人流量、观展舒适度等多种因素纳入考虑之中，保证动线的逻辑性和引导的清晰性；在展览的空间设计中，我们还可以运用视觉元素进行情境营现，提升展览的情境感和氛围感。以北京画院“北窗高卧——戴泽笔下的北京”展览为例，展览中大量使用了窗户的视觉元素，配合胡同路牌、砖墙、斑马线等要素，在展厅空间中复原了北京老胡同的场景，为观众带来了沉浸式的观展体验。

五、结语

视觉语言在美术馆展览中发挥着无可替代的重要作用。我们应该站在观众体验的角度，结合美术馆的实际情况，灵活运用光影、色彩、空间等视觉语言，打造出富有艺术氛围、令观众满意的优质展览。

参考文献

纪玉洁，视觉转译、空间叙事与思维赋能——设计之于策展的价值初探［J］. 美术研究，2022（3）：111-118+40.

彭宝玉

现为深圳市关山月美术馆副研究馆员、典藏研究负责人，《中国版画》杂志栏目主持，主要从事20世纪中后期中国美术研究，当代美术与设计艺术展览策划、研究及批评及学术出版物的编辑工作。

著有《开路50年——其加达瓦艺术研究》、《实业兴国：新中国工业发展的版画记忆》（合著），发表学术论文20余篇。迄今策划20余个较有影响力的学术展览，策划执行完成多个国家级、省市级艺术项目。其中主持“其加达瓦作品捐赠收藏项目”入选2016年“国家美术作品收藏与捐赠奖励基金支持项目”；执行完成“青年艺术设计人才培养计划”，获得2017年国家艺术基金支持；独立策划“策源地与试验场——设计艺术在深圳（1989—2019）”入选“文化和旅游部“2020年全国美术馆青年策展人扶持计划”。

参训感言

策展是一项极具挑战性的工作，对策展人的素养有很高的要求。在这次文联研修院举办的“中青年视觉艺术策展人培训”中，许多授课老师都分享了优秀展览案例，让我倍受启发和获益，而老师们总结和分享的优秀策展人必备的一些素养，让我对照发觉自身的不足之处。于我而言，今后我会加强艺术史及跨学科的学习，丰富自身，让将来的策展实践更具敏锐的问题意识、更具学术深度，策展思路更开阔。

14

藏品研究展策划与城市文化构建

——以『策源地与试验场』展为例

彭宝玉

摘　要：为了向公众展示收藏成果，活化馆藏精品，发挥国家美术典藏在塑造城市文化方面的审美引领作用，关山月美术馆自开馆以来收藏了各种不同艺术形式、反映和讴歌新时代的艺术作品，并推出馆藏研究系列展。本文以我策划并入选国家文化和旅游部“2020年全国美术馆青年策展人扶持计划”的“策源地与试验场——设计艺术在深圳（1987—2019）”为例，探讨关山月美术馆藏设计展对构建深圳城市文化、塑造深圳文化形象等方面的作用和影响。

关键词：设计艺术；藏品研究；文化构建；策展

策展在城市文化中扮演着重要的角色，因为它可以帮助城市展示其独特的文化和价值观，提升城市的形象和活力。因为我主要工作为本馆的藏品研究和策展，所以在策展实践中特别重视展览结合当地的文化特色和产业，通过展览策划留存城市记忆，让城市“活”起来，增强市民的文化认同感和归属感，为城市文化注入新的内涵。

深圳缺少传统文化积淀，曾一度被称为“文化沙漠”。但它又是一座年轻而充满活力的城市，其背后的力量源于创新和设计。作为深圳市的一座以“关山月与20世纪中后期中国美术研究”和“当代设计艺术研究”为主要学术定位的美术馆，关山月美术馆一直以展览及研究为城市文化注入新的内涵，塑造着城市的文化形象。下面，我以我独立策划并入选国家文化和旅游部“2020年全国美术馆青年策展人扶持计划”的“策源地与试验场——设计艺术在深圳（1987—2019）”为例，探讨关山月美术馆藏设计艺术展对构建深圳城市文化、塑造深圳文化形象等方面的思考，希望以下思考可以给读者一些触动，激发业界探索策展的新的可能。

一、策展侧重点的选择：突出深圳文化特色、探索活化馆藏

文化和旅游部实施的“全国美术馆精品展出季”“全国美术馆青

年策展人扶持计划”“国家美术作品收藏与捐赠奖励基金项目”，以及中国文联文艺研修院主办的“中青年视觉艺术策展人培训班”等项目均鼓励美术馆及策展人对本地区美术资源的展览策划及美术馆藏品的研究。这在我的策展实践中，也是一直关注的两个侧重点。

我在申报“全国美术馆青年策展人扶持计划”时，也从深圳本土文化特色与关山月美术馆藏作品的联系出发，选择了“设计艺术”。众所周知，深圳是中国首个经济特区，作为一座“设计”出来的城市”，深圳也是中国当代设计艺术的策源地之一。改革开放以来，深圳依托毗邻港澳的地域便利和开放窗口的先锋观念，有力地推动了创意设计行业与学科在中国的发展，成为中国内地设计业的策源地和联结港澳台的重要平台与实验场。作为国内首个被联合国教科文组织授予“设计之都”殊荣的城市，可以说，设计艺术是深圳最富有特色的城市文化形态。作为深圳开放、创新土壤生长出来的“新的传统、活的文化”，设计艺术彰显了城市的文化品格，激活着城市的创新能力，推动了城市经济社会的发展。

而作为深圳设计艺术发展的见证者、参与者和推动者，关山月美术馆是国内最早将“当代艺术设计研究和收藏”纳入学术视野的美术馆之一，有丰富的当代设计艺术的馆藏积累。这些作品不仅蕴含着巨大的文化和经济价值，也为中国当代设计的历史梳理和研究奠定了基础。

所以，从突出深圳文化特色、探索活化馆藏两个方面出发，我以关山月美术馆藏在不同的历史阶段中的代表性设计作品为基础，以深圳设计30多年的发展历程为主线，形成了以下策展思路：一方面，呈现深圳当代设计艺术的优秀成果，尝试通过一个展览思考设计创新与城市的创新活力之间的互动关系，也为研究设计与转型中的中国城市化进程的互动关系提供一个典型案例；另一方面，展览通过对设计名家名作的展示、设计文献资料梳理和研究，希望弘扬本土设计艺术，推动本土文化自觉和文化自信，进而引领设计行业关注国家需求和社会发展，为中国当代设计艺术的研究提供有益的参考和帮助。值得一提的是，本次展览展出的馆藏作品大部分为深圳本土设计师/机构的代表作，这些作品在深圳设计发展不同的历史阶段中有重要意义并产生了较大影响，鲜活地反映了深圳乃至全国的当代设计艺术发展历程。

二、研、策一体，以研究促策划

策展机制在20世纪八九十年代引入中国时，是参与、推动和改变了中国当代美术史的写作的，尤其是把研究、展览策划结为一体是策展实践的优良传统。美术馆的一个重要功能是学术梳理和过滤，我认为，对馆藏及本地区作品进行深度研究，是打造好精品展览的前提。

设计是文化的产物，也是一门复杂的学科，面对价值多元化的设计艺术现状，策展人应通过策展实践来进行整理、分析、过滤和判断。我将本次展览归类为文献研究展，也一直用“研、策一体，以研究促策划”的方式推进。在策划过程中，对包括重要的设计师、设计团体、设计风格、设计事件等予以重点挖掘。如深圳（嘉美设计公司）发起的“92平面设计在深圳”，是改革开放后中国最早以“设计”为主题的展览。该赛事首次借鉴西方已有的展会模式、赛事流程，直接引入西方的评价标准。92展的出现不仅标志着平面设计行业的兴起，也催生了国内设计学科的独立。再如“深圳设计·设计深圳——03设计展”对深圳意义重大，这次展览在一定程度上让决策层意识到设计是在特区生长出来的一种新的文化，意识到设计对产业转型和经济发展的贡献，从而决定培育设计文化，提出打造“设计之都”的思路。

在以研究促策划的指导思想下，本次展览分为三个单元从学术上对改革开放40年来深圳当代设计的发展做一次较为深入的梳理和研究。第一单元：辟新路者——当代设计的策源地、先行者（1987—1999年）。20世纪80年代，得益于改革开放的政策，深圳的经济迅速发展。市场竞争的需要使得企业开始关注自身产品的形象问题，引发了设计需求。又因发达的印刷业需求，平面设计首先在深圳兴起，进而对其他设计领域也产生了巨大的影响。同时，深圳率先迅速发展的市场经济体制，使整个深圳设计产业得到了超常规的发展，吸引了大批设计师到这里创业、发展，涌现一大批具有国际影响力的设计师和代表性设计作品。第二单元：文化立市——活文化、新传统的试验场（2000—2008年）。21世纪以后，随着设计师群体力量的不断发展壮大，有影响力的、延续性的设计展赛在深圳不断举办，

“设计”作为特区开放与创新的土壤中生长出来的“活的文化，新的传统”已成为共识。2003 年，深圳在全国率先确立“文化立市”、打造“设计之都”，深圳设计的影响逐渐扩大。本板块展出的设计作品，呈现设计师面对 21 世纪新的变革时代所形成的多元价值观。第三单元：设计之都 先行示范（2008 年至今）。2008 年，深圳成为国内首个被联合国教科文组织授予“设计之都”殊荣的城市。之后，深圳频繁举办国家级设计展和国际交流活动，创意产业园和设计基地兴起，整个深圳形成全民关注并参与设计的城市文化氛围。本板块展出的馆藏作品，以馆藏历届中国设计大展作品为主，展示近 10 余年来设计在服务国家战略、推动社会发展、改善民众生活等方面的积极探索和优秀成果，呈现新时代背景下设计与新生活的关系及在引领设计行业关注国家需求和社会发展的探索成果。这三个单元一起呈现了深圳乃至中国设计 40 年在行业自立、本体探索、市场化发展、服务国家文化战略等方面的实验和探索。

三、开放式策展结构的探索

在策展实践上，本次展览尝试开放式的策展结构，主要体现在两个方面。

1. 以“案例”形式，打破常规设计展分类的策展方式。

本次展览以“案例”为结构和展示方式——围绕一个主题，集合多位不同设计师或设计机构的作品组成一个案例，且不同作品之间有一定的情境或故事叙述，改变传统设计展分门别类（平面、工业、空间、服装等）的展出方式。以设计面对和解决的问题为导向，本次展览共展出“8 个案例、72 位 / 组设计师（机构）的 150 余件（套）作品。案例 1：志学 · 探索。20 世纪 80 年代后，内地设计远学西方、近学日本，而中国当代设计尤其是平面设计受到日本的影响巨大。日本的设计风潮转经港澳台而影响深圳。得益于连通港、澳的地缘优势，深圳平面设计思潮开始萌芽。该案例体现了该时代设计中西融合的面貌。案例 2：设计 · 先锋。20 世纪 80 年代后期开始，深圳的平面设计师群体形成，他们多具有强烈主体意识，注重个性表达和多方位的探索，反映在设计作品上，则具有先锋意识和实验品质。这一群体也引领了平面设计思潮，这股思潮很快在南方蔓延开来，并波及全国各地，其他设计领域也受到了影响。案例 3：固本 · 拓新。经历了对外吸收、对内自省，2000 年后，设计师们自觉追寻历史文脉、构建本体语言、崇尚个人创新，发掘精神内涵，设计文化的样貌日趋多元、设计语言也逐步成熟。特别是大批设计师频繁在国际获奖，获得国际认可，扩大了设计的国际影响力。案例 4：责任 · 关怀。21 世纪以来，设计背后的价值被设计师更多地追问。设计与文化现象、设计与弱势群体、设计与环境保护、设计与人文关怀等设计的“责任”被越来越多的设计师予以关注和体现。 设计也打破分工和分类的局限，从“关怀”的角度触及人类不同群体的生存状态。案例 5：形象 · 传播。随着中国国际影响力的不断提升，“中国形象”不断传播到世界各地。在全球化时代，如何讲好中国故事，扩大中华文化影响，传播当代中国价值，向世界展示真实、立体、全面的中国，成为设计面临的重要课题。设计界在系列“主场外交”等活动中积极参与视觉设计、室内及环境设计、活动系统整体设计、礼品设计等，取得了丰硕成果。案例 6：融合·智造。技术的革新，让设计有了更坚实的制造业支撑，设计师与科技工作者一起，系统攻关，基于新技术、新工艺、新装备、新材料的设计应用，在促进制造业转型升级、增强核心竞争力、服务国家社会发展大局和重大战略等方面发挥着重要的作用。案例 7：传统·新生。设计师通过重新认识传统，把传统材料、传统工艺、纹样、型制、文化元素进行设计转化后，将传统核心价值融入日常生活之中，并与当代文化创造性结合，实现了“传统新生”。案例 8：便民·宜居。设计植根于社会各个领域，更加易用、更加智能、更加有趣、更加符合使用者的价值观，在改善人民生活质量、构建和谐宜居生活环境方面发挥了重要价值。

2. 强调观众的参与，由单向的传递变为平等的交流。

对于策展人来说，仅仅靠推出好的展览是远远不够的，对推广艺术的要求不能止步于此，更重要的是培育艺术群体，让他们认识、亲近和喜欢艺术。这也对展览宣传推广、公共教育提出了更高的要求。在宣传方面，除了传统的纸媒体、专业媒体及新兴的自媒体宣传，本次展览更强调以观众为主体，鼓励观众成为展览宣传的主体，来扩大观众的投入度和参与性；公共教育方面，本次展览过程中强调与观众的融合与平等，策展人定期现场导览，让观众对展出设计作品有更深入的认识和理解。而针对不同群体和接受能力的观众，规划制作了成人版、儿童版两种不同的导览手册，对展览概况和展品内容做详细的描述，便于观众观展时有针对性地了解展品。此外，展览在公共区域专门设置了互动装置，来收集和了解观众的意愿，让更多的观众在参与中获得认同感。

通过藏品的研究和策展，可以挖掘城市的文化内涵，传承城市的历史和传统，提升城市的知名度和吸引力。我想，这是我策划“策源地与试验场——设计艺术在深圳（1989—2019）”最重要的意义和价值所在。

刘自川

硕士毕业于中国传媒大学美术学，现为江西省美术馆展览部策展人，江西省美术家协会会员，中华诗词学会会员。

主要策展项目：“一山飞峙 呦呦鹿鸣——庐山石刻拓片展”获文化和旅游部“2022年全国美术馆青年策展人扶持计划”入选项目（初评）；“墨气滃然——纪念江西画派开派画家罗牧诞辰400周年暨江西画派优秀作品展”；“峥嵘印迹——红色经典全国版画作品展”（2023年国家艺术基金传播交流资助推广项目）。

主要论文：《红色文化与版画艺术的策展新绎——“峥嵘印迹——红色经典全国版画作品展”回顾与展望》《明清书画交易中底层文人的生存境遇——以〈儒林外史〉为例》等。

参加学术会议“2023策展与未来”青年策展人系列学术座谈活动，并作“题刻拓片策展路径的多维探析”发言。

参训感言

此次策展班是我第一次线下系统地接受策展理论学习和思维训练。培训班课程设置科学合理，内容丰富，环环相扣。既有最新策展研究成果的精彩分享，又有“身经百战”策展经验的无私传授；既有重大主题展览的恢宏叙事，又有个案研究展览的学术呈现；既有国家展陈的壮丽诗画，又有乡土情怀的把盏而吟……授课教师们依托大量翔实的策展案例，逐一为我们剖析和讲解，再现策展过程的主题凝练和问题化解，同时对当下正在实施的展览与未来策展路径探析颇有启示和指导意义。

15

地域美术策展路径探析

——以江西省美术馆版画策展为例

刘自川

摘　要：江西省美术馆自2020年揭牌以来，将地域美术特色版画作为重点研究、收藏与展示对象之一，通过梳理和研究江西现代版画的发展脉络，以“印记赣鄱——江西版画研究展”为起点，并与红色文化相结合，不断推出/生成“峥嵘印迹——红色经典全国版画作品展”等系列展览，得到学界和业界的认可，逐渐形成自身办展特色。

关键词：地域美术；版画；江西省美术馆；策展

引　言

美术馆是重要的文化艺术机构之一，集展览、收藏、研究、教育、交流、服务等功能于一体。建立地域艺术谱系、梳理地域文化记忆、传承和延续本地区美术文脉也是美术馆的一项重要职责。江西省美术馆自2020年揭牌成立以来，紧紧围绕“建设江西美术最高殿堂”目标，把握“突出特色、培养品牌、扩大影响、坚持原创”四项原则，助力擦亮赣鄱文化新标识，积极加强赣鄱地域美术研究，将独具赣鄱文化特色的陶艺、版画、漆画、赣籍艺术名家作品作为重点展示、收藏与研究对象，致力整合全省优势资源，聚力打造代表江西符号的地域美术展览项目。

江西版画的火种形成于20世纪40年代抗日战争时期，迄今已有80多年的历史，它不仅与中国发展的历史进程紧密相连，也在各个历史时期中不断发展与创新。2020年，江西省美术馆自主策划“印记赣鄱——江西版画研究展”，梳理和展示江西现代版画发展脉络和美术家优秀成果，同期举行“勇猛精进——虚苑版画十年典藏展暨全国高等院校虚苑版画新锐奖作品展”，获得美术、学术界高度认可，为后来开展“峥嵘印迹——红色经典全国版画作品展”等系列展奠定了坚实的基础。

一、版画：地域美术特色的挖掘

江西近代版画与红色文化密切相关。版画具有独特的复制优势与雅俗共赏特性，在中国共产党革命斗争历史中发挥了重要的宣传、鼓舞作用。在新民主主义革命中，江西成了中国革命的摇篮，红色文化成为江西文旅名片之一。20 世纪 30 年代，鲁迅倡导的新兴木刻运动迅速影响全国，“抗日战争时期，地处抗战前线的赣南、赣西、赣东北一带曾会集不少全国著名的版画家，如罗清桢、荒烟、赵延年、余白墅、朱鸣岗、黄永玉、章西崖等，他们以刀代笔，宣传抗战，由此在 40 年代形成了江西版画的火种，在他们影响之下木刻组织如雨后春笋拔地而起，‘青中木刻小组’‘诗歌与木刻小组’‘白刃木刻研究社’‘笔与刀社’等相继成立，活跃在一线的江西版画家有柯克、严卢、可谷、康庄、李炯等”。江西近代版画以“革命美术”身份顺应时代要求，通过现实主义的创作手法，在当时得到迅速传播。

江西的版画发展与时代同频共振。在革命与战争中锻炼成长起来的早期版画创作者，伴随着毛泽东同志《在延安文艺座谈会上的讲话》的发表及中华人民共和国的成立，逐步进入革命美术之路。经过辛勤耕耘与专业教育，他们在 20 世纪七八十年代收获成果，同时，改革开放改变了广大艺术家的面貌，使他们观念得以更新，精神枷锁得以摆脱，有机会走出江西进入全国各个艺术学院学习。进入 90 年代，“市场化的经济体制激发了文化和审美领域的世俗化，传统美学范畴因其视野局限已无力应对多元化的价值观的确立和自由主义思想的优越性。版画的发展，一方面面向文化观念的开放性拓展和对本土文化作当代性的改造，另一方面面向绘画自身、版画艺术的本体语言回归和挖掘”。新时期，广大版画艺术创作者深入生活，扎根人民，继承传统，开拓创新，在创作中表达对时代发展的深思和探索版画艺术语言的新形式。

二、起点：印记赣鄱——江西版画研究展

江西版画展自 20 世纪 40 年代以来便持续得到开展。最早可以追溯至 1942 年 4 月“赵延年于赣州推出个人版画展，展出抗日木刻”，同年 8 月还在赣南博物馆举行木刻展览会。翌年 2 月，荒烟在江西省信丰县举办“中国抗战木刻画展”，并有“中外木刻流动展览”、第二届“双十全国木展”等在江西举办。尤其是第二届“双十全国木展”，“共展出作品 320 件，其中外国木刻 120 幅、书报 40 种，参展艺术家 60 人，观众 4000 人”，盛况可见。中华人民共和国成立后，第三届全国版画展于 1950 年 2 月在江西南昌巡展。六七十年代，可谷、谢牛、陈正元、欧阳荻、罗林儒等人多有版画作品入选全国美展或版画届展，亮相于北京，甚至出国巡展。此时期值得关注的是，除了 1965 年 12 月江西省文联展厅举办“宜春地区专业群众业余版画作品展览”外，1974 年南昌“万岁馆”举办了“宜春地区工农兵版画展览”。80 年代至 90 年代初，江西版画家作品也多在全国版画

届展获奖，并参加国际版画展。千禧年之后江西版画进入一个整体式微到复苏的过程，其间引人关注的是江西宜春美术馆举办的“守正·创新——宜春版画作品文献（1941—2019）研究展”等系列展。直至2020年11月，江西省美术馆举办“印记赣鄱——江西版画研究展”，同期举办“虚苑版画十年典藏展暨全国高校虚苑版画新锐奖作品展”。

“印记赣鄱——江西版画研究展”的举办具有重要意义。展览分为文献展、特邀展、入选展以及个案——陈祖煌展四个部分，其中“文献展”旨在“梳理江西现代版画火种的传承与发展路径，勾勒出江西版画与艺术创作主题、技法表现、大众传播、叙事功能、时代审美和教学实践等多方面的景象，借此探析江西现代版画队伍在形成和发展过程中出现的问题与实践经验，也希望以史为鉴，进一步引申对当下江西版画在教育与创作之间关系的更多思考”。“特邀展”意在梳理致力于江西版画发展的版画名家与江西版画发展的出与入、破与立之间的相互砥砺、相互影响关系。“入选展”意在展现江西中青年艺术家们的版画创作，呈现他们于题材、形式两方面的突破。“个案——陈祖煌展”则以陈祖煌作为个案，通过对优秀个案陈祖煌先生的艺术梳理和深入研究，将展览切入更具体、更深层的研究体系。同时，此次版画展的举办为江西省美术馆举办版画系列展奠定了文献、理论、作品等坚实基础，展览期间举办的数场学术讲座“已然为江西版画历史与未来勾描了轮廓与路径”。

三、生成：峥嵘印迹——红色经典全国版画作品展

江西省美术馆在“印记赣鄱——江西版画研究展”的基础上，持续探索系列版画特色展。2022年，举办了“峥嵘印迹——纪念八一南昌起义、秋收起义、井冈山革命根据地创建95周年全国版画作品展”。2023年，自主策划的“峥嵘印迹——红色经典全国版画作品展”入选2023年度国家艺术基金“传播交流推广资助”项目，分别在贵州、湖北、湖南三省进行巡展。展览以革命史实为基础，以版画艺术为媒介，分为四个部分：“第一部分‘文献丰碑’，从文献、资料角度串联叙述八一南昌起义、秋收起义、井冈山革命根据地创建这段历史。第二部分‘印痕烽火’，展出现当代艺术家们创作的与这段革命历史背景、过程、影响相关的版画作品。第三部分‘漫漫征程’，以史实为基础，以时间为轴，展示军队变迁、工农群众、社会建设等多模态的版画图像作品，通过版画作品的形式歌颂工人、农民、革命者坚定的革新意志。第四部分‘奋进其时’，着力表现革命精神延续下的社会建设发展，尤其是表现十八大以来政治经济社会建设，诸如扶贫攻坚、生态文明、红色基因传承等方面的成果。”

“峥嵘印迹”系列展览的推出是版画艺术与红色文化相结合的结晶。策划“峥嵘印迹”系列展主要基于江西浓厚的红色文化资源，以及版画的“革命美术”身份。

一是版画的艺术品质与革命精神是相融的。版画是以刀或化学

药品等在木、石、麻胶、铜、锌等版面上雕刻或蚀刻后印刷出来的图画。尤其是木刻版画，“一方面这种独特的刀味与木味使它在中国文化艺术史上具有独立的艺术价值与地位，另一方面在刀与版的对话中凝聚着勇毅前行、坚韧不拔的艺术品质，使它在近现代发展史上展现了极强的时代性、革命性和进步性”。

二是版画的艺术进步和革命宣传是互助的。前面提到，版画因其独有的复制优势与雅俗共赏特性，在中国共产党革命斗争历史中发挥了重要的宣传、鼓舞作用。20 世纪 40 年代，江西版画在抗日战争中成长，涌现了罗清桢、荒烟、赵延年等全国著名版画家，他们以刀代笔，用木刻作品宣传革命与抗战。在社会主义革命和建设时期，江西版画继续向前发展，不仅是题材契合时代需要，而且技法、表现形式也得到了进一步的提升，出现了“彩拓版画”“吹塑版画”及“纸漏版画”等新版种，涌现了宜春版画、上饶版画、赣南版画等全国知名版画群体。因此，版画在每个特定的历史时期，以其独特的传播优势和受众广度，在承担起时代责任的同时也成就了自身的发展。如今，党的二十大报告中强调要“弘扬革命文化”，在新形势新要求下，发挥版画对红色文化的宣传作用，用版画讲好红色故事，将有力地推动版画艺术的复兴与发展。

三是地域版画艺术与地缘红色文化紧密相连。此次展览选择在地缘相近的贵州、湖北、湖南三个省份进行巡展，一方面基于各地版画自身的发展基础与特色，如贵州独特地域民族风情的版画，湖北工业版画，湖南浓郁生活气息和乡土特色的常宁版画，可以形成地域艺术之间的交流与互动。另一方面基于彼此间的红色文化渊源，江西与湖南、湖北、贵州在中国早期革命史上有着千丝万缕的联系。本次巡展是传播红色文化的回望之路，是赓续版画传统的使命之旅，引领观众感受版画艺术魅力，重温艰苦岁月，体验辉煌历程，凝聚新时代磅礴向上的精神力量。

结　语

在发掘地域美术特色，举办特色展览的策展路径上，江西省美术馆宏观把握赣鄱地域美术发展史，把具有发展特色的版画作为研究与展示的重要对象，在梳理与研究 80 多年江西版画史脉络与整体面貌，举办“印记赣鄱——江西版画研究展”的基础上，以版画艺术为媒介，以红色经典为题材，将红色文化和版画艺术品质与特质、地域特色相结合，推出“峥嵘印迹”系列展，是推动版画艺术发展和弘扬红色文化的一次有益尝试，是推动地域美术策展路径的一次有益探索。在推动地域美术研究与展示上，江西省美术馆起步相对较晚，研究的潜力较大，策展的思路尚可进一步拓宽，相信通过艺术策展人才的培养与实践、对外交流与合作，将进一步催生出诸多美术策展新略。

参考文献

雷子人．印记赣鄱——江西版画研究展文献集［M］．南昌：江西美术出版社，2022.

雷子人，程国亮．"江西版画研究展"相关的历史、学术及问题［J］．美术，2021（4）：7.

《宜春版画史》编委会．宜春版画史［M］．南昌：江西美术出版社，2020.

雷子人．印记赣鄱——江西版画研究展［M］．南昌：江西美术出版社，2020.

雷子人．"印记赣鄱——江西版画研究展"策展札记［J］．文化月刊,2021(1)：188-189.

刘自川．红色文化与版画艺术的策展新绎——"峥嵘印迹——红色经典全国版画作品展"回顾与展望［J］．文化月刊，2023（9）：80-81.

吴　波

湖北美术学院绘画学院副教授。展览策划：2023 年，家在黄河边——杨海峰油画作品展；2022 年，王刚：何以黄河　当代黄河主题艺术研究展，文化和旅游部 2022 年度全国优秀展览项目提名；2021 年，言说场域：河南青年艺术家研究展；2020 年，情境与选择：段正渠作品暨文献展 1983—2020，郑州美术馆新馆开馆展项目之一。

参训感言

2023年8月25日至10月31日，由中国文联文艺研修院实施的国家艺术基金“中青年视觉艺术策展人培训”项目顺利举办。两个月的集中、系统学习，不仅深化了我的策展认识，也激发了我对策展的思考。基于新的策展知识收获，结合具体实践——我最近策划的一次展览：2023年4月27日至5月9日在中国美术馆举办的“家在黄河边——杨海峰油画作品展”，从检视的角度，进一步探讨“策展作为地方美术史研究方法”所具有的特殊价值和意义，就有了可能。

16

策展作为地方美术史研究的方法

——以展览『家在黄河边』为例

吴　波

摘　要：文章主要结合“家在黄河边——杨海峰油画作品展”的案例，讨论了如何通过策展呈现地方艺术家和作品的价值意义，并以此为基础，探讨了策展作为地方美术史研究方法的独特价值意义。

关键词：策展；地方美术史；研究方法

一、案例：家在黄河边——杨海峰油画作品展

婚礼庆典上迎接新人的人群，蹲坐在龙亭潘杨湖围栏上的青年，书桌前做手工的母女，落日余晖中的黄河风景和龙门石窟造像，这些图像何以关联在一起，又构成了怎样的叙事表达？

在中国美术馆 7 号厅紧凑的过厅里，由文本、绘画和摄影构成了一个有书卷气质的空间场域——三篇展览阐释文章，一段艺术家关于黄河的自述文本，三幅用墨线勾勒的室内场景写生，一幅蓝绿色调黄河风景，一幅暖紫色调的兰考焦裕禄纪念馆外景，一组（四联）名为《风陵渡》的水彩人物群像和素描手稿，一系列（81 件）包含了艺术家的父母亲人家族记忆和个人从蹒跚学步到成家立业成长经历的黑白影像……在展览图文排布方式和叙事逻辑的引导下，人们仿佛在观看、阅读一部打开的画册，此刻正处在全书的绪论部分。这些文本、图像和摄影的主题表达："家""人""河""城"，作为上述提问的回应，也由此引出了本次展览的题目"家在黄河边"。

展览标题的关键词"家""黄河"，阐明了本次展览尝试探讨的命题：家园——黄河题材主题的艺术创作和叙事——更确切地说，青年艺术家杨海峰如何以自己的方式描绘家园——黄河，遵循了什么样的逻辑，具有哪些特征，意义价值是什么，以及作为一个整体，他的不同类型作品之间又有着怎样的关联、表达。

青年艺术家杨海峰是新生代河南油画家中具有代表性的一位。

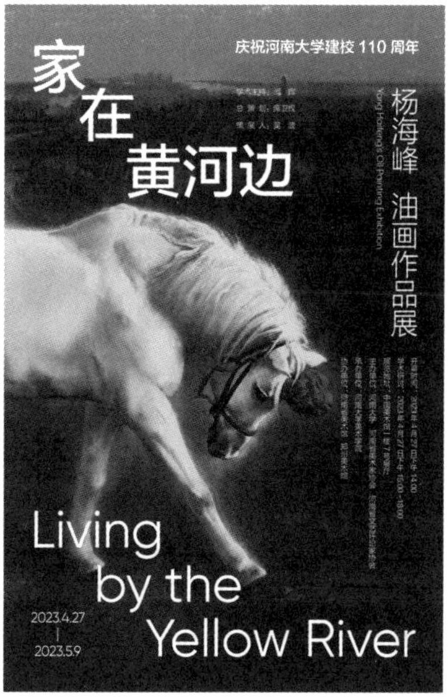

图 1　家在黄河边——杨海峰油画作品展　海报

2000 年以来，他逐渐专注于都市化进程下中原大地城乡风貌变迁，家庭结构转变和走进城市的农民群体生存境遇、真实情感、精神状态、人生命运表达。杨海峰是土生土长的河南人，出生于黄河边的古城荥阳，在开封求学并成家立业。作为一个河南本土艺术家，他不是以旁观姿态或猎奇眼光看待黄河流经的这片土地，而是从自身成长经历出发，以家人的情感、平等视角，像对待自己的父母兄弟姐妹一样，与这里的人们同呼吸、共命运，并以一种历史性的自觉站在新的时代节点，为转型期的中原大地做形象写照。在中西艺术交汇的多元语境中，杨海峰吸收了中国传统绘画叙事方式，在写实油画语言的锤炼中注入写意精神，形成了以多场景组合，主观性场景构造为特征的多元叙事模式和写实性油画面貌。

展览以“人”“河”“城”三个篇章，对杨海峰的油画探索进行了概括。这一划分基本逻辑是“人”，既指生活在黄河两岸的人们，也指艺术家自己。对当代中原人形象的塑造是杨海峰观察体悟时代社会现实的主要方式，他将自己对人的思考放到了都市化进程中古老而广袤的中原大地的背景下，通过“婚礼”这一重要人生仪式切入转型时代中原农民和乡村生活现实，从人与社会的关系中观察塑造人的形象。“河”，即流经中原大地的母亲河。10余年来，杨海峰在河南各地游历、写生，完成了大量风景作品，这类关于黄河自然、人文景观的描绘，凝结了他的个人成长体验与家园情怀。“城”，以杨海峰的都市题材作品为主。城市景观是杨海峰的另一类重要创作主题。在杨海峰的叙事中，“城”是城乡二元结构下，人们努力进入的城，是现代人栖身的居所，家之所在，也是黄河岸边正在经历深刻转型，更新重塑的千年古城。这三个篇章彼此呼应，构成了艺术家杨海峰的家园——黄河叙事。

实际上，在更深层面，通过对杨海峰笔下家园——黄河的呈现，展览同样试图讨论的还包括成长于全球化语境中，青年一代艺术家的文化身份认同、表达以及社会转型带来的现代乡愁等问题。

二、问题：地方艺术家的探索如何体现普遍时代价值

荥阳、开封、家、黄河、龙门石窟、焦裕禄纪念馆、教学、画画……这些词语串联在一起，勾勒出了青年艺术家杨海峰大致的人生轨迹和创作路线。而我更加关心的是，怎样发现并恰当地展示这种艺术实践的价值意义？或者更进一步，基于地方性经验的个人艺术探索是如何反映普遍性时代价值的，怎样才能阐明其内在的意义生成逻辑？

显然，在展览的意义未被确认并实现之前，我们对上述词汇的理解认识可能停留在一个泛化的层面，甚至，因为它们不在自己的认知经验之内而过目即忘。但在艺术家注入独一无二的个人经验之后，它们自然地生发出了一种新的内涵，开始变得个性化、具体化，有了内在的逻辑关联——它们是青年艺术家杨海峰的艺术和人生。

进入7号厅，400平方米的长方形展厅空间被一堵10米长140度角的“V型”临时展墙分成了三个相对独立的区域。展览的“人”“城”“河”三个篇章和相关展品在其中依次排布、呈现。第一

图2　家在黄河边——杨海峰油画作品展 中国美术馆7号厅过厅现场

篇章“人”，先是艺术家以自己为模特原型完成的吴道子画像《千年一梦》，巨幅的男女双联肖像《人到中年》，然后是以乡村婚礼庆

典为素材的《醉花荫》《愿得一人心》和“母与子”系列……第二篇章“城”展示的“城之梦”系列，描绘的是都市生活日常的一些片段：蹲坐在龙亭潘杨湖围栏上的青年，湖边驻足远眺的中年人，绿树成荫的小区里一个年轻女子背影，街边遛狗的老人……第三篇章“河”，集中展示了不同时空情境中的黄河的自然和人文景观，有黄河壶口瀑布，落日余晖中的黄河，黄河边的采砂船，龙门石窟造像……

在艺术家的日常里，完成一组婚礼场景人物的塑造和描绘时，并不会前置性地预设这些人物的社会学意义解读可能或全部价值意义。他画家人，画黄河花园口，画龙门石窟，画开封街头的场景，因这是他生活，是他的日常所见。但是，当我们在展厅沉静的氛围中观看、审视这些作品时，这些来自中原地区的人物、场景和风景超脱了具体的时空地理局限，被赋予了一种普遍的意义——一个来自非艺术中心区域的地方艺术家，用他的绘画探索实践和基于个人经历的体验表达，为我们展示了时代现实的另外一面，另外一种认知经验。

《愿得一人心》和《城之梦 NO.6》正对着 7 号展厅正厅的入口，显然是最重要的作品之一。尽管这两件作品在主题表达上不尽相同：前者表现的是农民——乡村婚礼庆典迎接新人的场景，后者描绘的则是两个蹲坐在围栏上眺望湖泊对面新建楼群的青年。在叙事方式上也大相径庭：前者是多个生活场景的拼接，是一个主观再造的戏剧化场景，后者更近乎摄影、快照，但它们都是作者经历和感受的真实表达，将其联系起来的，正是作者对社会生活现实独一无二的个人体验。这些人物或场景的原型——他们有的是艺术家在亲戚或朋友婚礼上见到的叔伯、兄弟、婶嫂、姑姐或侄子、外甥，有的是都市里遇到的那些意味深长的场景和擦肩而过的陌生人。但在此刻，更重要的不是具体人物身份或场景发生地的确认，而是意义的转换和增殖：从乡村到城市，他们沿着艺术家的人生轨迹而展开，共同构成了一种转型时代的社会景观，并转化为时代叙事和记忆中的一个符号，成了一类群体的象征，具备了一种纪念碑性。

三、启示：策展作为地方美术史研究的路径

地方艺术家、作品、艺术现象、事件、发展历程、艺术生态、演进逻辑、书写路径……这些关键词不仅指出了地方美术史研究涉及的一些问题，在一定程度上，也显示了地方美术史研究的复杂性。由此，引出了一个新的问题：地方美术史该怎样研究？

显然，无论是将地方美术的发展演变排除在美术史进程之外，还是以一种简单的主次从属关系对地方美术史的发展逻辑进行想当然地理解、勾勒，都是对客观事实的扭曲。地方美术史研究，目的是完成地方美术史价值意义的确立，书写的主体是地方艺术家和他们的作品。因此，在研究过程中，应当具备一种真正在地性的视角和方式，从地方的历史和现实出发，回到地方的情境和问题中。

策展作为当下艺术知识生产的核心，是有效开展地方美术史研

究的路径之一。策展不仅仅生产了新的美术史材料，更重要的是，作为一种研究方法，它更直接有效地联通了艺术家、批评家、美术史家和阅读者——社会大众，为更直接、鲜活的地方美术史研究书写提供了可能。策展人在使艺术创作通向社会接受之时，既要对艺术作品本体进行学术释读，也要在社会公共空间中营造艺术欣赏、研究、分析的现场。在展览策划中，除了诉诸展览自身的课题，通过有计划、针对性的艺术家和艺术现象研究，绘制出地方艺术谱系，发展脉络，生态现状，从而探讨其发展演进逻辑和独特价值意义，既为策展带来了新的主题，也有利于地方美术史研究的深化。

在对地方美术史的研究中，我更关心的和试图阐明的是，地方艺术家们面对时代艺术潮流更迭时是怎样应对并做出判断选择的，

图 3　家在黄河边——杨海峰油画作品展 中国美术馆 7 号厅现场

他们的判断和选择有什么样的价值意义，又怎样影响塑造了地方美术史的面貌形态。

近年来，从“情境与选择：段正渠作品暨文献展 1983—2020”“王刚：何以黄河 当代黄河主题艺术研究展”“家在黄河边——杨海峰油画作品展”到“言说场域：河南青年艺术家研究展”，正是在以策展为核心的研究方式的推动下，通过对不同代际的河南油画家和他们作品——河南现当代油画发展历史的持续、深入探讨，发现了“地方艺术家”的杰出品质：那些真正优秀的地方艺术家们总是能够在复杂的社会现实中，找到保持和发扬个人天性的可能。同样，也认识到了“地方”积极的构建性本质：地方从来都不是封闭的，而是一个动态的开放的场域。

显而易见，在策展实践中并不存在统一的规范与步骤，具体的展览策划总是因展品、因各种各样的策展理念和各不相同的呈现而异。但这并不影响策展作为一种有效的美术史研究方法——无论是地方美术史还是其他。相反，策展的“不确定性”——近乎无限的可能性意味着它作为一种美术史研究方法具有普遍适用性和强大生命力，而不同的展览策划、观念的碰撞和更多的展览成果，则为美术史的研究书写提供更多的可能。

马昭蓉

广元市美术馆馆长，四川省人大代表，广元市政协委员，民盟广元市委副秘书长，四川省武则天研究会会员，广元市知联会常务理事，群文副研究馆员。

参训感言

久旱逢甘霖，“中青年视觉艺术策展人培训”这场及时雨既为基层文化艺术工作者送来了精神养分，也充分说明了国家对文化繁荣发展的高度重视。如何把习近平总书记在文化传承发展座谈会上重要讲话精神的丰富内涵融入推动优秀传统文化在当代语境下，实现创造性转化、创新性发展，不断滋养着人们的精神世界，增强和彰显优秀传统文化生生不息的感染力、影响力、传播力。带着疑惑、责任担当和对艺术追求的激情，在中国文联文艺研修院的帮助下，从各位行业顶级教授们的精彩授课和现场策展案例参观时各位策展人的讲解中得到了答案，无论是对当代艺术发展趋势的解读把握还是对传统文化优秀思想观念的挖掘转化，都是当代策展人在展览策划中构思的方向。他们的解惑已成为我今后工作的指南针。这次培训在我工作和学习能力提升进程中具有里程碑的意义！

17

当代策展理念对推动地域文化创新发展影响的思考

——以蜀道文化艺术历代语境与当代发展研究为例

马昭蓉

摘　要：充分挖掘在地文化资源，推动优秀传统文化在当代语境中创新性发展，通过展览策划把更多优秀艺术作品推向大众，不断满足人民群众对审美文化的期待和需求，是当代艺术策展人历史使命和责任担当的重要体现，是实现基本公共文化服务均等化的重要途径。地域文化与当代艺术之间批判地继承与结合成为近年来地方美术馆策展构思趋势，无疑会对策展理念及专业机构提出新的要求。现从地域文化创新视角发掘当代艺术策展新的方式和可能，以广元市美术馆关于蜀道文化艺术历代语境与当代发展研究为例，更好地促进当代地域文化策展实践的开展。

关键词：当代艺术策展人；地域文化创新；蜀道山水画作品

蜀道作为中国山水画史的见证者,《历代名画记》“山水之变始于吴，成于二李”几成定论。从吴道子到李思训，蜀道与嘉陵江见证了中国山水画走向真正的成熟。从神仙山水的想象到理想山水的构想，从行旅山水的蜀道之难到对历史人生的感怀与咏叹，顾恺之、吴道子、仇英、张大千、黄宾虹、陈子庄、冯建吴等历代名家留下了众多蜀道山水画文献和作品，构成了蜀道山水画辉煌的历史，具有深厚的文化积淀，蜀道山水画构成了自己独特的历史脉络与文化语境。对蜀道文化艺术历代语境与当代发展的研究，旨在以蜀道山水为载体，把艺术创造力与中华优秀传统文化价值相融合，把中华美学精神和当代语境语言相结合，不断激发中华优秀文化生命力。其中“峥嵘崔嵬——蜀道山水画作品专题展”及“嘤鸣蜀道——广元市美术馆学术邀请展”等展览的策划构思与理念、基本内容和目标预期等对于今后地域文化艺术创新性发展有着极为重要的意义，值得我们总结和归纳。

一、蜀道文化的多重价值

一条古蜀道，半部华夏史。广义蜀道地域指由蜀地通往四面八方的道路，狭义蜀道专指古时越巴山秦岭，连接关中（秦地）与四川盆古蜀道作为中华文明的组成部分，是走出国门与世界交流的纽带，延展着中华的丝绸之路文化、黄河文化、长江文化。飞栈连云的蜀道，与万里长城、大运河一样，是我国古代人民的又一伟大工程，是“体现我国历史文化、地域文化且具有丰富价值的大型交通遗存”。“蜀道上诸如汉魏以降历代摩崖石刻、题名纪事、镌刻书艺、佛道造像以及历代诗词歌赋、游记散文等丰富的历史遗存”，“构成了规模大、时间长、内涵丰富且独具特色的蜀道文化”。蜀道是一条统一、对外开放之路，是一条文化之路，是一条迎难而上和不屈精神向上之路。2023 年 7 月 25 日，习近平总书记在对广元市翠云廊古蜀道视察时，对推进历史文化传承、加强生态文明建设做出了重要指示。这对蜀道深入研究、科学保护、利用和发展，对当今中国与世界，具有非同寻常的学术和现实意义。

二、策展思路与理念

“峥嵘崔嵬——蜀道山水画作品专题展”从艺术的角度，引起大众对蜀道文化传承、保护、利用发展的高度重视，同时通过“中国画”这一艺术载体，进一步推动蜀道沿线文化艺术的繁荣发展之开端，必须全面系统地反映蜀道山水画的历史脉络、当代发展和象征意义，这是策展的总基调。这次展览的定位是利用能够反映蜀道山水历史、文化价值、艺术价值的历代名人蜀道山水画文献、展品和当代 15 位广元籍（或在广元工作过）艺术家以独具的艺术个性和艺术风格诠释的蜀道山水，反映蜀道山水画从传统到当代、从作品到观念的代际传承与当代解读，全面系统展现蜀道厚重的历史文化和蜀道精神内核。展览以时间为叙事线，分为“经典与传承”“探索与开拓”“多元与创新”三个篇章，共展出作品 85 幅，实现了展览的观众群体关于蜀道文化知识背景的了解与认知，满足了其文化诉求和心理预期。

“嘤鸣蜀道——广元市美术馆学术邀请展”是一个系列展，从强化展览的学术高度出发，以个展的形式，邀请全国知名艺术家到广元展示他们的艺术精品，在不断提升广大人民群众艺术鉴赏力的同时，推动广元本土艺术家们不断探索、追寻、交流、互鉴，逐渐拓展地域文化艺术的学术厚度和深度。

三、破除美术馆边界壁垒——策展的创新理念与探索实践

近年来，策展领域探索了不少理念实践，如发挥高校资源优势，形成馆校合力，强强联手、共同策展等，对于小型地方美术馆打破现实边界，推动文化艺术事业创新发展不乏参考意义。

（一）发挥高校资源优势

美术馆策展借助高校的学术优势，更能发挥专家所长，将研究与展览融合。如与四川大学美术馆联合举办的蜀道山水画作品专题，是在 2023 年 4 月 28 日举办的“峥嵘崔嵬——蜀道山水画作品专题

展”基础之上，继续扩大参展艺术家群体，不断精进作品质量，增强学术力量，同艺术学、社会学等专家们进一步共同探讨蜀道山水发展之路。传承文化基因，促进艺术交流，携手绵阳师范学院推出了“蜀道遗珍——剑阁觉苑寺明代壁画摹写精品展”，启发世人用当代语言对国宝的历史价值、艺术价值给予新的诠释。

（二）突破边界跨界融合

“策展就是要给全社会提供优质的公共文化产品与公共文化服务，特别是在新时代的供给侧和需求侧之间，出现了很多新的场域，为策展提供了全新的命题、全新的实践场景、全新的传播模式，为策展与各行各领域的跨界融合提供了可能。”策展服务领域逐渐进入文旅融合背景下的乡村振兴、城市文明建设、艺术社区打造等场域。

1. 艺术赋能乡村文化振兴。如四川省摄影家协会主办、广元市美术馆承办的“手机摄影乡村辅导站建站十周年成果展”，以 15 个辅导站成立的时间为主线，作品分为“图像 · 在场”“时代 · 印记”“图景 · 视界”“初心 · 担当”四大板块。展览立足始终坚持以人民为中心，传递文艺志愿服务正能量，引导、鼓励广大摄影爱好者用镜头讲述身边故事，记录时代面貌和人民风采，反映四川省在改革开放、脱贫攻坚、乡村振兴、抗击疫情等领域的伟大成就。“赓续红色血脉 筑梦乡村振兴——乡村（红色）旅游主题美术采风写生作品展”通过前期对本土红色文化资源和乡村文旅资源调研，精选具有代表性的写生点，组织艺术家以“红色文化”“美丽乡村”为主题，以红色遗址遗迹、山乡自然景物等为创作元素，形成了 79 件精品，用生动丰富的视觉语言激励广大人民群众赓续红色基因、凝聚奋进力量，走好新时代的长征路。

2. 过去与当下关联。通过对蜀道艺术历史文献、发展现状梳理，获取了第一手调查资料，增强了对蜀道文化的感性认识。调查结果发现，目前近现代对蜀道艺术发展脉络没有形成专门且全面系统的研究，为厘清蜀道山水画发展历史线，策划了广元美术口述史工程，分期形成口述史阶段性成果，然后再提炼、归纳形成完整的广元当代美术史研究专著。并策划“广元美术口述史工程”汇报展，从 45 位老、中、青具有代表性的受访者对自身艺术人生回顾、艺术风格形成过程的缩影中，折射出广元当代美术发展历程和社会发展历史。

3. 艺术社区参与式策展探索。正如王南溟所认为的：“社区美术馆改变了传统美术馆的概念，是一个将大美术馆拆散开来，直接进入社区的公共文化服务的配套空间，同时也利用社区资源发展了美术馆。社区美术馆以社区为驱动，社区美术馆的展览和公共教育主要靠社区民众的参与。”上海在社区参与式策展研究方面所进行的实践成果模式，艺术进入社区的系列展览，艺术家与社区参与者互为主体，社区居民同样可以参与并展览自己的作品，是通过策展提升社会美育水平的具体实践。在杨应时看来，“艺术策展以及美术馆、博物馆的空间应该变成一个与大众相会的会客体，也就是审美教育的实验室，同时也是新的理论、知识、理念、人才的孵化器”。这种打破边界、跨界策展的理念，是将策展本身所担负的社会责任、社会作用放到更大的社会文化空间去思考。我们应当在城市文明建设中借鉴和推广人类学、社会学等领域的跨学科实践，让“人人都是艺术家”不再是幻想。

由此可见，围绕蜀道山水题材的策展，紧紧抓住历史、本体和象征，形象直观地展示、解读蜀道文化及其精神，挖掘、整理、利用具有特色的蜀道文化，建构蜀道艺术创新机制，以中国式现代化的生活思想眼界去重新阐释传统，去把传统中的精华提取出来，用艺术精品讲好“蜀道故事”，促进文旅融合发展，具有特殊意义。

参考文献

王小红．论蜀道的文化价值［C］// 李勇先．历史地理学的继承与创新暨中国西部边疆安全与历代治理研究——2014 年中国地理学会历史地理专业委员会学术研讨会论文集．成都：四川大学出版社，2015：502-510.

马强．蜀道文化述论［J］．成都大学学报（社会科学版），1996（4）：57-62.

冀鹏程．策展场域迭代带来的新机遇［J］．美术观察，2021（12）：23-24.

王南溟．在公共文化服务体系下的社区美术馆［J］．画刊，2019（5）：38-41.

金涛．“策展 + 美育”，构成中国策展人新维度［N］．中国艺术报，2021-09-27（5）.

居煜衡

广州南方学院艺术设计与创意产业系讲师，英国苏塞克斯大学艺术学硕士研究生，中山大学访问学者，中国艺术人类学学会会员。研究领域为视觉传达设计，策展设计等。主持并参与多项省级和校级教学改革和科研项目，包括广东省高等教育教学研究和改革项目“新文科视域下品牌形象设计课程实践教学改革研究”等，先后在《美术观察》《中国造纸》等各级期刊发表学术论文和设计作品多篇。

参训感言

参与国家艺术基金2023年度艺术人才培训资助项目“中青年视觉艺术策展人培训”是一次极具意义的学习之旅，30天的学习经历，深化了我对策展领域的理解，同时也引发了我对文化、社会与艺术交汇的更深层思考。此次培训，不仅汲取了杰出艺术专家和策展界领军人物的丰富经验，还令我深刻体认到策展工作的多样性与复杂性。

这段充实的学习历程让我对策展工作有了更为全面深刻的认知，强化了我对艺术、社会、文化的理解。在此，由衷感谢国家艺术基金和中国文联文艺研修院，他们为我们提供了这次宝贵的培训机会，使我们更好地回应党的二十大精神，明确文化事业的重要地位，强调文化自信的建设，积极投身我国文化产业和文化创意事业的发展，为中华文化的繁荣献出更大的力量。党的二十大精神为我们提供了前行的动力，而我们将积极响应党的号召，为实现中国文化的崭新辉煌贡献自己的力量。

18

乡村振兴视角下的艺术策展模式研究

——以广州从化区为例

居煜衡

摘　要：随着乡村振兴战略的实施，广州从化地区在发展中面临着诸多机遇与挑战。本研究以艺术策展为切入点，探讨了在乡村振兴视角下，广州从化地区艺术策展模式的构建与实践。通过对当地文化特色、社区资源以及艺术活动的深度研究，提出了一套适应当地需求的策展模式。该模式充分整合了艺术、文化、社区等元素，旨在推动乡村文化振兴，促进经济发展与社会进步。

关键词：乡村振兴；艺术策展；策展模式；文化特色

在当今中国，艺术介入乡村振兴发展已成为备受瞩目的现象。近年来，随着国家对乡村振兴战略的高度重视，艺术作为一种具有文化、创新、活力等多重属性的力量，逐渐成为促进乡村振兴的有效途径之一。艺术在乡村振兴中的介入，不仅丰富了乡村的文化内涵，也为农村地区带来了新的发展动力。

以北川富朗成功策划的“越后妻有大地艺术节”为例，通过引入艺术活动，有效地吸引了各地的艺术家、文化从业者和游客，推动了当地旅游业的繁荣和乡村经济的发展。这一成功经验也在中国得到了推广和延续，如“艺术在樵山——广东南海大地艺术节”和“艺术在浮梁”等活动，延续了北川富朗的策展模式，将艺术与乡村振兴相结合，为当地乡村带来了新的发展机遇。这些活动通过多种方式，如展览、表演和互动，成功地将艺术创作与乡村特色相融合，不仅为艺术家提供了展示才华的平台，还积极贡献于当地经济的繁荣。

艺术介入乡村振兴的实践不仅仅是文化活动的举办，更是一种创新的发展范式和社会实践。通过艺术活动的推动，可以吸引更多的人才、资本以及资源流向乡村，从而有效促进当地经济的繁荣发展，提升乡村的整体发展水平。此外，艺术的介入还具备凝聚社区共识、弘扬传统文化等多重社会功能，为乡村社会的稳定与和谐做出了积极贡献。艺术介入乡村振兴不仅为乡村带来了新的发展动能，也为文化的传承与创新注入了新的活力。然而，在推动乡村振兴过程中，也需充分挖掘和保护乡村的历史文化积淀，促进艺术与乡村振兴的相互融合，共同推动中国乡村振兴事业的繁荣发展。

广州市从化区的越秀风行国家级田园综合体，作为粤港澳大湾区珠三角城市群中的试点项目，涵盖了现代农业、民宿、餐饮、非遗文化、文旅等多元产业形态。该区域拥有丰富的旅游生态资源，地理环境优越，分布着众多小村落，具备广阔的发展潜力。本次展览的主题定位为“未来田园生活”，旨在将特定的时空与场域状态概括为一种整体的生活方式。该主题重新构思了田园生活所具有的多元性，强调了“综合性生态体验”的价值。这使得每一位个体都能够开发出对于价值感受的理解，其中包括了富有创造力的年轻艺术家和设计师。此次展览的目的在于使他们能够更加明确自身的立场，对于“我”与周围万物的关系也更为重视。通过这一方式，展览将“与未来的穿梭”延伸至深层次，以便触及艺术与生态之间的交汇边界。

展览的举办地点主要集中在特色村镇内的闲置空间，通过挖掘广州从化区独具特色的地方文化、农产品以及旅游资源，以校企合作的方式，产生了具备本土特色的设计作品并进行展示，同时也进行了文创产品的设计。此次展览的目的与意义在于形成一个长期的本土艺术与设计展览活动，通过活化老旧社区和村落，拓展区域的旅游资源吸引力，从而构建一个持久的艺术与设计文化名片。在展览策划方面，强调了体验田园综合体与艺术的互联，以体验和互动的方式推动现代农业、休闲旅游、田园社区的结合。鼓励共享生活、将体验带回生活，并将价值提升为切实可行的生活体验。

在参与国家艺术基金2023年度艺术人才培训资助项目“中青年视觉艺术策展人培训”过程中，武小川老师通过其在“忙罢关中艺术节”中的策展经验，详细阐述了社会性艺术在其中呈现的三种特征，即拟态现场、展示现场以及建构现场。艺术家们通过重新诠释与雕琢各种现场，将它们转变为一个个社会实验剧场，借助对话、活动、表演等手段，构筑起以社区问题为中心的艺术实践。

与此同时，武老师也提出了一个极为重要的问题，即艺术节的不可复制性。这一点十分关键，因为由于环境文化的差异，成功的艺术节在其他地方并不能简单地照搬照抄，而需要在细节和理念上进行巧妙的调整与变通。这也暗示了在艺术策展中，必须根据当地的文化特色和社区需求，精心设计策展方案，以确保艺术活动在各地能够取得最佳效果。在策展过程中，我们应该充分考虑艺术与社区的融合和可持续发展，使艺术真正成为社会发展的动力源泉。

在乡村振兴建设中，艺术介入不仅仅是单纯的介入，以促进当地经济的繁荣发展，更需要综合考虑当地村民的发展意愿以及对此举的满意度。这远非仅仅是简单地将艺术家的展示与表达强加于民，而是一种需要谨慎权衡和兼顾多方利益的复杂过程。艺术介入乡村振兴必须遵循一种共同体参与的原则，使之成为一种融合了艺术、社区和经济发展共同体的有效机制。

在这一过程中，首先需对当地社区进行深入了解，探讨其对艺术介入的态度和需求。了解当地村民的发展意愿，对于艺术介入乡村振兴至关重要。这意味着不仅要从经济利益的角度考虑，还需将村民的文化认同、生活品质等方面纳入考量。只有在满足当地村民实际需求的前提下，艺术介入才能得到真正的认可和持续的支持。

其次，艺术介入乡村振兴需要避免侵入性的行为，而应该建立起一种艺术与社区共生的关系。这意味着艺术家应当以尊重和包容的态度与当地社区进行互动，倾听和理解村民的意愿和期待，使艺术活动能够融入当地生活，成为社区发展的一部分。

最后，艺术介入乡村振兴需要在保护和传承当地文化的基础上进行，而非将其视作一种单一的推动力。通过结合艺术与当地传统文化，可以实现一种有机的融合，使艺术活动更具内在的文化连续性和社区认同感。

综上所述，本研究深入探讨了乡村振兴视角下的艺术策展模式，以广州从化区为例，深入分析了乡村振兴背景下的艺术策展模式构建，艺术策展模式的构建与艺术与当地社区的融合所带来的重要性。这些因素共同为中国乡村振兴事业提供了坚实支撑。然而，研究也揭示了一系列急需深入研究的问题。首先，如何更好地实施共同体参与原则，以确保艺术活动与社区需求的高度契合，仍需进一步思考和探索。其次，艺术策展的复制性和可持续性问题需要更深入的考虑。我们需要明智地调整策展方案，以适应不同地域和社区的独特性，同时保持艺术活动的长期有效性。最后，在实践中，必须继续重视当地文化的保护与传承，以确保艺术活动与传统价值的协调发展。本研究探讨了乡村振兴与艺术策展之间相互关系，未来的研究会进一步深入这些议题。

汪　可

2016 年硕士毕业于华中师范大学美术学院，现任常熟市文化博览中心（庞薰琹美术馆）学术研究科副科长，工艺美术师。2019 年参与策划的“庆祝中华人民共和国成立70周年：脊梁——庞薰琹的艺术强国之路”获得文化和旅游部 2019 年度全国美术馆优秀展览项目提名。2022 年参与策划的“现代坐标：庞薰琹与阳太阳——纪念决澜社成立90周年特展”获江苏美术馆馆际联盟优秀展览项目。论文曾入选上海美术学院主办的“第二届中国近现代美术史大会”。

参训感言

高强度快节奏的课程安排，50多位老师观点密集输出，线下30天的学习主题明确：何为策展？策展何为？“策展人”作为舶来品词语，揭示了中国的美术馆体系对西方的镜鉴。回溯历史，我们更应直面困境。在当今全球化进程中，如何发挥美术馆的公共职能，如何在国际交流与对话中传承与传播民族文化、塑造国家形象？这不仅是一个宏大的叙事，更需要足智多谋的细节设计。在当代艺术创作的语境中，美术馆关于自身定位与发展的认知也在发生变化。空间与智能，展示与凝视——层叠的概念书写着中国现代历史自身。以展览的名义，我们既是书写者，又是亲历者。

19

美术馆与城市发展的互动

——以江苏常熟为例

汪 可

摘　要：随着信息与媒介技术的快速发展，城市本身天然成为一座拥有多元形态的艺术场阈。艺术通过更具体验性、交互性的作品进入城市的空间，与观众进行链接，彼此共同建构城市的故事。在今天，因技术与时代的更替，观众、城市与艺术之间的关系如此紧密并共同达成一种历史的转折。

关键词：美术馆；城市；文化形象

一、美术馆塑造城市形象

文旅融合战略自 2018 年被提出以来，已成为我国文化和旅游产业发展的共识。文旅深度融合既是文化和旅游自身发展的客观需要，也是经济社会高质量发展的必然要求。文旅产业正在成为中国经济发展从量向质转变的一个缩影，文化是发展旅游的核心资源，更是旅游的核心价值和基本内涵。文旅融合本质是实现自然之美与文化之美共美。

在一个知识不断更新的时代，美术馆以最为直观的视觉形式，见证着历史更迭，传承着延绵文脉。地方美术馆作为美术馆群体中基础且重要的组成部分，广泛地存在于各个城市中，成为文化地标，并综合了展示、收藏、研究、教育和服务等多项职能。一个富有地域特色的、学术型的地方美术馆对于一个城市的文化积淀与传播有着至关重要的作用，因而对地域美术资源的挖掘与梳理是一个地方美术馆的首要功课。整理地方美术史，有着保护地方文化资源、树立文化品牌的实质性作用。在全球化浪潮席卷、文化同质化的现实环境下，独特而鲜明的地方文化特征不仅是一个地区的人文景观，还发挥着标杆引领作用。

二、作为书画之乡的常熟

从传教士的步履到“美育救国”，再到今天中国的改革开放、经济腾飞，中西绘画艺术的交流与碰撞从“星星之火”发展到迅猛的全球化趋势。19 世纪中叶至今，常熟绘画在整体上呈现出融汇中西绘画特征的倾向。庞薰琹、李咏森、陆抑非、钱延康等常熟画家的艺术以一种深刻的方式反映了社会经济、文化层面的巨变，也成为我们循迹艺术传统沿革的出发点。繁荣的城市经济与深厚的文化积淀为常熟地区文化艺术人才的产生提供了先天有利条件。在保守传统的一面之外，常熟文化亦有着其开放性。常熟毗邻上海，在政治、经济和文化上均受到上海的辐射影响。20 世纪二三十年代，上海的工商业发展领先于全国绝大多数城市，而租界的存在为西方文化在中国的传播提供了便利条件。这里经济繁荣，文化开放，聚集了众多外来人口在此求学谋生。彼时带有强烈殖民文化色彩的上海也吸引了许许多多的常熟青年走向它、感受它、融入它。在经济文化全球一体化的进程中，地域美术的差异性与个性显得越发珍贵。

常熟作为著名的书画之乡，与周边的吴门、松江及娄东，共同造就了辉煌的明清画坛。千百年的文气绵延，形成了一种一以贯之的传统，造就了艺术史上特有的文化现象。这一现象不仅体现出文化习性的延续性，也表明了它继往开来的生命力。那么在当代，如何利用本土文化彰显地域美术特征？如何塑造地方文化品牌与形象？

如何保持地方特殊的地域性美术价值？这些问题成了常熟画家们不断省察的课题。地理与历史文化的遗存通过艺术的传承得以代代延续，但文化的交流与融合在这方土地上从未停止过，这里的人们也在不断书写着新的文化与历史。植根于特定环境、土地的艺术，记录了这里的人们与艺术之间的故事，记录了时代的声音，也参与塑造了这个时代。

三、对本地艺术资源的深度挖掘

近年来，许多城市将美术馆作为城市建设规划的重点，力图将美术馆打造成为城市的文化地标。在 13 座全国重点美术馆之外，更多的地市级、县级美术馆构成了地方公共文化服务体系的重要组成部分，这些美术馆的体量与影响力无法与国家级馆匹敌，却有着极为庞大的群众基础，与本地区人民的日常生活紧密联系在一起。作为地方性艺术交流平台，除了基本的展览职能，地方美术馆与本地的文化艺术发展之间往往有着极为复杂的关系。

地方美术馆的收藏系统能够对区域内美术作品起到收藏、保护的作用。文化艺术往往呈现出强烈的地域表征，对于树立地方文化品牌而言极有价值，因而近年来许多地方美术馆越来越重视对本土艺术家的挖掘与研究。数十年来，庞薰琹美术馆 / 常熟美术馆始终以“文化传播”和“知识生产”为己任，立足于本邑文化环境，不断发挥美术馆的资源优势，为常熟艺术文化事业做出了卓越贡献。庞薰琹美术馆多次举办了以庞薰琹为对象的研究性展览与公教项目，推进庞薰琹研究走向深入一直是美术馆工作的重点。从以年代、题材划分的推介型展览到学术研究型展览，始终以藏品为出发点，并将庞薰琹纳入更为广泛的史学背景中；不断延伸学术触角，力图以更新的方法与途径诠释庞薰琹研究的进展。随着中国艺术史学史与方法论的发展，庞薰琹美术馆的庞薰琹研究也从个案转向了比较，从宏观进入了微观，以展览形式不断推出学术研究新成果。经过多年的积累，庞薰琹研究性展览经历了从无到有的过程，也收获了多个国家级奖项。

四、艺术赋能城市的更多可能性

在当下文旅融合的大背景下，对文化艺术资源的深度开发，有利于文化旅游品牌的树立与推广，这对当地的经济产业发展也有着极为实质性的影响。譬如古根海姆、卢浮宫和大都会等艺术博物馆已然是旅游打卡圣地。艺术活动在一定程度上可以带动城市的经济活动，这些经济活动将会逐渐引起经济发展和产业聚集。另外，随着当代艺术创作对社会问题的不断深入与持续探讨，美术馆的知识生产将不断影响公众的认知，引发公众的思考，最终拓宽城市文明发展的范畴。

基于地域文化进行的展览策划有着极为深刻的现实意义。地域美术是区域文化整体的重要组成部分，美术馆依托学术资源对地域美术资源进行梳理与研究，依据受众的具体情况进行不同角度的展览策划与推广活动，不但有效地利用了本土文化资源，更有侧重性地向不同层面的观众传播了有关本土历史文化的知识。既是对本土美术资源、文化资源的守护，也衍生出了文化艺术创新、改革、发展的可能性。

虽然艺术展览的展期只是一段时间，但是很多展品在展览后将长期遗留在城市当中，成为这座城市的公共艺术，甚至发展成为这座城市的标识。近年来随着艺术展览的不断发展，城市公共空间的扩大，艺术与商业、市民的界限也逐渐模糊。艺术在社会生活中的渗透已越来越多，并且已经培养了一部分市民的消费习惯，可以看到大众对艺术和文化是喜爱和渴求的，而如何能将这种情绪转换成商业模式，还有待更多的探索与发掘。

崔 灏

湖北美术学院绘画学院讲师，美术学博士，中国壁画学会会员，湖北省美术家协会会员，上海中外文化艺术交流协会会员，上海中外文化艺术交流协会青年艺术会副秘书长、理事。

参训感言

30天一晃而过，策展培训丰富了我对策展的多维度认知。本次授课内容非常丰富，既有理论授课又有美术馆实践考察。课程中邀请了尚辉、吴为山、彭锋、刘礼宾、方李莉等著名策展人，分别从各自擅长的方向展开讲授。从这些老师身上可以看到，策展人的能力是非常综合的，应当紧紧围绕学术和艺术这两大核心去展开。展览首先要具备学术高度，对艺术概念与理念的通达是策展之前提，而艺术家作品的好坏也直接决定了展览的质量。其次是策展人如何挖掘展场与艺术作品的视觉呈现，这是一场展览能否实现其策展目的、达成策展效果的重要依托。通过这次培训我明确了今后的职业发展目标：努力成为能够知中国、懂艺术、擅创新、会管理的复合型策展人才。

20 “移动”化城市属性下的青年策展实践

崔灏

摘　要：上海一直以来是中国乃至亚洲的艺术高地。近些年的上海，逐渐成为世界各地艺术家展示艺术的“码头”。在这一背景下，华东师范大学美术学院王远教授工作室主办的“移动——2024 中国青年艺术家第八回上海展”即将拉开序幕。本文分别从城市属性的重塑、青年策展实践的多元化呈现以及未来展望三个方面，剖析这次以上海“移动”化城市属性为主题而开展的策展实践，并进一步提出观点认为青年策展人需要具备超前性的眼光和思维，在策展过程中积极引入新技术、新理念和新模式，将艺术作品与现代科技、社会热点相结合，创造出更具前瞻性和影响力的策展效果。

关键词：上海；“移动”化；城市属性；青年策展

上海作为一座国际化大都市，其浓厚艺术氛围的营造有得天独厚的优质土壤。上海独有的“海派”文化以其丰富的形态、开拓之精神享誉华夏内外。然而，近些年的上海，尽管多元化的艺术发展日新月异，但是在培养艺术家方面却似乎失去了原创力，逐渐成为世界各地艺术家展示艺术的“码头”。正是在这一背景下，华东师范大学美术学院王远教授工作室主办的“移动——2024中国青年艺术家第八回上海展”即将拉开序幕。

“移动”化的城市属性，赋予了不同时期的上海镌刻在城市根基中的不同历史印记。随着社会的发展和科技的进步，我们的生活环境也在不断地变化。其中，城市化作为现代社会的重要特征，在我们的生活中占据了重要的地位。而在这个城市化的进程中，“移动”性成为越来越重要的一个特点。人们在城市中的活动越来越频繁，城市空间也因此变得更具流动性和开放性。这种“移动”化的城市属性对青年策展实践产生了深远的影响，同时也为青年策展提供了更多的可能性。

一、城市属性的重塑

在今天的数字化时代，信息的流动性成为城市发展的关键因素。上海这座城市不再被视作一个封闭的、单一的空间，而是被看作一个开放、多元、互动的系统。在这个系统中，城市被赋予了诸多属性，如经济的、文化的、历史的、社会的等。这些属性在移动化的影响下，正在发生着深刻的变化。

移动通信技术的发展，使得信息的传播速度和广度大大提升，城市之间的联系变得更加紧密。比如无线通信技术的普及，使得信息的传递不再受地理空间的限制，从而推动了信息的跨区域流动。移动智能设备的普及，改变了人们的生活方式和社会交往模式。人们可以通过手机、平板等设备随时随地获取信息、交流沟通，这无疑也深刻地影响了城市的属性。

二、青年策展实践的多元呈现

在这样一个背景下，青年策展实践应运而生，“移动”青年艺术家展在上海连续举办过七回后，呈现出越来越丰富的面貌。当下上海的青年艺术展，往往以高校为主导，通过“以展促教”的模式培养美术学院在读的博士生、硕士生和本科生，展现教学的多元化成果以及他们在城市文化熏陶下产生的艺术哲思。作为策展人，策展实践不仅需要关注城市空间内的各种属性，还需要关注在这个空间内活动的人群以及他们的需求和体验。因此，青年策展实践的核心在于用作品的多元化展示城市的多元属性。本次“移动——2024 中国青年艺术家第八回上海展”也正秉持着这一理念，坚持以高校为主导、以学术为支撑、以多元为架构、以“移动”的城市属性为艺术的出发点和落脚点，促进上海原创艺术的勃兴与再出发。

首先，从展览的学术性上来看，由上海以及全国范围内各大高校知名教授组成的专家团队，为本次活动增添了重要的学术支持。专家团队由马钦忠（著名艺术评论家、策展人）、王端廷（中国艺术研究院美术研究所研究员）、邓箭今（广州美术学院教授）、冯信群（东华大学服装艺术学院副院长、教授）、刘礼宾（中央美术学院教授）、李天元（清华大学美术学院教授）、李旭（上海戏剧学院教授）、李超（上海美术学院副院长、教授）、何晓佑（南京艺术学院教授）、张立行（上海文艺评论家协会副主席）、张晨初（上海师范大学美术学院教授）、张强（四川美术学院教授）、陈海波（上海市政协常委、上海市政协文卫体委员会副主任）、金江波（上海美术学院副院长、教授）、周朝晖（上海师范大学美术学院常务副院长、教授）、郑文（华东师范大学美术学院副院长、教授）、赵抗卫（上海中外文化艺术交流协会会长）、胡光华（华东师范大学美术学院教授）、高岭（天津美术学院教授）、崔树强（华东师范大学美术学院副院长、教授）、童雁汝南（著名艺术家、策展人）等高校教授、著名策展人和批评家组成。专家团队的学术高度和专业丰富性，保证了以高校为主导的“移动”青年艺术家上海展的品牌性。

其次，受邀参展的青年艺术家由上海以及全国范围内各大高校知名教授组成的专家团队推荐产生，以较有影响力的青年艺术家为主。如周洪涛、丁阳、于翔、马俊营、王小双、王岩松、王海东、司尚林、司建伟、汤曙、李建鹏、李谦升、何俊钦、何振浩、陈昊、陈明园、陈迪、林炜杰、国玲、罗正、赵强、荣晓佳、侯虹旭、顾欣、钱炳灵、崔彬、崔灏、温熙超、解文金、潘文艳。部分艺术家在各自领域都有较好的发展，形成了自己的独到见解，如周洪涛（同济大学创意设计学院教授）、丁阳（华东师范大学美术学院副教授）、马俊营（华东师范大学美术学院院长助理）、潘文艳（上海美术学院油画系副主任）、钱炳灵（山东艺术学院美术学院教师）、王小双（独立艺术家），这也直接展现了“移动”——上海青年艺术展的理念。

最后，从策展作品的多样化形式与内容来看，呈现出越来越丰富多元的特点。展览以综合材料、装置、影像、多媒体等艺术形式为主体，鼓励涉及新科技、新艺术的创作，也支持有创新性的油画、雕塑、水彩、漆画等部分传统艺术表现形态。有的艺术家会利用各种现代技术手段，如 VR、AR 等，将观众带入虚拟的城市空间中，通过互动体验的方式感受城市的生活和历史。还有的艺术家会利用艺术的方式，将城市的元素和故事以更加直观、生动的方式呈现出来。展览作品的多样化形式，既能呈现青年艺术家们的创获，同时也能反映在不同城市里驻留的年轻艺术家们的不同感悟。

三、未来展望

上海一直是开先锋之派，基于对历史的敬重，我们秉承着“海派”的创新精神，在举办了七次青年艺术家上海邀请展的基础上，继续以“移动”这一特有的主题，来表述今天艺术不断变化的新生态。展览秉持“艺术兴市”理念，旨在推介沪上具有创新意识和国际视野的青年艺术家，打造具有“国际性、传承性、实践性”的城市艺术品牌，从而有效促进上海城市的内涵发展。响应政府号召，做强“码头”、激活“源头”、勇立“潮头”，提升上海城市文化软实力。

随着科技的不断进步和社会的发展，“移动”化城市属性化下的青年策展实践将会拥有更加广阔的发展前景。随着大数据、人工智能等技术的不断发展，策展人和艺术家将有更多的手段和方法来挖掘和分析上海城市的数据和信息，从而为展览内容和形式的创新提供更多可能性。例如，利用人工智能技术可以对城市的各种数据进行分析，并为策展人提供有价值的信息，帮助他们更好地了解城市的多元属性，为展览策划提供更多灵感和创意。此外，虚拟现实技术、增强现实技术等现代科技手段也可以为观众带来更加沉浸式的观展体验，使展览变得更加生动有趣。

上海丰富的美术馆资源，为展览提供了更丰富的展示空间选择。在移动化的城市中，人们对空间的需求和使用方式也在不断地变化。上海有中华艺术宫、龙美术馆、刘海粟美术馆、久事美术馆等重要美术馆，这些美术馆有着较好的地理位置及传统展示效果，而与传统固定展示空间相比，地铁、机场、商场等移动空间具有更大的灵活性和开放性。青年策展人可以利用这些移动空间，创造出更多元化、更个性化的展示作品，让观众能够从多角度、多层次了解艺术作品。

总之，青年策展人需要具备前瞻性的眼光和思维，以便能够更好地把握市场趋势和社会热点。他们需要在策展过程中积极引入新技术、新理念和新模式，将艺术作品与现代科技、社会热点相结合，创造出更具前瞻性和影响力的策展效果。

周平林

中国摄影家协会会员、中国女摄影家协会会员、企业家摄影协会会员。现任中国摄影报社品牌策划部主任。长期主持、组织、策划各项主题性摄影品牌活动，致力于通过各类品牌活动打造具有全球视野的影像文化交流平台。

参训感言

这是一段难忘且受用的学习历程。在中国文联文艺研修院的精心安排下，50多位专家学者围绕文化艺术、策展领域的方方面面，穿插经典案例，为我们开堂授课、答疑解惑。课程内容丰富立体、鲜活生动，有针对性、实用性，尤其是在课程进行过程中，通过对上课内容的吸收、小组成员的不断讨论，以及各组间的相互交流与点评互动，我能够积极地将所学知识运用到具体的策展实践中，使得正在策划执行的展览案例得到了最直接有效的应用。这不仅为我带来收获与信心，更是一次新的开始，让我在今后的工作中有了更高的目标追求和责任担当，诚如开学第一课时大家共同期待的那样：去努力成为能够知中国、懂艺术、擅创新、会管理的复合型策展人。“千里之行，始于足下。”

21

主题性摄影艺术展览的科技创新实践探索

——以『新疆是个好地方』旅游摄影大展系列活动为例

周平林

摘　要：本文以“新疆是个好地方”旅游摄影大展系列活动为例，探讨主题性摄影艺术展览的科技创新实践形式。通过文献综述和案例分析，阐述科技跨界在摄影艺术中的应用价值和发展趋势。本文认为，科技与艺术的跨界融合能够为传统摄影艺术展览注入新的活力，拓展艺术表现形式和观众体验，提高主题性展览的互动性和参与感。最后，提出科技与艺术跨界形式的未来探索方向及对科技与艺术关系的思考。

关键词：科技创新；影像创作；艺术跨界；空间观看

近年来，随着技术的进步和互联网的普及，摄影作为一种可视化的艺术形式，已经成为人们生活中不可或缺的一部分，并逐渐从平面图像向多维度的表现形式转变。在高速发展的数字和智能传媒时代，科技跨界在摄影艺术领域的应用也得到了广泛的关注。例如：虚拟现实技术可以用于主题性展览展示三维的摄影作品，增强观众的沉浸感和互动性；人工智能技术可以用于图像识别和分析，提高对摄影作品的理解和欣赏能力；等等。艺术与科技的结合，不仅使得展览与空间、展览与观看变得尤为重要，而且推动着展览向跨媒介、跨学科的方向发展。

一、主题性摄影艺术展览的特点

（一）主题性摄影艺术展览宗旨

主题性摄影艺术展览是围绕党和国家中心工作，服务大局，坚持为人民服务、为社会主义服务的根本方向，以艺术的方式描绘新时代新征程的恢宏气象，以思想精深、艺术精湛、制作精良相统一的摄影作品展示中国历史底蕴深厚、各民族多元一体、文化多样和谐的文明大国形象，通过对中华传统文化的创造性转化和创新性发展，讲好中国故事，展示好中国形象的展览。

（二）主题性摄影艺术展览定位

主题摄影展览不是文献展、汇报展，在内容主题的提炼上，注重政治性、导向性、原则性、艺术性；在叙事结构的策划上，强调本土性和在地性，强调传统身份认同、创新和时代发展，通过小切口、大叙事来引导观众树立和坚持正确的历史观、民族观、国家观、文化观；在展览呈现的要求上，恰到好处的板块设计，巧妙的展陈设计，以及与之相关的观众导览和互动必不可少；在公共传播和美育上，通过全球化推广策略与数字化技术媒介，形成矩阵式传播效应，起到大众美育作用也成为更高的要求。

（三）主题性摄影艺术展览案例

2023 年是改革开放 45 周年，“一带一路”倡议提出 10 周年，也是中国文联文化润疆协作机制发挥作用的关键一年，在此重要节点上，首届“新疆是个好地方”旅游摄影大展及系列活动作为主题性摄影艺术展览的形式之一，以影像的方式，打造新疆国际旅游影像名片和摄影活动新高地，全方位、多角度、立体式展示新疆文旅资源优势，生动反映新疆发展新成就，赋能铸牢中华民族共同体意识，开启讲好中国故事的新疆影像华彩篇章。本文将以该展为例，结合新时代新征程新要求，对主题性摄影艺术展览的科技创新实践进行探索。

二、摄影艺术与科技创新跨界融合的发展趋势

（一）摄影艺术与科技创新

摄影是科技和艺术相结合的新艺术媒介，自诞生之日起，便推动了人类对世界的理解和认识，不仅促进了传统造型视觉艺术的变革，也因为图像和影像这两种新的观看、感知的图式代码形式，直接推动了艺术的观念化。

伴随着时代的发展，科技不断进步，越来越成为艺术发展的强劲动力，艺术则赋予科技以审美情趣和感染力。科技跨界在艺术领域也得到了广泛的关注和应用。国内外学者对科技与艺术的结合进行了深入研究，认为科技可以为艺术创作提供新的手段和工具，拓展艺术的表现形式和观众体验。例如：虚拟现实技术可以用于展示三维的摄影作品，增强观众的沉浸感和互动性；人工智能技术可以用于图像识别和分析，提高对摄影作品的理解和欣赏能力；等等。

（二）科技创新与主题性摄影艺术展览

在高速发展的数字和智能传媒时代，艺术与科技的结合，对主题性摄影艺术展览的高质量发展提出了更高的要求，不仅使得展览的空间设计、视觉呈现以及数字化传播变得更加重要，同时也推动着主题性叙事的互动与建构，全球化传播的融合与拓展，推动着展览向跨媒介、跨学科的方向发展。对策展人来说，在大的时代背景

下，也将时刻面临着全新的挑战。如何将展示与空间、空间与观众的观看经验更好地结合？如何通过“5G、VR、AI、云计算、动作捕捉”等现代科学技术，强化展览的“剧场感”与数字化？如何将策展关注点从打造全维度沉浸式体验逐渐向邀请观众与人工智能 AI 共同探索未来、创作艺术转变？这些都成为需要不断探索与讨论的话题。

科技与艺术的跨界融合成为当代艺术领域的一个重要趋势，摄影艺术作为一门视觉艺术，与科技的结合，从新媒体艺术或科技艺术不断升级到未来艺术和科技美学层面都为主题性展览的创新实践带来了更多的可能性。

三、主题性摄影艺术展览的科技创新实践案例分析

在本文的案例“新疆是个好地方”旅游摄影大展系列展览活动中，新疆，是整个展览活动围绕的核心。正如中央美术学院美术馆馆长张子康在第三届中国新疆国际艺术双年展上提到的：“艺术的价值在于创造力，在于为人类增添认知世界的角度，既看到多元，又看到共同。”能够让跃动在这片土地上的风光、风物、风情、风采，在摄影师们独特的视角和艺术化的表达之下，冲击观众的眼睛和心灵；能够让中国新疆实现与国际前沿摄影艺术共振，发出响亮艺术之声，让世界看见真正的中国新疆是此次展览举办的初心与使命。基

于此，我们在展览的展陈形式及创作形式上突破传统边界，展开科技创新融合的实践探索。

（一）展览展陈形式的科技跨界实践探索

主题性摄影艺术展览的展陈形式多采用传统摄影作品以图片加文字说明的方式铺陈，观众通过直观的观看，被输入基于透视的层级符号代码，展览的发心与主旨若想要得到观众的理解和共鸣，往往只能依靠观众自身对视觉元素编排的理性思考。伴随着技术与观念的突破，借助科技创新手段设计的摄影艺术展览，以多维度、全方位、沉浸式的呈现为观众提供了多感官体验及互动性。在此类全新的解决方案下，一直以静态方式单向输出既定信息的摄影作品，作为现代性最明确的视觉表征，也成为沉浸式展出超越感官困境的实验场域。

在“新疆是个好地方”旅游摄影大展系列展览活动中，与“一带一路”倡议紧密结合的主题性展览“丝路星空”国际影像艺术联展，将星空作为纽带，串联起河西走廊、哈密大海道、伊吾胡杨林、吐鲁番交河故城、乌鲁木齐天文工作站、那拉提草原、德黑兰、利比里亚……借助世界各地摄影师多元化的视角、镜头和全息投影技术，通过35名中外摄影师在32个国家和地区记录下的“同一个世界，同一片星空”，以高科技手段展示包括新疆在内的全世界壮美的星空和自然景观，传递着人类共享自然之美的理念。不仅是新疆星空摄影作品的盛宴，也展示了新疆在全球互联互通中的重要角色。

展览现场特别设计了3组“极光”装置，极具新疆特色的细沙铺陈于“极光”下方，以光效点缀，以声、光、电为载体，搭配高清视频投影，主动邀请已经习惯伫立于静态画面凝视观看的观众，调动他们的身体、认知及情感，以超越视觉的感受进入展览，接收多元、多方位的信息和感官刺激。传统的摄影作品在沉浸式、互动性的展览展陈形式下得以突破边框，输出信息的方式更为积极。

本雅明在《迎向灵光消逝的年代》一书中提到：“当摄影作品无法回望观众时，其灵韵就会减弱。”多媒介的运用将作品的视觉效果无限放大，其交互性特征协助观众实现与作品的双向交流。科技跨界融合的展陈形式不仅为观众带来了强烈的视觉冲击和打卡欲望，也为他们发现与环境更多重连接的方式，生成新的观看体验和文化意义提供了可能。而这种多维度的观看体验与文化意义，也将帮助打破原有摄影图像中符号与对象之间的现存机制，获得观众主动驻足停留于展览空间中更长的时间，并在有限的时间内为观众理解作品提供无限的空间。

同一片星空，在每个人眼里都不一样，有人看到星星的数量，有人看到星座的分布，有人看到四季的轮回，有人看到自己相对于宇宙的微不足道，共同的星空因为不同时间与空间变换着姿态——这就是“丝路星空”国际影像艺术联展想要带观众走进的世界，想要运用不同的科技交互媒介，让展览打破艺术的标签化界定，在人工智能时代，呈现出多元的影像艺术图景，观众将自己置身于作品中，将自己当作创作的一部分去感受作品的“灵韵”，感知与作品的共振。

（二）影像创作形式的科技创新实践探索

影像是观念、艺术、科学三者的结合体。人工智能（AI）图像的技术突破为影像创作又增加了一个维度，使得创作者可以在另一个时间和空间里施展他们的艺术敏感度、展现价值观和当代意识。

“新疆是个好地方”旅游摄影大展系列展览活动中另一重要主题性展览——“新疆潮范”AI 图像生成展，正是在这一语境下，由北京服装学院时尚传播学院摄影系师生、中国 AIGC 产业联盟和来自全国各地的影像创作者们联合完成的一次人工智能应用实践图像展览。

年轻的学生们与业内 AI 图像生成的实践者、研究者，基于人工智能时代摄影图像空间转化这一命题，以“新疆”为关键词，对主办方给出的“十处观众最向往的新疆自然风光与人文风情”进行了影像创作的科技创新尝试，共同贡献了百余幅 AI 生成的图片。创作团队中的一些人甚至没有到过新疆，但凭借着艺术的想象力和创作力，以人工智能为媒介，从多维度创作出的系列作品，不仅展现了新疆特有的风土人情、多元文化，更充满了对新疆这片土地的憧憬与热爱。

置身展览空间，观众所看到的仍然是新疆，但又不完全是往日摄影图片中的那个它，AI 图像生成所呈现的新疆，展示的就是在人工智能辅助下，人类想象力的强大与出彩。作者周莉的 AI 图像生成作品《行走新疆》，用人与马的局部特写画面，融合新疆的荒漠地貌，生成了一段穿越新疆的旅程，在天宽地阔间，奔放的马与洒脱的人轮廓呼应，让观众仿佛能看到风的形状，更真切地感受到为什么人们会对新疆如此向往，对属于新疆的面孔如此钟爱；作者刘梓钰的AI图像生成作品《生息 · 花》，用少女的笑靥、蓝天、流云、繁花、木屋，呈现出童话般的新疆禾木以及哈萨克族牧民惬意的生活，画面极致的美直击眼球，让观众透过空间的凝视，体味出花与舞的结合是生命与生命相拥而产生的诗意和张力。

摄影和AI图像生成作品捕捉、定格、放大了我们身边的人、景、物，是那些与生活息息相关，却又常常被我们忽视的东西。年青一代影像创作者带着对视觉艺术的热忱和对文化观察的探索，从个体视角出发，完成了影像艺术创作形式的科技创新实践。他们的作品关注自我意识、身体语言、潮流文化，反映了年青世代眼中的世界，也通过人工智能带给观众视觉感官体验的奇妙。

以“新疆潮范”AI图像生成展为例，科技与艺术的跨界融合促进了技术的创新和发展，拓展了观众的视野和体验。创作者、艺术家们通过各种技术设备和展示方式，在影像创新的路上不断耕耘，用虚拟现实技术和增强现实技术等手段，以多种媒介向观众传达着他们对未来的思考，观众看到了他们全身心投入的成果，更加深入地体验作品所表达的情感和思想，通过他们的作品，也让更多人喜爱上新疆这片美丽的土地。

四、科技与艺术跨界形式的未来探索方向

（一）突破传统边界，提升品牌价值

伴随着科技、传播和展示手段的多元化，单一类型、单一媒介的展览边界正在被打破，主题性摄影艺术展览作为联结艺术与生活的媒介，成为人民群众欣赏美、追求美、展示美的空间，展览相关的学术活动也越来越重要。

为响应“人类命运共同体”理念和“一带一路”倡议等重大国家战略，充分整合国内外文旅资源，以摄影为载体，加强新疆对外交流，在“新疆是个好地方”旅游摄影大展系列活动中，还特别策划举办“当新疆遇见阿布鲁佐——中意文旅影像之夜”、2023“新疆是个好地方”摄影训练营及“摄影＋新疆”旅拍主题分享沙龙等文旅融合的学术活动，配合“新疆是个好地方”文旅 IP 推广，提升品牌价值。

除此之外，大展结合展馆特点进行设计，除了各展厅内专业化、多元化、个性化的展陈设计和展线规划，还有根据不同内容属性、不同区域功能划分等特别设置的 AI 体验空间、打卡装置空间、文创展示空间、直播互动空间，增强大展的全民性、趣味性、科技性、交互性，吸引不同年龄、不同职业、不同圈层的受众前来参观，通过品类丰富的摄影展览和个性多元的展陈方式实现了用影像生动反映新时代新征程新疆发展新成就，赋能铸牢中华民族共同体意识的总体要求。

（二）科技跨界融合，更多场景应用

上述文中以“新疆是个好地方”旅游摄影大展系列活动为例，对展览的展陈形式及创作形式如何突破传统边界，开展科技创新融合的实践探索进行了深入的阐析。在科技创新领域，能够与摄影艺术结合，深入挖掘研究和应用的技术手段还有很多，这里列举几项，以期能为未来主题性摄影艺术展览的组织和策划提供参考。

1. 交互式装置艺术

结合传感器、投影和互动技术的装置艺术。观众可以与装置进行互动，通过触摸或声音等方式激发艺术品的反应和变化，创造出动态和奇幻的体验。

2. 虚拟现实艺术

通过虚拟现实技术，观众可以身临其境地感受到艺术作品。他们可以通过 VR 头盔或其他设备进入一个虚拟世界，探索由艺术家创作的视觉和声音的艺术空间。

3. 增强现实艺术

通过增强现实技术，艺术作品与真实世界相结合。观众可以使用智能手机或平板电脑等设备，通过扫描特定的标记或图像，观看艺术作品在他们周围呈现出的虚拟元素。

4. 数据可视化艺术

利用科技将数据和信息转化为艺术形式，可以包括数据艺术作品、实时数据的视觉化呈现和交互式数据装置等，通过艺术的方式展示和探索信息的美感和深层含义。

5. 网络艺术

展示网络艺术作品，涉及互联网、社交媒体和数字平台等。这些作品可能是基于虚拟空间、在线游戏、社交媒体平台或基于算法生成的艺术。观众可以通过参与和互动来体验和理解这种艺术形式。

总之，科技与艺术的跨界融合提供了许多创新的应用场景，这些场景不仅可以拓展艺术的表现形式和观众体验，还可以推动相关领域的发展，都可以在未来的主题性摄影艺术展览及系列活动中得以应用。

五、艺术与科技，思考与坚守

由科技激发的艺术创作通常是从两个方面展开的：一个是对科技及其后果的反思，一个是充分利用科技提供的新材料和新手段进行创作。新的媒介和技术提供新的视角或更全方位的感官体验，在此基础上，利用科学技术去调动观众的感受和思考，往往事半功倍。尽管如此，科技虽是引发思考的内容或可利用的手段，但它永远不能替代艺术家进行思考，艺术的核心还应该是精神性的、具有人文关怀的。

清华美院的张敢教授在他的讲座“策展与艺术史”中提到：“让我理解真正的艺术本身不变的东西还是形式语言，是对美的创造。一个好的展览应该带大家回到艺术本身，回到艺术本体。”正如他所说的，科技对于艺术而言，恰恰属于短暂、过渡和偶然的一半，真正令艺术获得长久生命力的是属于它永恒和不变的那一半。

我们常在探讨未来已来，人与科技、艺术与科技的关系将何去何从、何往何至？而实际上，无论何时何地，情感、想象力及美的形式才是构成艺术中永恒的内容。

我们既要拥抱科技与未来，我们也应认真思考和坚守，让艺术用充满想象力的形式来表达人类情感，让艺术真正的意义在于使人幸福，使人得到鼓舞和力量。

希望本文的研究能够为各类主题性摄影艺术展览及系列活动的组织和策划提供参考和借鉴。

韩 菲

策展人、摄影师，大犨生活艺术馆馆长，东岸影像艺术馆馆长，中国摄影家协会会员，中国艺术人类学学会会员，中国艺术摄影学会会员，中国女摄影家协会会员，辽宁省摄影家协会理事。

主要获奖和展览情况：

2021 年，作品《角儿》获得 2020 年国家艺术基金青年艺术创作人才资助项目。

2021 年，作品《角儿 #2.2021》入选第 28 届全国摄影艺术展览。

2019 年，作品《角儿》入选第 27 届全国摄影艺术展览。

2022 年，作品《角儿》荣获第七届辽宁摄影金像奖。

多次参展大理国际影会、平遥摄影节、丽水摄影节等。

参训感言

策展培训的一个月，温馨、欢乐，并且受益良多，让我久久难以忘怀。

本次培训让我对“策展”及“策展人”有了更深入的思考和认识，也坚定了以展览语言讲好中国故事，传播中国文化的决心。同时，我也深刻认识到，策展人需要具备高水准、全方位的文化素养，并且敢于创新、勇于“破界、跨界”，才能应对复杂的、跨专业的策展事业，才能讲好中国故事、传播中国文化。

感谢中国文联文艺研修院和国家艺术基金提供宝贵的培训机会，感谢各位老师们的精心准备和高水平授课，感谢全班同学的陪伴与携手互助。在未来的路上，我将不忘初心，砥砺前行！“路漫漫其修远兮，吾将上下而求索”，期待与各位师友共同交流、合作、进步！

22

AI图像艺术作品的策展案例分析

——以『数字梦想——新兴的AI美学』为例

韩 菲

摘　要：在摄影领域，AI图像生成技术及AI图像艺术作品也一直是具有争议性的议题。本文作者通过策划“数字梦想——新兴的AI美学”AI图像艺术作品展览，为艺术家呈现对于AI的见解与思考及产出作品提供展示平台，并希望借此让更多的受众了解到AI与艺术的融合方式，感受AI图片艺术作品的魅力，从而客观看待AI图像生成技术的发展及现实运用。同时，基于“AI图像艺术作品展览”的策展经历，作者总结经验，为后续策展者提供可借鉴性意见，并将持续探索“AI图像艺术作品”在展览中呈现方式的更多可能。

关键词：AI图像生成技术；摄影；当代策展方法

近来，人工智能在图像生成领域出现的显著进展，引起了社会各界的广泛关注，围绕其展开的争论不绝于耳。在摄影领域，AI 图像生成技术及 AI 图像艺术作品也一直是具有争议性的议题。一方面，已有艺术家接受并将这项新兴技术运用于艺术创作中；另一方面，也有很多艺术家对 AI 图像的真实性表示怀疑和担忧。本文作者通过策划“数字梦想——新兴的 AI 美学”AI 图像艺术作品展览，为艺术家呈现对于 AI 的见解与思考及产出作品提供展示平台，并希望借此让更多的受众了解到 AI 与艺术的融合方式，感受 AI 图像艺术作品的魅力，从而客观看待 AI 图像生成技术的发展及现实运用。同时，基于“AI 图像艺术作品展览”的策展经历，作者总结经验，通过分析阐释策展过程，为后续策展者提供可借鉴性意见，并将持续探索“AI 图像艺术作品”在展览中呈现方式的更多可能。

一、策展前期准备

（一）项目背景介绍

在摄影术诞生 184 年后的今天，一项前所未有的革命性重大变革——AI 图像生成技术，颠覆了我们的认知，也创造了无限可能。AI 图像生成技术的迅速发展，虽然引发了很多人对其真实性的怀疑和担忧，但也有一部分人开始接受并运用这项新兴技术。科技进步巨大的潜力，突破了艺术创作的界限，开启了艺术表达新的可能性，正如摄影术诞生之日带给全世界无与伦比的震撼。

某种意义上而言，AI 图像生成技术也许是从数字摄影出现以来我们在视觉艺术领域上见到的最具有革命性的新发展，这项技术正在从绘画、平面设计、摄影等各个领域产生影响，并在各个领域都有着广泛的应用。而艺术家对于 AI 人工智能的见解与思考也借助 AI 图像生成技术得以呈现，他们运用 AI 影像艺术作品、数字绘画和装置艺术乃至虚拟现实等多种媒介进行创作，让观众在多样的艺术形式中领略到 AI 图像艺术的无限可能性。

图 1　展览海报

一系列AI图像艺术作品通过AI图像生成技术产出后，需要借助线上线下展览的平台来进行展示，即结合作品主题开展“AI图像艺术作品展览”。而如何在展览中最大程度地展示数字艺术与传统艺术相结合的魅力，让广大受众见证并参与这种范式转变，并参与到有关艺术与技术交叉的对话中，感受艺术与现代数字技术的碰撞，以及数字艺术在当代艺术中的重要地位，对艺术作品作者而言是具有挑战性的尝试，对策展人而言也是极大的考验。本文作者作为蒋澍“数字梦想——新兴的AI美学”的策展人，成功策划展出了一场“AI图像艺术作品展览”，并取得了良好反响。基于此次策展经历，作者将总结经验，并持续探索“AI图像艺术作品”在展览中呈现方式的更多可能。

（二）相关概念阐述

1. AI图像生成技术及AI图像艺术作品的概念阐释

人工智能（Artificial Intelligence），英文缩写为AI。它是研究、开发用于模拟、延伸和扩展人的智能的理论、方法、技术及应用系统的一门新的技术科学。人工智能是新一轮科技革命和产业变革的重要驱动力量。

AI图像生成技术则是利用计算机通过学习数据集中的规律，深度学习文本和图片之间的关系，结合现有的图片（包括摄影、绘画、插图以及网络上的任何图片）以及在包含数十亿张图像和标注的数据集上进行训练，根据关键词以文本形式为输入，生成符合特定要求的全新并非常精准的图片的技术，而不是仅仅对已有图片进行处理和修改。

AI 图像艺术作品则是指利用 AI 图像生成技术进行艺术创作出的艺术作品，AI 通过机器学习、深度学习和算法等技术，模仿人类的创作风格和思维方式，从而生成具有艺术性的图像作品。

2. AI 图像艺术作品与摄影作品的区别

摄影作品是通过拍摄瞬间的真实场景和细节来记录现实，而 AI 图像艺术作品是在已有的图像数据基础上进行生成和处理，缺乏对现实世界的直接观察和记录。同时，摄影作品强调的是摄影师对现实世界的观察、感知和表达，具有独特的艺术风格和情感内涵，是摄影师个人情感和观念的体现。而 AI 图像艺术作品根据算法指令生成，缺乏个性化和情感化，因此在表现力和真实性上存在一定的局限性，无法提供真实的视觉体验。

但依托于 AI 图像生成技术的巨大潜力与强大的算法支撑，AI 图像艺术作品相较于传统摄影而言，能够脱离现实场景的创作束缚，具有更多的创造性与表现形式，能呈现出独特的视觉效果和创意。

总体而言，AI 图像艺术作品与摄影作品在创作过程和表现形式上存在明显的差异。摄影作品独特的艺术风格、对现实世界的观察和记录以及不可预测性和随机性都是 AI 影像作品所无法替代的。虽然 AI 影像作品在某些方面具有一定的优势，但并不能代替摄影。

（三）展览期望

AI 图像生成技术的出现以多种方式影响或改变着摄影，但摄影将永远存在。以多元的视角去看待与探索摄影艺术，对于促进摄影的发展，具有重要意义。摄影艺术与 AI 技术的融合，为我们打开了一扇新的大门，使艺术创作进入了一个潜力无限的世界。

本文作者期望通过策划“数字梦想——新兴的 AI 美学”展览，展示数字艺术与传统艺术相结合的魅力，让广大受众见证并参与这种范式转变，参与有关艺术与技术交叉的对话，观众可以感受到艺术与现代数字技术的碰撞，以及数字艺术在当代艺术中的重要地位。

二、展览实例分析

（一）艺术家与作品选择

选取具有典型性及说服力艺术家及 AI 图像艺术作品是办好一场展览的必要基础。“数字梦想——新兴的 AI 美学”邀请到第十四届中国摄影金像奖获得者、影像艺术家蒋澍的 AI 图像艺术作品《烟江梦寻图》等系列作品入展。

蒋澍是 AI 图像生成技术运用的代表性人物，他作为一位摄影师和数字艺术家，已经在艺术创作中使用了生成式人工智能，并且他的 AI 图像艺术作品在艺术界已经具有一定的知名度和影响力。早期他的作品主要涉及数字艺术、影像艺术、装置艺术等领域，目前他正在以开放的心态，探索人工智能图像生成器如何服务他的艺术创作。在 AI 时代到来之前，蒋澍的作品就以数字影像艺术而著名，他不断尝试新的摄影技术和手法，使得作品具有很强的有实验性、创新性和独特性，正如获得“第十四届中国摄影金像奖”的获奖评语中所说的那样：蒋澍的作品体现了他对生活、对社会细腻的观察、感悟和思考，他通过对摄影前期和后期的创意，形成了独特的表达方式。

而当下，他大胆地尝试运用 AI 图像生成技术，将其融入到自己的艺术创作，并持续探索 AI 图像生成技术与中国传统文化、当代的艺术理念的结合方式。此次展览作品《烟江梦寻图》就是他在探索过程中生成的代表性作品，这些 AI 生成的图像将中国古代山水传统与超现实主义相融合，引入了一种全新的艺术表现形式，这种融合展示了 AI 弥合文化差距和扩大艺术探索的潜力。这些 AI 生成的图像提供了对精神探索的当代诠释，邀请观者沉思自然的深邃之美，反思自己的内心世界，踏上自我发现和精神觉醒的个人旅程。

此次选取的艺术家及其作品在“AI 图像艺术”领域都具有强烈的典型性与代表性，以此来分析 AI 图像艺术作品的策展模式极具可行性，并为其他策展人提供可借鉴的经验。

（二）展品介绍

AI 图像艺术作品展览分五个专题：AI 图像艺术作品《不可能的风景》《富有想象力的水彩》《大漠胡杨》《烟江梦寻图》以及影像艺术作品《看见自己》。其中，AI 图像艺术作品《烟江梦寻图》系列作品是本次展览的亮点之一。在这些AI生成的艺术作品中，山脉重重，瀑布层叠，孤树生长在高耸的山峰上，风景呈现出一种神秘的境界。中国传统山水美学不仅仅局限于对自然风景的描绘，它包含了对自然的观察和想象，以及人类与自然世界的对话，承载了丰富的人文思想。另外，超现实主义艺术深入潜意识领域，探索象征性和梦幻般的视觉语言。AI图像生成技术将这些元素融合在一起，创造出一种独特的艺术形式，显示了AI在艺术探索方面的潜力，为跨越文化界限重新构想新景观开辟了一种可能性。这些作品通过AI技术将传统中国画与现代数字技术相结合，为观者呈现出一种独特的视觉效果。

三、展览策划与呈现

（一）布展设计

此次展览展出作品共计30幅，包括AI影像作品23幅、艺术摄影2幅、数字绘画2幅以及装置艺术3幅，展线共计80米。空间氛围设计整体以白色为主，小部分墙面为灰色，其余墙面、地面皆为白色。故意大面积留白与此次展品主题非常契合，留白作为我国传统中国画的艺术表现手法，其背后所蕴含的大智慧值得我们去学习和借鉴，留白艺术存在整个空间中不仅能够给观者留以想象的空间，还能以无声胜有声的方式传达出艺术家的真实情感。从观众感官切入，背景音乐的“流水声、鸟声”与融入自然环境中的“青草”香氛相结合，打造身临其境的感官体验，让观众在淡淡的香气中观展，过渡成为展品中的角色，能够深入地感受到展品所传达的情感和主题，并营造出一种轻松、愉悦的气氛，加强观众的沉浸感。通过数字技术将传统绘画的技法与现代艺术相结合，展现出一种全新的艺术形式；通过装置艺术、AI 动画展示，搭建出一套符合此次展览主题的、可以将观众带入一个充满想象力的艺术空间。

1.《不可能的风景》系列作品，展出 11 幅。部分作品使用高清金属印花输出工艺，制作在铝板上。有两幅由 2 米的超高清 4k 画框屏幕与三块镜面相结合成立体装置展示 AI 动画。

2.《富有想象力的水彩》系列作品，展出 4 幅。使用高清金属印花输出工艺，制作在铝板上。

3.《大漠胡杨》系列作品，展出 3 幅。使用英国 Innova 硫化钡艺术纸输出，

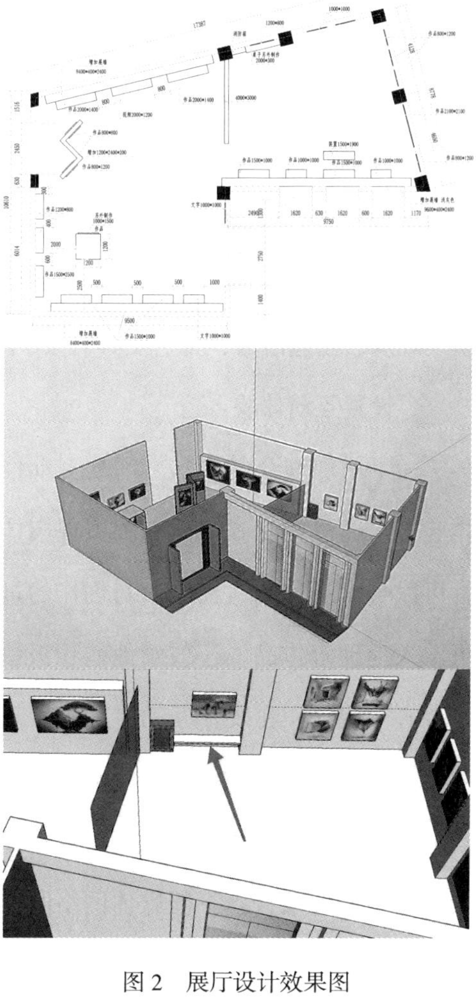

图 2　展厅设计效果图

墙面灰色背景贴纸，2 幅作品黑白输出、墙面固定拉杆 + 纱帘做装置展示；1 幅彩色输出、木质镜框 + 白绢布做装置展示。

4.《烟江梦寻图》系列作品，展出 10 幅。使用英国 Innova 硫化钡艺术纸输出，白蜡木框装裱。

5.《看见自己》系列作品，展出 2 幅。1 幅与艺术家的个人简历相结合，1 幅与海报相结合。

（二）展览互动与教育活动

策展过程中，将 AI 图像艺术作品展览与展览互动设置进行有机地融合，不仅为观众提供了视觉上的享受，还为参观者带来了前所未有的互动体验。这样的策展方式有助于推动艺术和科技的融合，激发观众的创造潜力，并启发其对数字时代伦理和技术的深刻思考。

1. 设置互动体验

为了增加观众与作品之间的互动性，策展人设置了互动装置和体验区。通过交互式装置、虚拟现实体验或数字化互动展示，参观者可以与作品互动，甚至参与创作的过程。这种互动性不仅使观众更深入地理解作品，还鼓励他们积极参与艺术创作，激发创造力和好奇心。此外，在观赏互动过程中，观众能更好地理解数字化时代的艺术趋势和技术创新，通过解释 AI 算法和数据驱动的创作过程，观众可以学习到有关人工智能和机器学习的基本知识。

策展人还结合当下新媒体网络时代的流量特征，根据展出作品特色设置相应拍照打卡点，吸引更多人观展的同时拍照留念，并上传社交媒体平台，由此达到展览宣传作用，并为此次展览定制印刷了明信片，观众可以免费领取留作纪念或邮寄，让更多人认识展览，了解 AI 图像生成技术和 AI 图像艺术作品。

2. 开展教育活动

策展人为了让观众进一步了解 AI 图像艺术作品的创作过程，组织了一系列教育活动。这些活动包括专题讲座“人工智能图像生成：魔法、艺术和影像”、作者亲自导览、AI 图像生成技术知识讲解等，此类活动的设置在促进艺术教育中发挥了重要作用。相关教育活动嵌入展览有利于帮助观众更好地了解数字化时代的艺术趋势和技术创新。通过解释 AI 算法和数据驱动的创作过程，观众可以学习到有关人工智能和机器学习的基本知识。此外，观众也能够反思数字时代中的伦理和隐私问题，因为在创作中也涉及这些议题。

四、展览效果评估与反响

本次展览吸引了众多观众前来参观，他们对蒋澍的作品表现出极大的兴趣和赞赏，并对 AI 图像生成技术有了深入的了解。通过这些作品，观众更加深入地了解数字艺术与传统艺术的融合，以及数字技术在当代艺术中的重要地位。同时，本次展览也为艺术家和观众提供了一个交流的平台。

摄影家朱运宽看到展览是这样评价的：“对我冲击最大的是 AI（人工智能）的摄影创作。我有两个‘拓展与改变’：一是拓展与改变了过去‘摄影以纪实为美学特征’的认识维度，拓展了摄影价值、功能、表现手法的认识，在当今科学与艺术在高峰相遇、联手时，摄影必然出现前所未有的创新、突破与发展。听蒋澍老师的讲座和观看韩菲策展的他的‘数字梦想——新兴的 AI 美学《烟江寻梦图》’展览，蒋澍的作品呈现的是我们看不到、拍不到的现实和景观，堪称‘魔幻现实主义’的作品。”

同时，该展览也受到了媒体的广泛关注和积极报道，各大艺术杂志和专业媒体对于展览主题、作品选择和布展设计等方面给予了高度评价，认为该展览具有独特性和深度，是当代艺术领域中的一次重要事件。

五、总结与启示

人工智能的发展如此之快，以至于超过了我们预见未来风险的能力，AI 图像生成技术虽然现在因一些道德和法律问题存在争议，但是 AI 技术的未来充满了无限的可能性。随着 AI 技术的不断发展和创新，我们可以预见到 AI 技术将会在艺术创作、艺术教育和艺术欣赏等方面发挥越来越重要的作用。AI 技术将会带来更多样化、创新性和个性化的艺术作品，丰富人们的艺术体验。

蒋澍的 AI 图像艺术作品策展案例通过数字艺术与传统艺术的融合，展现出数字技术在当代艺术中的重要地位，同时也是将 AI 图像艺术推向公众的一次勇敢尝试，有效促进了艺术家和观众之间的交流，为数字艺术、AI 图片生产技术的普及起到了一定的推动作用。

笔者根据策展实践，围绕具体策展个例展开分析，所述语言具有一定局限性，但希望相关经验能为策展人们提供借鉴，笔者也将持续探索“AI 图像艺术作品”在展览中呈现方式的更多可能，继续精进理论研究，并运用于策展实践，不断总结、反思、进步。

参考文献

Eva Cetinic，James She. 用人工智能理解和创造艺术：回顾与展望［J］. ACM 多媒体计算、通信和应用汇刊，2022，18（2）.

周　洁

“盛世修典——‘中国历代绘画大系’成果展”全国巡展策展执行，浙江大学艺术与考古学院城乡创意发展研究中心展演执行，浙江大学计算机科学与技术学院博士研究生。

参训感言

此次培训学习我受益匪浅。首先，通过学习习近平总书记关于文艺工作的思想，深刻认识到文艺工作对中华民族伟大复兴的重要作用。对于“创造性转化、创新性发展”的思考，我明白了关注现实生活，进行艺术创作时要进行积极的创新性发展，使作品能反映时代特征、具有现实意义、为人民服务、推动社会进步。在策展方面，对于将抽象的策展理念转化为具体的展览空间的理念深感认同。在整个培训过程中，深感策展工作需要不断开拓视野，保持对艺术的热爱，结合科技与传统，以更开放、包容、创新的心态，为中华文化的传承与发展贡献自己的力量。这次培训不仅是知识的积累，更是一次心灵的磨砺，使我更加坚定了在策展领域携梦飞翔的决心。

23

探索中国传统艺术与当代媒介结合的展陈路径

——以『盛世修典——「中国历代绘画大系」成果展系列巡展』策划实践为例

周　洁

摘　要:“盛世修典——‘中国历代绘画大系’成果展”以多元化展示方式呈现了中国历代绘画这本几千年的浩瀚巨作。展览展出的历代绘画精品出版打样稿，是国内藏品与流散在世界各地的中国绘画“国宝”的一次集合汇聚，更是中国美术发展历程的生动写照。此外，展览借助数字媒体科技手段改变传统艺术从物质形态向数字形态的历史性转化模式，将传统艺术与当代媒介相结合，赋予传统艺术的时代内涵，也为新时代艺术提供了厚重的文化价值。

关键词:“中国历代绘画大系”；多元化展示；传统艺术；当代媒介

一、“中国历代绘画大系”概况

中国历代绘画是中华民族优秀传统文化的瑰宝，是中华民族“文化自信”的重要物质载体之一 。

由浙江大学、浙江省文物局编纂出版的《中国历代绘画大系》，是一项规模浩大、纵贯历史、横跨中外的重大文化工程。《中国历代绘画大系》共收录海内外263家文博机构的纸、绢（含帛、绫）、麻等材质的中国绘画藏品12405件（套），涵盖了绝大部分传世的“国宝”级绘画珍品，包括《先秦汉唐画全集》《宋画全集》《元画全集》《明画全集》《清画全集》，共计60卷226册。这是迄今为止同类出版物中精品佳作收录最全、出版规模最大的中国绘画图像文献。

自2021年开始，项目组一手抓“编纂出版”，一手抓“宣传推广”，启动了“盛世修典——‘中国历代绘画大系’成果展”全国巡展工作。陆续在浙江美术馆、嘉兴美术馆（新馆）、中国国家博物馆、浙江展览馆、宁波美术馆、上海松江云间会堂文化艺术中心等地展出，均创下当地观展纪录、掀起一股中国传统艺术文化热潮。

二、“大系”多元化展示方式

（一）铺天盖地的展示理念与历史长卷式的空间设计

《中国历代绘画大系》历时17年，共收录中国绘画藏品12405

件（套），涵盖了绝大部分传世的“国宝”级绘画珍品。策展团队希望在有限的展览空间中，全景式展现“大系”的出版成果，能尽可能多及全面地呈现中国古代绘画的整体面貌，因此，在数次展览中，贯彻了“铺天盖地”“卷帙浩繁”的展示理念。

空间作为第一限定性，一切都是从空间出发的。数次展览的场地空间各有千秋，限制条件也各有不同，基于“在有限空间尽可能多地呈现大系出版成果”展示理念，展馆空间利用率最大化是大系空间设计的首要任务，构建历史长卷式的全景视角是展陈的基本逻辑。

一切成功的溯源在于首次的尝试与探索，以大系浙美展为例，笔者作为本次展览的策展执行兼空间设计，对内容大纲进行了以下空间叙事结构拆解及分区动线设计：大系浙美展使用了浙江美术馆上万平方米的展览空间，分“盛世修典”“久久为功”“大国宝藏”“转化发展”四部分。叙事结构上，“盛世修典”是主题（theme），“久久为功”是序章（prologue），“大国宝藏”是画面（documents），“转化发展”是尾曲（epilogue）；空间结构上，“盛世修典”为核心（core），“久久为功”为缘起（beginning），“大国宝藏”为征途（odyssey），“转化发展”为图景（prospect）。

动线设计上，采用线性叙事的单一动线，时间为经、流派为纬、经纬并重的方式进一步细分，将这批目前中国绘画史上最具艺术价值与学术价值的作品串联成线，勾画一条细致鲜活的中国绘画史发展脉络。主、次动线交替进行，观众循主动线盘旋上升，一部“大系”，纵览千年。

另外，在大系浙美展首次展出的主题装置“千年回响”，是总策展人王小松为此站大系展览创作的丝线装置打卡点，位于浙江美术馆的中央大厅，贯穿始终，若整个大系展览是一本等待翻阅的浩瀚巨作，“千年回响”是书脊。装置于展览，是卷轴与长卷的关系，是书脊与巨作的关系，是长虹与长河的关系。

基于以上，大系浙美展作为浙大大系策展团队参与的第一站，展馆空间面积最大，动线最长，但展出的“大系”高清调色打样稿作品并非最多，此时的大系展，无论从内容大纲还是展陈形式上，皆处于探索阶段；经过大系嘉兴展的优化发展，到了大系国博展，展出作品数量达到最多，画作上墙密度达到最大，空间利用率达到最高，策展团队落实贯彻了“铺天盖地”“卷帙浩繁”的展示理念，也形成历史长卷式的空间设计理念。

（二）东方美学的色彩设计

大系展览使用的色彩系统均采用中国传统色，并经历两个阶段的探索创新。

第一阶段即为2022年3月自浙江美术馆“盛世修典——‘中国历代绘画大系’先秦汉唐、宋、元画特展”开始的色彩系统，一直沿用至同年中国国家博物馆的“盛世修典——‘中国历代绘画大系’成果展”。

以赤、绿、青、黑为主色。以大系浙美展空间色彩分布为例：

赤，延伸出“大燃”“黄丹”（“大燃”“黄丹”色名引自郭浩先生《中国传统色：故宫里的色彩美学》）二辅色。“燃，红色之尤深，言若火之然也”（引自西汉学者史游编辑的《急就篇》）；大燃，其色大开大放，如火如荼。用于二层大厅“盛世修典”、四号厅“久久为功”部分墙面底色。

黄丹，既是初升太阳般的赤黄色，又是中国古代壁画中常用色。用于二层“大国宝藏”伊始，即五号厅“先秦汉唐绘画”单元及六号厅“无界之境（石窟造像）”单元墙面底色。

绿与青，准确来说是“石绿”“石青”，中国传统绘画颜料。石青、石绿，二色共生，是历代众多青绿山水画作的使用颜料，石青石绿的中国画巅峰，可参见《千里江山图》。

三层赋绿，四层赋青，三层宋画、四层元画，亦是中国绘画史上时代的高峰。隐喻的便是天与地、山与水、林与泉、青与绿。藏在天地、山水、林泉之下的，是华夏2000多年滚滚欲沸的赤色血液，与寄托着无限未来的玄黄宇宙。

第二阶段为中国国家博物馆“盛世修典——‘中国历代绘画大系’成果展”之后进行数次展览的色彩系统更新，始于2023年4月浙江展览馆第二届全民阅读大会“盛世修典——‘中国历代绘画大系’特展：阅读典籍与文脉密码”开拓的全新色彩篇章。

赤（大燃、黄丹）、玉色、拂紫绵、月魄和月白为主色，其中玉色、拂紫绵、月魄、月白为新用色。

玉色，汉晋蜀中特产的未经漂白的细麻布，其色始于玉。出自

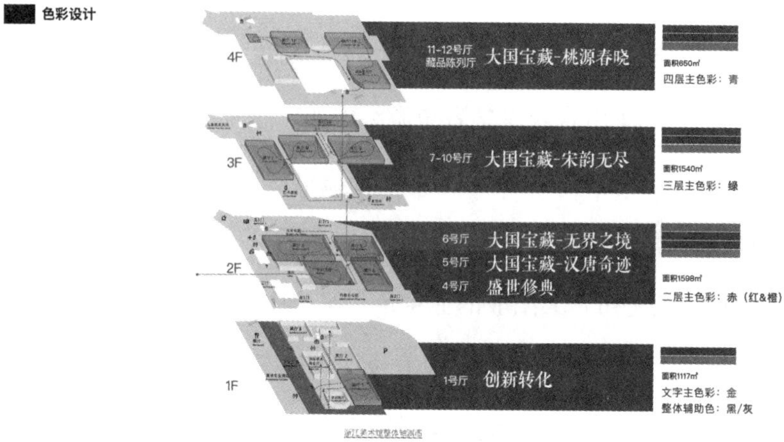

图 1　大系浙美展空间色彩分布

《郭店楚墓竹简·五行》:“见贤人则玉色。”是中国人、书画、艺术、文化的精神底色，既温润又质朴，一切皆如是也。

拂紫绵，一个自带书香气质、端庄典雅的秘色。“浅画香膏拂紫绵，牡丹花重翠云偏。”

月白，带蓝色的白色，因近似月色，故称。元赵孟頫《新秋》诗:“露凉催蟋蟀，月白澹芙蓉。”既指中国书画意境中的留白，又意指光之本色。

月魄，鹿角解之起色。明陈所闻《花月十阙》诗:“花迎月魄若为容，月转东墙花影重。”即月影之色，又意指物留影于纸面之色，是光的暗面，与“月色”呼应。

五色相互穿插于空间板块，跳脱出展示分区的板块限制，色彩运用的自由度上升到新的维度。

三、当代媒介结合传统艺术的探索

大系展览不仅仅是中国古代经典绘画作品图像的展示，更是“大系”背后学术研究的一次生动体现。展览多次打造场景化、装置化的打卡亮点，并使用了多种媒体融合，以数字化、可视化、沉浸式的展示方式使古代艺术作品从平面静止的绢纸笔墨跃入当代人的观展体验中，实现中华文化瑰宝由物质形态向数字形态的历史性转化。

（一）场景化装置作为展览亮点

1. 万画墙与镜厅书屋

在数次大系展览中，能看到用上千张“大系”图书内页组成“万画墙”。观众可以在浩如烟海的中国古代绘画图像中，在步入各个美术馆场地之时就对“大系”产生最直观的感受。在对比展厅内部的高精度调图打样稿档案时，同样是“铺天盖地”的展示方式，呈现的是不同尺度的绘画作品：“万画墙”是12405件（套）中国绘画藏品在大系这套有限开本尺寸出版物中的呈现，而展厅内展示的则是最接近原作的1∶1大系高清调色打样稿，这种不同观看尺度带来的观感体验既不同，却又是全方位的。通过这种尺度上的变化展陈形式，是在结合数量上“铺天盖地”展示理念的延伸。

上文提及的“千年回响”主题装置，由于在安装制作上对场地有较高要求，又因各个场馆的条件限制及消防要求，在国博及之后的展览中未再出现，但从整体展陈节奏而言，在展览叙事动线的开篇需要一个引人入景的装置化场景，于是在大系国博站的第一板块“薪火相传 代代守护”之初设计了镜厅书屋，利用镜面制造书海无垠之感，并使得观众走进书海翻阅大系书籍。另外，从大系国博展的空间点位来说，镜厅书屋与万画墙位于动线的一首一尾，即封面与封底的关系，隔空相望，中间的是这千年长河长卷（1700 余件“大系”高精度打样稿）。

2.“无界之境”3D 复制窟场景化设计

浙江大学利用全球领先 3D 石窟复原技术等比例复制的中国四大石窟和唐代佛光寺的数字化成果，汇聚到巡展中，综合运用 5G、VR、AI、云计算、动作捕捉等数字化手段进行展示，使观众真实体验中国石窟艺术、建筑艺术对历代绘画的深远影响。

针对 3D 复制窟的场景化设计始于大系浙美展，其中的“大国宝藏”板块“无界之境”单元成为届时展览的一大亮点，吸引无数观众驻足。

设计出发点即“石窟艺术是最早的沉浸式体验空间”。利用中心塔柱式洞窟的空间形式，将整个展厅打造成更大的洞窟场域，同时，这种嵌套的概念，旨在打破内外的空间观感，并链接诸多佛像造像的位置关系，3D 复制窟敦煌 45 窟与 57 窟面对面，左右两面是云冈 6 窟佛龛复制品与龙门石窟古阳洞北魏 4 佛龛复制品，与正中的天井，形成这一跨越千年的艺术道场。

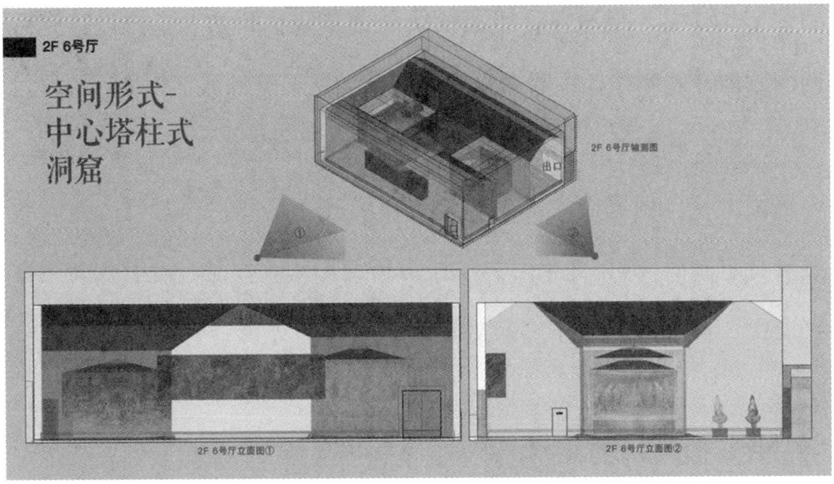

图 2　大系浙美展 3D 复制窟的场景化设计图纸

图 3　大系浙美展“无界之境”3D 复制窟现场实拍照片

（二）数字化手段的创新转化

“让收藏在博物馆里的文物、陈列在广阔大地上的遗产、书写在古籍里的文字都活起来。”大系展览中的以中国传统绘画为母题创作的数字化作品不胜枚举，策展团队从前期征稿挑选、亲自设计到后期的原创开发制作，不断探索更多适合大系展览的数字化呈现手段。

例如，在大系浙美展中，策展团队打造的《货郎图》场景装置、多屏蒙太奇《西湖图》等，引导观众展开一场场古今对话。为大系展量身定制的《VR 九龙图》《AR 听琴图》体验作品，后引入大系嘉兴展中，策展团队并于嘉兴展期间开发了“光影丹青”沉浸式体验空间。

VR、AR 等项目受到穿戴设备及现场维护等因素限制，导致观众体验人数有限，为了使更多艺术爱好者、普罗大众感受中国传统文化之美，在大系国博展中，策展团队保留了“光影丹青”沉浸式体验空间，并进行内容版本升级，打造了一个跨越多个朝代、融合多幅精品的沉浸式画境空间。

大系国博展的“光影丹青”以中国古代绘画的创新转化为核心创作理念，从 40 件收藏于海外博物馆的绘画精品中取材，将传统水墨丹青与现代数字科技深度交融，穿越时间阻隔，突破空间距离，打造跨越多个朝代、融合多幅精品的沉浸式画境空间。除了视觉的沉浸体验之外，在听觉上，浙江音乐学院团队结合空间音频智能处理技术，为其创作配乐，带来震撼的视听效果。

同时，“光影丹青”开创性地采用 UE5 虚幻引擎制作，并以引擎驱动投影和交互程序，既能实现虚拟空间与现实空间的同步映射，又能让内容与多感官交互装置实时契合，观众在行进中留下自己的印记，或在触碰墙面时燃起自己的“孔明灯”，以寓教于乐的方式感受中华文化瑰宝的魅力，领悟中国传统美学的精神，延续中华古代绘画艺术的当代传承。

四、总结

“盛世修典——‘中国历代绘画大系’成果展”以图像、文字、视频、新媒体等多元展示手法，呈现“中国历代绘画大系”所反映的中国古代绘画的宏富成就。展览呈现的中国历代绘画精品的出版打样稿档案，是流散在世界各地的中国绘画“国宝”的一次重要团聚，更是实证中国美术史博大精深的生动实践。2023 年起，“大系”成果展将在全国乃至世界各地择时择地举办，它将以成熟的姿态、宏富的内容、多元的展陈向世人展示中华民族对真、善、美的执着追求，它也将成为文化出海的一支主力军，向世界人民展现古老中国和现代中国的美好样貌及独特魅力。

白　哲

独立策展人、青年艺术家、内蒙古美术家协会会员。曾担任盒子艺术馆艺术总监，亿达时代美术馆展览部负责人，北京国际设计周·国潮当代博览会创意总监，北京拉斯科艺术总监。

项目理念：整合泛文化资源，发掘艺术行业潜在创造力，制造有事件性的内容，使其在恰当领域实现价值转换。为作品桥接心灵、为商业艺术化寻找逐利与逐艺的平衡点。现工作生活于北京。

参训感言

在参加“中青年视觉艺术策展人培训”期间，我深刻领悟到策展人在推动艺术创新中的关键作用。通过培训，我不仅掌握了策展理念、艺术素养和沟通技巧等专业知识，还结识了许多志同道合的朋友。在与他们的交流和分享中，我明白了团队协作的重要性，也意识到在策展过程中需要关注的问题和面临的挑战。这些宝贵的经验将对我的未来工作产生积极的影响。在此感谢中国文联文艺研修院提供了这次培训机会，感谢各位老师的辛勤付出，共同构成了这段美好体验。

24

浅谈符号学与营销学在当代艺术创作与传播中的参与

——以『维度之外』三体·新媒体艺术展为例

白　哲

摘　要：当代艺术处于一个多元化、跨界的语境中，其形式与传播方式深受符号学和营销学的影响。白纸—折纸—纸飞机，一个符号的载体—形成—衍生，继续经营便趋近于一种“营销”。符号学关注信息、意义与文化的传递，而营销学则强调策略、市场与社会关注度，我认为这是当代策展工作需要研究的方向。本文旨在探讨这两大学科如何影响当代艺术的创作形式与传播，并借助若干理论支持结合策展人案例进行阐述。

关键词：符号学；营销学；当代艺术；创作形式；传播

一、符号学对当代艺术的影响

（一）符号学理论概述

符号学是研究符号系统的科学，它关注的是符号的意义、功能和用法。在当代艺术创作中，艺术家们越来越多地借助符号学的理论和方法，以符号的形式表达自己的观念、情感和思想。在当代艺术领域，符号学的概念和方法为艺术家提供了创作灵感和表现手法。例如，约瑟夫·科苏斯（Joseph Kosuth）等艺术家将艺术定义为“一种语言行为”，强调艺术作品的符号意义和观念性。

（二）符号学在当代艺术传播中的应用

首先，符号学可以帮助我们理解和分析艺术作品。在艺术作品中，符号可以表达情感、意义和价值。例如，在绘画中，色彩、线条和构图等元素可以组成符号，传达出作者的情感和意义。在雕塑中，材料、形式和空间等元素也可以组成符号，表达出作者的想法和感受。符号学可以帮助我们分析这些符号的含义和作用，从而更好地理解艺术作品。

其次，符号学可以帮助我们传达和交流艺术信息。在艺术传播中，我们需要通过符号来传达和交流艺术信息。例如，在展览中，我们需要通过文字、图像和声音等元素来传达展览的主题和内容。符号学可以帮助我们选择合适的符号来传达这些信息，并帮助我们更好地理解观众的反应和理解程度。例如，策展过程中运用符号学理论选择和组合艺术品，以传达特定的主题和观念，同时，观众在解码过程中也会以自己的经验和认知为基础，对作品进行再阐释。

（三）符号学与“维度之外”三体宇宙合作新媒体数字艺术展

“维度之外”新媒体数字艺术展，此次展览基于三体宇宙 IP 理念与某服装品牌的品牌哲学。携手三位当代青年艺术家曾晨、林万山、Anti-General 创造越维感官场域，空间呈现出 AI 参与衍生设计重塑维度内的“人类文明”；宇宙呼喊计划，追问时间、空间、人类探索“维度之外”的命题。展览中，符号学的应用主要体现在以下两个方面：

信息的传递：展览中的作品通过视觉、听觉等多种感官形式向观众传递了关于三体宇宙、品牌以及艺术家们的创作理念和思想。这些信息通过符号学的编码和解码过程，实现了从艺术家到观众之间的意义传递。

意义的表达：艺术家们在作品中运用了大量的符号元素，如曾晨的《自我生成系列》运用 AI 人工智能生成，林万山的《宇宙呼喊计划》则运用了多元化的新媒介手段来表达对时间和空间的思考等。这些符号元素在作品中起到了象征、隐喻等作用，表达了艺术家们对于人类文明、宇宙探索等议题的深刻思考。

通过布置和展示，将这些符号元素呈现为一个充满氛围和情感的展览环境。利用新媒体技术，如虚拟现实和人工智能，他们将艺术家的作品以多元化的形式展现给观众，营造出一个超越维度的宇宙体验。

总的来说，“维度之外”的展览中利用符号学来构建一个富有意义和情感的展览体验。通过适当选取符号元素，以多元化的方式呈现给观众，并引导他们对符号进行解读，营造了一个引发深思和探索的展览空间。

二、营销学对当代艺术传播的影响

（一）营销学理论概述

营销学是研究商品交换和消费者行为的学科，其目标是实现产品的价值。营销策略的运用至关重要。有效的营销可以增加艺术作品的知名度、美誉度和认可度，从而进一步推动艺术的传播和发展。在当代艺术的语境下，营销学为艺术作品的推广和传播提供了策略和方法。例如，营销学的“4P”理论（产品、价格、地点、推广）为艺术的传播提供了全面的框架。

（二）营销学在当代艺术传播中的应用

当代艺术传播在营销学的应用下呈现出新的特点。首先，艺术家和相关机构通过运用营销学的品牌理论，创建独特的品牌形象和声誉，以吸引观众和投资者。例如，草间弥生（Yayoi Kusama）的艺术品牌以其独特的波点图案和无限重复的元素在国际上广受认可。

其次，根据目标受众的特点，运用营销学的市场细分和定位理论，制定有针对性的传播策略。例如，通过社交媒体和数字平台进行精准推送，使当代艺术作品能够触达更多潜在观众。艺术家或机构还通过整合多渠道的信息传播手段，如画廊、博物馆、线上平台等，以实现营销学的整合营销传播观念的一致性和协调性。这种整合方式有助于提高作品的知名度和影响力。

营销学中的消费者行为理论关注消费者的购买决策过程，为当代艺术传播提供了受众需求分析的依据。例如，针对目标受众的购买动机、态度和行为特征进行分析，有助于制定更具针对性的传播策略。

（三）营销学与“维度之外”三体宇宙合作新媒体数字艺术展

“维度之外”新媒体数字艺术展在传播方面也运用了营销学的理论和方法。在营销学的视角下，展览不仅是一个“品牌的实验场”，也是艺术与品牌的跨界联合。这场展览在品牌的语境下，是在受众传递祝愿和面对新环境、新挑战从另一个维度去思考的品牌哲学。通过将品牌理念与艺术作品的结合，展览成功地将品牌形象和价值传递给了目标受众。具体方法体现有以下三点：

宣传策略的制定：为了提高展览的知名度和吸引观众，主办方制定了多种宣传策略，如网络推广、社交媒体互动、电视广告等。这些宣传策略通过线上线下多渠道的传播方式，为观众呈现了一个全方位、多元化的艺术盛宴。

艺术家互动与体验：在展览期间，主办方邀请了艺术家曾晨、林万山和 Anti-General 与观众进行互动，分享他们创作心得和体验。这些互动活动不仅拉近了观众与艺术家之间的距离，也有利于增强观众对于作品的理解和喜爱。

衍生品开发与推广：为了延长艺术作品的传播链，“维度之外”展览还开发了一系列衍生品，如利郎 LESS IS MORE 品牌的服装、艺术品等。这些衍生品通过市场推广和销售，将艺术作品的形象深入更多受众群体中，提高了艺术作品的传播范围和影响力。

“维度之外”的展览还通过新媒体数字艺术的形式，将服装产品的设计和展示与艺术作品相结合，为消费者提供了更加直观和生动的品牌体验。这种跨界合作不仅拓宽了品牌的市场份额和影响力，还为消费者提供了一种全新的购物体验和艺术欣赏方式。

结　论

当代艺术策展人在推广艺术作品时，不仅要关注作品本身的艺术价值，还需考虑如何运用营销策略来扩大作品的影响力。在这方面，符号学的应用可以为策展人提供有力的理论支持。例如，策展人可以通过分析艺术作品的符号意义，制定有针对性的营销策略。同时，营销学的知识可以帮助策展人更好地了解市场需求和消费者心理，从而更有效地推广艺术作品。

符号学为当代艺术策展注入了跨学科性和创新性。策展中运用符号学的理论和方法，将艺术与商业、文化等元素进行有机结合，创造出更具吸引力和价值的展览。这种跨学科的融合为艺术展览提供了更多元化的视角和创意，也满足了观众对于多元化艺术体验的需求。

营销学的介入还使得策展人能够更好地了解观众的需求和市场趋势。通过市场调研和分析，策展人可以调整策展策略，以适应市场需求和观众口味的变化。这种灵活性使得展览效果更加出色，也实现了更好的市场回报。

“维度之外”三体宇宙合作新媒体数字艺术展作为一个当代艺术的跨界合作案例，体现了符号学和营销学对当代艺术创作形式与传播的影响。符号学与营销学对当代艺术策展的影响体现在深化理解、提升品牌价值、促进创新等多个方面，使得艺术展览更具多元性和吸引力。这种跨学科的融合和创新性的策展方式，为当代艺术策展注入了新的可能性。

“我们希望透过展览作品传达关于‘维度’界限在时代背景下对生活方式、思维惯性的纵览与反观，呈现出对数字时代语境下艺术与技术相结合的更多可能性的思考。”

参考文献

赵毅衡 . 符号学原理与推演［M］. 南京：南京大学出版社，2011.

郭国庆 . 市场营销学通论［M］. 北京：中国人民大学出版社，2013.

赵寒琪

文学硕士，国家二级艺术创意设计师，黑龙江省美术家协会策展艺委会副主任、设计艺委会理事。现任人民日报《环球人物》杂志社人民艺术总监。

参训感言

这是一段极其难忘的经历。在为期数周的培训中，我不仅学到了专业的策展知识，更在不断思考、发问和寻找答案的过程中，收获了宝贵的成长和启示。同时结识了众多志同道合的伙伴，深刻认识到一个成功的艺术展览需要团队成员之间的相互信任和默契配合。感谢中国文联文艺研修院的精心安排，我会珍视这段经历，并以此为动力，更好地投入未来的事业中。

25

媒体泛化视角下重构场域传播范式

——以『向美而生——人民艺术创作活动』为例

赵寒琪

摘　要：在互联网技术和媒体技术的推动下，艺术创作和信息传播已经深刻融入了日常生活的媒介场域。社交媒体、移动终端和大数据技术的兴起，逐渐改变了传播范式，朝着社交化、个性化和数据驱动的方向演变。艺术创作不再仅仅是一种创作行为，它成了传播的产品，通过多维场域空间连接观众体验，形成了媒体泛化的传播范式，促进了场域内行为和信息的互相联系。

关键词：媒体泛化；传播；场域；体验；交互

面对百年未有之大变局，以互联网为代表的数字技术如同新时代的“操作系统”，正在全方位地重构社会生活，由此带来的社会重组与赋权，传播领域的种种“新常态”，给所有的机构和人带来了新的机遇和挑战。在互联网技术和媒体技术的推动下，艺术创作和信息传播已经深刻融入了日常生活的媒介场域。社交媒体、移动终端和大数据技术的兴起，逐渐改变了传播范式，朝着社交化、个性化和数据驱动的方向演变。艺术创作不再仅仅是一种创作行为，它成了传播的产品，通过多维场域空间连接观众体验，形成了媒体泛化的传播范式，促进了场域内行为和信息的互相联系。

一、艺术创作产品化

数字化和网络技术的崛起为各类产品媒介化提供了强大支持，使得越来越多的物体成为媒介终端。媒体泛化的趋势打破了传统媒体的界限，使得媒介化成为一种更广泛、无处不在的现象。媒体泛化指智能媒体作为复杂巨系统，通过开放的逻辑与连接的规则，重组人、机、物与环境的关系而导致媒体化的拓展与深化，使人、机、物与环境都具有媒体性的趋势。这一趋势正在改变着人们的信息传播方式，也促使艺术创作以产品的形式出现，并应用于媒介解决方案。

（一）媒体介入创作行为

媒体泛化的深入发展使得艺术创作从“书斋艺术”演化为“展厅艺术”，更注重对当下的解读，将创作初衷定位为传播和对话。创作以新的形式呈现，将审美、信息传递和感官体验融合在一起，通过观众的观赏和互动来传达和交流信息，形成了与日常生活相融合的信息传播。具体而言，创作行为作为非物质内容的生产媒介，通过不同的传播方式，以不同的形态展示，实现了日常可及的创作传播效应。

在“向美而生——人民艺术创作活动”中，创作者采用图文、视频、音频等方式记录了创作过程中作品在不同节点的过渡形态，呈现视觉美感和引人注目的记录方式，以直观的方式表达了创作中的形式、趣味、风格、自我象征和价值等架构，提供了高感知的非物质审美内容。

创作行为的内在信息层是艺术家思维与观者视角的对话美学，即借助数字技术和互联网平台，通过采集和记录用户数据与行为轨迹，准确测量用户的心理反馈，实现“艺术创作—观者”之间的交互式感知，形成两者之间的共生关系，并将人工智能技术产出结果与人类审美方式形成联结，从而获得广泛的感召力。因此，在“向美而生——人民艺术创作活动”作品创作初期，经过创作与观者不断的感知与磨合，形成充分的数据接收，从而呈现作品最终形态。由此可知，创作因传播媒体的介入，依托技术平台，通过形式与意义、风格与趣味等美学内容来实现信息的互通与反馈。

（二）媒体介入场域构建

在物理学中，场域是描述物质相互作用的重要概念，通过场域的分布和变化来描述物质之间的相互作用和传递。在社会学中，场域是指由一组相互关联的社会行动者和他们的关系所构成的社会现实领域。在心理学中，场域是指一个人所处的环境和情境，包括物理环境、社会环境、文化环境等。网络、移动设备等技术力量使信息传达场景突破了传统的物理概念，产生更多无界别的延伸。传播中的场景涵盖了基于空间和基于社会行为的环境氛围，它所具有的实时互动性与分享性使社交媒体成为大众认知的源动力。

“向美而生——人民艺术创作活动”充分运用新技术搭建多种展示场景。观者在展览馆中，遵循阅读习惯进行线性参观，感受作品的尺幅、质感等现场感呈现出的展览秩序。展览同时开放网页端观看，这是典型交互思维下的界面，在编排与设计上解构了展览的内在逻辑，配合采集的实体展览图像，进行线上空间的实景观展。这种交互界面的展示往往更注重呈现作品本身的信息，而弱化了空间营造的体验。元宇宙中的搭建的虚拟展览一定程度上解决了空间氛围的展示呈现，虚拟展览不仅是一种艺术作品展示方式，更是创造和营造体验的过程。虚拟展览为观者创造一个全面、独特的体验空间，使其能够与作品和主题产生综合性、多维度的互动与共鸣。通过新媒介创建的多个场域，使展览本体与媒体传播行为合而为一，展览内容不再是传播行为的前置条件，而是并行于场域构建中。网络中各个虚拟场域的信息传播都是双向的、主动的，传播媒介对人想象力和创造力的重建，就是人在互联网中建构的虚拟场域对现实场域的重建。

虚实交融的场域环境共同对观者形成趣味和美学吸引，然后再以营造社交氛围来激发信息、环境和人等各要素之间的互动，强化人们对艺术创作的情感认同，还可以通过人与人之间的分享与共创，引发人们对美好生活方式的参与度，形成互联网时代以场域为美学信息共享渠道的传播特性。

（三）媒体发挥传播效能

艺术创作根植于社会化媒体情境，建立了一种开放传播生态，强调了信息传输中的人际互动因素。在“向美而生——人民艺术创作活动”中，多种媒体运营技术手段被充分运用，内容能够触达和吸引更广泛的受众，不断裂变产生更广泛的传播效果。图文、视频、直播、虚拟现实等多种传播形态，形成全媒体的内容生产。传播方式从传统的纸质媒体报道，扩展到新媒体和元宇宙的网络传播，经过周密的策划和实施。社交媒体上设定热门话题，邀请流量明星参与话题讨论，与艺术家进行直播连线，解读创作理念，发布线上互动活动，及时收集传播反馈并调整后续传播策略。在元宇宙空间举办多种文化活动，提高传播的声量和深度。

这一系列传播动作有助于引发创作与观众之间的丰富情感连接，

共同构建了创作传播的终端环境，不仅决定了传播活动发生的时空，也决定了具体的互动传播内容。媒体传播行为作为一种产品，只要具有强烈的社交性或富有趣味，就能产生良好的传播效果。通过构建社交氛围，传播内容能够实现大众传播的“核裂变效应”。此外，人们的审美感知、体验和思考可以通过实时互动有效地被发现、检索和匹配，形成有针对性的回应，从而进行传播的共创，拓展了艺术传播的广度、深度和社会影响力。

二、观者体验内容化

在“互联网 +”时代，信息、作品、社交场景等已经成为连接的工具和接口，艺术作品通过场域作用于人时，涉及观众的体验。体验是人们介入或参与系统时产生的感知和回应，反映了社会技术情境中的互动过程所产生的传播价值。艺术的欣赏和应用场景将审美体验整合成了日常生活的方式，在传播的接受和反应环节发挥作用，形成一种行为引导式的互动。一方面，人们在作品和场景共同创造的体验过程中具有主观性，第一人称视角使传播信息更易被接受，同时能够产生与审美相关的参与感、沉浸感、愉悦感和新奇感，激发和改变审美体验。另一方面，人们在美学体验中具有对丰富的作品和信息资源的可选择性，开放的信息传递系统能够提供与个人风格和特定需求相匹配的体验内容，体现了真正“个性化”的后信息时代的特征。

用户体验作为传播内容，将人们在特定场景中对创作的感知转化为一种独特的情感体验和互动形式，通过人们获得的美好感受和独特体验来提升艺术呈现和相关美学效应。

三、重构传播审美体验

艺术的呈现方式探求如何使观众获得情感上、感知上、智力上、心理上的“美好体验”。社会经济文化的发展使人们愿意投入时间和生命在美好事物中，艺术活动将信息传播作为核心，将人们对美好生活的向往转化为可观赏、可触及、可体验的艺术产品和服务。从媒体泛化的视角来看，日常可及性是艺术展览传播的关键要素，它汇集了产品媒体化的审美直观性、使用场景社交性的审美互动性以及体验方式的审美沉浸性。从产品到场景，从互动到体验，展览的传播重构了信息、渠道和内容等传播要素，强化了展览作为审美媒体形成传播效应的系统性。其中不仅包含明确的传播内容，也包含隐性的传播方式，充满了传播的活力，旨在使大众获得感官愉悦的同时，感受生活的意义并重构审美知识。

结　语

在互联网和社交媒体的推动下，艺术创作和传播经历了深刻的变革。这种变革不仅仅局限于技术的进步，更体现在艺术作品的生产、传播和消费模式上。艺术家通过社交媒体平台进行创作展示，打破了传统艺术传播的界限，让艺术品走出传统的画廊和博物馆，走进日常生活的各个领域，拉近了艺术与公众之间的距离。

传播方式发生了深刻的变化，内容不仅仅局限于作品本身，还包括了活动的组织、参与者的互动和艺术家的创作过程等。这些元素有机地融入传播内容中，形成了更加丰富和多元的信息空间，为公众提供了更全面的艺术体验。传播的主体也变得多元化，不再局限于艺术家和组织者，观众、参与者和媒体也成为传播的主体。这种多元化的传播方式使信息传播更加迅速和广泛，进一步推动了艺术传播的社交化、个性化和数据驱动。

未来，随着技术的不断进步和社会的发展，这种变革将更加明显，对艺术传播和社会文化的发展也将产生更为深远的影响。因此，我们需要深入研究和理解这一现象，以更好地应对未来的挑战和机遇。通过结合媒体泛化、场域传播和观众体验的视角，艺术创作和传播将继续发展，并为人们提供更加丰富、深刻和多元化的艺术体验，同时推动社会文化的进步和创新。

参考文献

张勍 . 场域传播在当代传播技术下的解构与重建［D］. 长春：吉林大学，2013.

喻国明，杨雅 . 传播学研究范式的转型与媒介进化［N］. 中国社会科学报，

2022-09-22.

鲍懿喜，饶锎月 . 媒体泛化视角下生活美学的设计传播范式［J］. 美术观察，2023（8）.

吕尚彬，黄荣 . 智能时代的媒体泛化：概念、特点及态势［J］. 西安交通大学学报（社会科学版），2019（5）.

宋　亮

北京大学文化传承与创新研究院艺术总监，中国戏剧家协会会员，北京民间文艺家协会会员。获得奖项：入选中国文联2022年、2023年青年文艺创作扶持计划资助项目。

参训感言

非常荣幸能够成为国家艺术基金2023年度艺术人才培训资助项目“中青年视觉艺术策展人培训”班学员之一。各位老师精彩生动的授课，让我系统性地重温了策展知识，填补了一些以前的知识盲区；和老师、同学们这样一群策展人共同参观美术馆、博览馆等，让我有机会一边观摩，一边和大家进行讨论，并从讨论中得到满满的收获；各位同学策展案例和实战的讲解也让我不禁感慨“三人行，必有我师焉”。感谢中国文联文艺研修院的精心安排，这次的培训于我而言，意义重大，让我受益匪浅。

26

融科技之力 展年画之美

宋亮

摘　要：年画艺术承载着民众对幸福多重维度的向往，也能反映出人们对美好生活的态度。进入新时代，在数字时代背景下，年画艺术如何在传承中创新，焕发新活力，成为当代年画从业者共同思考的课题。将新年画与新科技、新创意、新体验同频共振，将是年画艺术散发出其所拥有的当代价值与时代光辉的一种有效尝试。

关键词：年画艺术；科技；创意；体验

近些年，我国对以年画艺术为代表的中华优秀传统文化传承与创新高度重视。年画艺术承载着民众对幸福多重维度的向往，也能反映出人们对美好生活的态度。画中或是人物或是生肖或是世俗生活场景都表达了人们对幸福、平安、繁衍、和睦等的美好愿望。进入新时代，在数字时代背景下，年画艺术如何在传承中创新，焕发新活力，成为当代年画从业者共同思考的课题。随着数字技术的不断发展和成熟，近年来参与感强和互动性高的数字交互艺术体验正在成为备受瞩目的新文化业态之一，科技和艺术融合的各类创作作品与设计产品日益走向社会生活，同时也产生了巨大的文化效益、社会效益和产业效益。年画艺术也积极利用数字艺术与交互技术，探索年画艺术与数字交互形式的创意融合和创新转换，进而积极推动以新年画为代表的中华优秀传统文化艺术与沉浸式体验、数字科技等新业态和新科技的有机融合，并在新时代散发新的光芒。

一、新年画·新科技

科学技术可以为文化艺术的发展提供助力，年画艺术数字化的探索让曾经古老、遥远的年画艺术正在以一种生动有趣的、可玩可触的方式，融入你我的日常生活中，同时也推进着全国公共文化的数字化建设。

2022年春节期间，元宇宙第一张数字IP年画藏品《火虎门神》横空出世，在国潮艺术复兴的当下，强大的文化自信与中华民族博大精深的文化底蕴跃然而出，是中国传统文化新设计的开年趣作，既成为虎年第一张数字原创年画藏品，又庇佑着大家一年的幸福安康。该数字藏品出品机构合力研发“中国数字文化IP区块链公共应用平台”，依托云计算强大的技术支持，承担着以IP为核心的文化数字商品（IPNFT）的铸造发行、流通销售、区块链存证、电子合约等主要职责。研发设计师们试图运用历经数月之久的原创设计语言，在无数次回首与前行的探索中，进行传统年画的全新创作，运用数字技术去构塑二维平面意料之外的视觉惊喜，使其在突破传统形象的同时，又能保留“虎年”文化的标志特征，共同期许历经岁月的传统佳节，在多元文化交融的当下，被注入新的时代感，持续慰藉着人伦情感，让今天的你我，感享于千年沉淀的文化魅力之中。

杭州电子科技大学“AR赋能农民画”大学生团队通过多次实地考察，采访农民画家，积极提出农民画数字化生成与数字化创意传播的解决方案，通过数字化设计让传统文化活起来，走进生活浸润人心，创建一座“可移动的乡村美术馆”。该团队开发的APP可以通过智能终端设备的摄像头扫描农民画作品，识别其中的图像特征，并根据特征点进行位置跟踪。在屏幕上以虚拟的方式呈现出动态的农民画世界，观众可以通过屏幕观看画作的动态效果，并与之进行交互。通过应用增强现实（AR）技术实现了农民画作品及文创的动态展示，为广大用户提供了沉浸式的艺术文旅体验方案，也为当地农民画的数字化传播推广解决了实际问题，用数字前沿技术促进了当地的乡村振兴建设。

2023年7月，北京大学新年画传承创新数字体验馆建成开幕，该馆秉承新年画类文化遗产的传承与创新使命，广泛利用多年研发的人脸识别技术、人体感应技术、双屏互动、数字人等数字交互技术，首创性地打造年画艺术的“元宇宙”世界。展览中《入画》新媒体交互年画作品通过人脸识别技术（facial recognition system）、大屏互动系统基于Unity开发，采用实时光的渲染方式打造一幅年画画卷，观众使用手机或iPad等设备扫描相应二维码，将指定年画形象换成自己照片，走进年画的全新世界，年画“元宇宙”体验跃然眼前，年轻人拍得意犹未尽，随手自拍满满的都是未来感，有趣的游戏互动极大地增加了观赏性和可玩性。《一家人》新媒体交互年画作品双屏互动系统中，运用小屏触控+大屏预览的方式，观众利用手机端或iPad来涂鸦上色，通过上色服务器端上传大屏端。整个展览在体现中国民间绘画深厚底蕴的同时，首创性地以数字交互和沉浸式方式进行空间展现，旨在以最鲜活的来自乡土的民间绘画作为载体，呈现多彩丰富的节气之美、劳动之美、艺术之美，在传统艺术展与潮流时尚之间，以艺术之名播种幸福、播种梦想、播种美好。

二、新年画·新创意

社会经济转型大背景之下，符号经济转向场景经济，“创意”是优秀传统文化活化复兴的重要手段，好的创意能极大地拉近历史与现实生活的距离，“创意＋科技”更能让尘封的传统文化“活”起来，甚至是“火”起来。数字游戏是当下集娱乐、艺术与媒介三位一体的一种极为复杂的社会现象，与过去许多流行媒介一样对传统文化的传播有着巨大的作用。近日，一款深受当下年轻朋友喜爱，由腾讯数娱出品的《和平精英》手游在刚上线版本中建起了一座数字园林，游戏里建造一座苏州园林，如何在方寸之间创意呈现江南美学意蕴？在新春园林版本中，玩家发现一个苏州人熟悉的元素——桃花坞木版年画。春节期间，新春园林版本以中国传统民俗“桃花坞木版年画”为基础，在数字园林中加入年俗趣味互动。玩家可以在游戏中唤醒印有门神的年画，从而唤醒年兽，收获更多精彩玩法。从游戏里可以看到把门神的形象整个都放到游戏当中，并且做了扩展，如吉祥如意的称号、新年快乐的烟花都是春节跟年画结合来的，这个是相辅相成的过程，传统年画需要推广，但是新的游戏也需要文化做支撑。同时，《和平精英》在推出期间，在苏州耦园还举办了“数字国风新冒险”新春园林游园会，现场可以听姑苏小曲、赏江南年画，还可以与专业电竞选手一同上分。可以说，“年画＋数字游戏”“线上＋线下”的创意交互融合模式已经成为广大青年群众日常文娱生活的普遍需求。游戏是一种用最低的门槛和最沉浸的体验让大众感受美的方法，而且它与传统艺术形式不同，它是立体、综合、有交互性的，应该借助游戏这种科技含量高、广大网民特别是年轻人普遍喜爱的文化产品，赋予以年画为代表的传统文化时代特色。

山东寒亭区积极充分利用数字技术，融合多维创意推进传统文化数字化发展，推动了寒亭区特色文化的有效传播，不仅有力地打响了“寒亭”品牌，还为寒亭区增加了经济效益。除联动腾讯手游《和平精英》，在杨家埠木版年画春节版场景中，突破传统年画七色限制，创作由22种色彩组成的游戏角色“五夜叉”木版年画之外，政府也主动推出以潍坊杨家埠木版年画传承人杨乃东为主角拍摄的《〈原神〉“流光拾遗之旅”—— 仙闻篇 · 木版年画》纪录短片，该片在网络平台上线3天播放量突破400万次。同时把杨家埠木版年画搬上支付宝直播平台，参与“下一站故乡”助农大型公益直播，吸引40万人次关注。举办韩国线上杨家埠历代木版年画精品展等线上活动50余场次，讲好中国故事，擦亮“中国年画之乡”城市文化名片。事实证明寒亭区充分利用杨家埠木版年画等优秀传统文化资源优势，把握数字化发展机遇，让传统文化IP与科技融合、与互联网接轨，打开了传统文化传承的时代密码，为中华优秀传统文化的传播、转化、创新开辟了新的空间和路径，让传统文化的表达方式更多元、更新颖、更丰富、更高效。传统年画从文创产品到数字化再到游戏、娱乐视频等开发，一直探索构建此类让传统年画回归到人们生活当中更广大渠道的过程，正是我们实现传统文化的教育普及、保护传承、创新发展、传播交流，不断增强中华优秀传统文化的生命力和影响力的过程。

三、新年画·新体验

从文化资源的膜拜价值、展示价值与体验价值三大价值体系来看，体验价值成为当今时代社会大众从文化产品或服务中所体味的源于内心感受的价值，其包括感官、情感和精神体验三个层次。年画艺术在当代被广泛传播需从多角度、全方位激发其体验价值，因体验价值也同时具备娱乐性、参与性、互动性及时尚性。由文化和旅游部非物质文化遗产司指导，中国文化传媒集团主办，中国手艺网和云图数字有声图书馆联合推出的《年画重回春节》系列音频故事课在云图数字有声图书馆隆重上线，将年画这样一种影响了中国上千年且蕴含着深厚的文化积淀原汁原味的传统民间视觉艺术转化成听觉艺术的方式，通过一个个生动年画故事的讲述，传播到千家万户。同时，主办方还推出了《年画重回春节》系列线上小游戏，以游戏之力承载传统文化传承与创新，强调年画自古至今的应用场景，期望借由人们对于新年依旧热烈的情感，唤回逐渐式微的年画使用习俗。玩家在趣味拼年画的同时，还可以将年画生成祝福贺卡赠予好友，用一种全新的线上拜年方式向好友发送新年祝福。团队在游戏创作之初就借鉴了大量艺术风格和地方特色鲜明的年画绘制技艺，像杨柳青木版年画、武强木版年画、重庆梁平木版年画等都久负盛名，各有千秋，让玩家们在数字游戏中能够体会到华夏上下

5000 年的深厚文化魅力所在。当新年画插上“数字化”的羽翼时，随之而来的是社会公众对年画这种非遗文化的多感官完美体验，深处 360 度沉浸空间，逼真的画面，立体的音效，营造充满科技梦幻和创意的氛围，让公众可以身临其境感悟新年画艺术的独特魅力，体会传统民间艺术叠加高科技数字交互技术带来的全新体验。“‘她’从画中来——女性主题年画展”是山东博物馆传统年画与数字媒体技术相融合的展览，展览融合了专家创作者的口述访谈，博物馆观众的调查、研究与互动，年画传承人的技艺展示与体验互动等。山东博物馆策划团队经过近三年的研究筹备，以历史学、民俗学、社会学、图像学以及女性服饰、生活器物开创“中国女性独立意识”的新表述方式。通过男耕女织庭院深、西风东渐破藩篱、妇女翻身迎解放三个主题单元，生动展现了年画展品本体所关联的清代以来的历史、社会、生活的时代背景和女性社会地位的变迁。展览大量引入数字媒体技术展示女性生活年画的未来样貌，这是展览的亮点所在，也是我们为让年画重回生活做出的一种尝试。名为《年画 · 传奇》的交互装置取材于传统年画《刘海戏金蟾》。刘海戏金蟾这个故事兼具了寓意与趣味，而“刘海戏金蟾，步步钓金钱”这一题材则象征着持有人财源茂盛、汲取不断，作品呈现上借助骨骼动画技术的支持，通过投影让刘海与蟾动起来，更具有“戏金蟾”的味道。这些数字交互作品都是让当代青年人在全身心数字化沉浸体验中对传统年画有了更加深刻的理解、表达、传播和传承。

通过本次国家艺术基金 2023 年度艺术人才培训资助项目“中青

年视觉艺术策展人培训”，我在获得新知识的同时，得到了系统的策展知识梳理，还结识了一帮优秀的新同学。“新年画需要融入新科技、加入新的创意，给体验者带来新的体验”这一学习成果，将在未来我策展的年画展中持续起着重要指导作用。

王观龙

山东青岛领客文化传播有限公司总经理，山东省动漫行业协会副秘书长，山东省电影家协会动画艺术委员会委员。

参训感言

培训结束后深感自己的职业生涯将以本次的视觉策展人培训班为分水岭。本次学习让我重新审视了之前参与的策展项目，结合前来授课的业内资深专家的课程以及课下同学之间的交流，我在培训期间取得了补足短板、理清思路、激发创意等多重收获。我将学以致用，将所学结合到我们公司的设计施工一体化展馆项目和策展中。

27

非遗策展中的多媒体应用与思考

王观龙

摘　要：30 天的学习让我深刻感受到策展人不仅要了解最新科技手段和宣发机制，还要平衡艺术和商业的关系。策展需要艺术 + 工程 + 科技 + 媒体 + 管理等多种专业能力结合才能出精品。作为新时代的策展人我们应该关注全球展厅展馆的前沿的数字多媒体技术与设计理念为策展和创意赋能，拓展策展人的创意边界。

关键词：多媒体；文化 + 科技；非遗；日喀则

培训虽然告一段落，但各位优秀的老师们所讲授的课程无时无刻不影响着我们。我深刻理解到，一场成功的策展中，策展人不仅要有极高的艺术修养和解读能力，还要对作品有重构能力；对内有分配管理能力，对外部干系人有干预能力；策展人不仅要了解最新科技手段和宣发机制，还能平衡得了艺术和商业的关系。我深刻理解策展需要艺术 + 工程 + 科技 + 媒体 + 管理等多种专业能力结合才能出精品。

策展人要抛出问题，引发思考，成为站在时代最前沿的“瞭望者”，而作为策展人落地服务支撑团队就应该是为“瞭望者”提供“望远镜”和“扬声器”的人。互动媒体技术的应用为“瞭望者”提供最新的技术服务，让“瞭望者”站得更高，看得更远，声音传播得更广。

本次学习让我印象深刻的课程有吴为山馆长的“用策展语言讲好中国故事”。吴馆长分享了中国美术馆的多个展览案例、公教活动、讲座、论坛等内容，告诉我们要用策展的语言有效传播和传承中国文化。这让我想到我们公司于 2023 年 6 月交付的日喀则非物质文化遗产展示中心（以下简称“日喀则非遗中心”），中心建设之初的构想就是融传统与现代为一体集中展示日喀则地区丰富宝贵的文化遗产。同时，通过科技与艺术融合，促进展陈与展销结合，助力日喀则非遗产品销售的市场化运营，让非遗传承人创收增利，增加就业。总之，我们要借助日喀则非遗中心讲好日喀则的中国故事。

在苑利老师“非遗一笔宝贵的文化创新资源”的课上，我重新审视了我们的日喀则非遗中心项目。我们在设计之初就做好了非遗展示及保护和非遗商业化经营、产业化开发的规划是正确的选择，想要让非遗的保护和开发两者和谐共生是摆在策展人面前需要巧妙解决的现实课题。

以非遗馆中的唐卡数字交易中心为例，我想我们找到了一个解决上述问题的新方法。我认为这个场馆属于一种新的带有功能性的策展形式，列举唐卡数字交易中心的主要功能：

唐卡内容数字化：将各类唐卡高清扫描电子化并使用类纸屏进行唐卡数字化展示，不但最大程度上保证了将唐卡原作损害降到最低，还能满足经常变换画作服务于唐卡线下交易展示的现实需求。唐卡登记、备案、估值、评定、评估和鉴定等工作。开展线上线下唐卡

图 1　唐卡数字交易中心

交易、拍卖等活动。实现唐卡数字档案永久储存。将数字版权进行区块链确权，让唐卡画师拥有数字版权，为未来的数字藏品发布售卖奠定基础。建立唐卡画师大数据库，将画师生平、师承关系、代表作品展示等进行管理并在可视化大屏进行展示。

唐卡数字交易中心展厅是我们在日喀则非遗中心策展中的一次尝试，最终取得了不错的成果，解决了唐卡画师作品销售的现实问题，又为观众提供了一种新的展馆体验形式。

在策展学习的过程中，我一直在思考未来五年策展会是什么新的走向？随着显示设备及其他新硬件的迭代更新，Midjourney 等 AI 软件和数字孪生技术的逐渐成熟，这将会对策展产生怎样的影响？

通过吴洪亮院长的讲述我了解到，北京画院已经开始尝试使用沉浸式体验馆这种形式展示齐白石的绘画作品并取得了不错的成绩。沉浸式体验馆，让艺术作品从静态画面到动态视频，从二维到三维空间，从单向阅读走向双向互动，增加传播的趣味性。我们在日喀则非遗中心中也设置了类似的展项：唐卡沉浸式体验馆，将静态的唐卡动起来，实现了人在画中游的美好感觉。

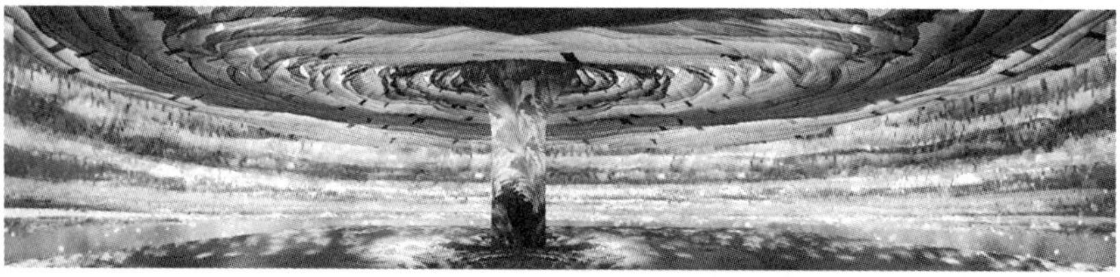

图 2　唐卡沉浸式体验馆效果图

除了上述的沉浸式体验馆，近年来元宇宙虚拟展厅抑或称作数字孪生展馆，开始越来越多地应用在科技馆、博物馆、美术馆，我相信这应该是一个趋势。科技手段打破了展馆的固有空间和时间的限制。数字化虚拟展厅让人们不再需要亲自到达实体展厅就可以实现漫游，甚至可以做到永不闭馆。

策展中的新技术应用近年也如雨后春笋一般出现，增强现实（AR）、混合现实（MR）等技术在策展中非常具有表现力和想象空间。例如，在德意志博物馆中已经投入大规模使用的AR应用，观众可以利用手机或者iPad扫描识别点，增强现实技术可以让实体沙盘中的制陶场景出现活灵活现的动画人物以加强此段内容的知识点的展现。

图3　德意志博物馆中已经投入大规模使用的AR应用

动画视频配合LED大屏或全息投影，水幕投影技术在碗幕、球幕场地中的应用也将极大拓展展示效果。我们制作的日喀则首部三维动画电影短片《唐东杰布》让初识藏文化的观众可以通过一个动画短片迅速地对唐东杰布修桥造路发明藏戏等故事轻松了解。

时代诞生了策展人这一新型职业，为做好这份有意义的工作，未来我将持续关注全球展厅展馆前沿的数字多媒体技术与设计理念为策展和创意赋能，共同拓展策展人的创意边界。

李 悦

国家级非遗项目绵竹木版年画市级传承人，绵竹年画博物馆副馆长，四川省民协会员，德阳市青年工匠。

参训感言

我特别有幸能参加“中青年视觉艺术策展人培训”的学习，十分感谢此次的遇见，能与45位同学和驻班老师一起学习生活。在为期30天的时间里，50多位顶级专家学者、优秀艺术家、策展人，把自身丰富的专业知识与策展实践实例娓娓相授，如涓涓溪流，润育我们的心灵，从策展思维的精进、艺术修养的提升、业务能力的强化、跨界融合的创新等多方面，让我对策展工作有了更深刻的理解，让我认识到策展在传统文化保护和传播中的重要性。作为一名非遗传承人，我更多的时候是以个人的技艺来保护和传承传统文化。然而，通过这次培训，我认识到优秀的策展人可以通过“创作策展”，把“可信、可爱、可敬的中国形象”展示给更多的人，融通中外，传播中华文化，讲好中国故事，弘扬优秀传统文化。

28

策展视觉下的年画保护与创新

——以『年画再现』绵竹年画拾遗精品展为例

李　悦

摘　要：本文以“年画再现——绵竹年画拾遗精品展”为例，讨论策展视觉下的传统文化保护与创新。通过策展的二次创作和丰富的策展语言，寻求传统与创新的平衡，为观众呈现传统文化的原味并融入现代元素，丰富观众对传统文化的认知，践行“创造性转化，创新性发展”的理念，让传统文化在新时代焕发新的光芒。

关键词：策展创新；传统文化；年画

绵竹年画是中华优秀传统文化的一部分，2006年被评为国家级非物质文化遗产。其形成于宋代，明清时期达到鼎盛，并与天津杨柳青年画、江苏桃花坞年画、山东潍坊年画并称“中国四大年画”，具有构图完整、人物夸张变形、线条古朴流畅、色彩艳丽明快的独特艺术风格。年画制作工艺包括起稿、刻版、印线、手工上色、勾线、印花等工序，是我国民间艺术的瑰宝。然而，绵竹年画经历了千百年的风雨洗礼，几度濒临失传。从20世纪60年代初绵竹年画社的建立到90年代绵竹年画博物馆成立，经过30多年的努力，年画工作者们进行了抢救性保护，收集了大量文物级的年画作品和文史资料，并进行了研究整理和展示宣传。

在过去的绵竹年画展览中，通常采用以年画本身为核心的展览脉络，主要介绍年画的起源、发展、内容和艺术特点，以传统的视觉方式进行呈现。通过“中青年视觉艺术策展人培训”班的学习，我对策展视觉下的传统文化保护与创新有了新的认识。因此，我计划策划“年画再现——绵竹年画拾遗精品展”，通过策展的二次创作和丰富的策展语言，在传统文化的保护与创新之间寻求平衡。目标是保持传统年画的原味，同时融入创新元素和现代审美观念，丰富观众对传统文化的认知，让传统文化焕发新的光芒。

一、从新的角度探索展览的内涵与意义

王璜生教授指出，一个好的展览需要从学术角度寻找新颖的切入点，并通过丰富的策展语言，以提升整个展览的可观性和可读性。因此，在“年画再现——绵竹年画拾遗精品展”中，我们不仅要呈现年画的本身，还要通过多个视角探索年画背后的精神内涵、活态传承以及现代创新发展的情况。我们将重新进行相关研究和调查工作，深入挖掘年画的独特艺术特点和内在精神，与现代社会和观众的需求相结合，并借助相关学术研究成果和有关专家的指导，确保展览的学术性与专业性。全方位展示绵竹年画的历史变迁和发展脉络，展示出年画与儒释道、节时节庆、礼仪风俗以及现代生活的关系。整个展览包含三个主要部分：绵竹年画顾展、传承人作品展和新时代年画展。展品主要以绵竹年画博物馆的藏品为主，包括一级文物 1 件，2 级文物 88 件，以精品年画展示年画的历史价值、文化内涵和艺术特点；展示 80 件国家、省、市、县级传承人复制的年画作品和创新作品，展示当代传承人的创作成果，以体现年画技艺的活态传承状况；80 件反映新时代主题的年画作品，展现年画的现代审美。此外，从年画藏家及其他博物馆借展的相关文物将作为补充展品，通过多角度、多空间的展示手段，全面展现绵竹年画的内涵精髓和价值观。

二、策展创新传统文化的表达方式

方李莉教授认为，当代艺术表达不再局限于艺术品本身，而是涉及观念和文化的交流。艺术作品与观众之间的关系成为展览的重点。为了实现传统文化的保护与创新，需要创造性地结合现代社会的审美观念，使得传统文化更加有吸引力和参与感。在策展设计和展陈手法中，我们将运用现代化科技手段，如灯光、音箱和投影等创新手法，创造具有现代感和艺术性的展览场景。同时，将传统元素与当代艺术作品进行融合，创造出具有创意、观赏性和参与感的展览场景。在本次展览中，我们将在展厅中搭建一个川西民居古建筑，还原年画的使用场景。通过影像介绍年画的习俗，为观众提供清末民初的服饰道具，让观众体验年画习俗，建立起观众与作品的联系，沉浸式地感受年画与生活的关系。

三、引入现代审美观念

策展人孙淼强调现代审美与传统形式的再设计在博物馆展示设计、展览品质的塑造、展览语境的创造以及形式与内容的交融等方面发挥着重要作用。传统文化的保护不仅仅是对传统进行复制和重现，更需要以现代社会的审美观念，结合传统形式进行再设计和再创作，使传统文化更具吸引力和参与感。我们将注重展览场景的布置和设计，力求创造出与传统年画相呼应的艺术氛围，以提升观众的艺术欣赏和参与度。通过选择与时俱进的传统表达方式，重新解读传统文化，提升观众的艺术体验，增强他们对传统文化的认同感与喜爱度。例如，我们将利用现代科技手段，如裸眼 3D 和体感交互投影等技术，展示绵竹年画中代表作品《迎春图》的虚拟现实效果，还可以利用视频分层动画技术，实现人在画中游的虚拟体验，并提供相关的音频解说，让观众在互动参与的同时，深入了解年画中经典故事的细节。通过这些创新手法，观众能更好地理解年画的内涵和价值，激发年青一代对传统文化的兴趣，促进传统文化的传承和发展。

四、开拓展览新形式拓展展陈空间

展览已经不再局限于传统的陈列方式，还应通过不同艺术形式的融合，呈现丰富多样的艺术表达。作为国家级非物质文化遗产，绵竹年画技艺的展示是展览中不可或缺的一部分。为此，我们将采用投影技术结合实景制作，打造年画作坊的展示；邀请绵竹年画传承人现场表演制作年画的工艺流程，包括起稿、刻版、印线、彩绘、开脸、印金等工序；利用网络直播平台对工艺表演进行实时直播，并开发手机互动小程序，如年画福娃、年画仕女、年画门神的换脸游戏和祈福小游戏等，以拓展展示空间，吸引更多受众，并提供便捷有趣的展览体验。

策展视觉下的传统文化保护与创新是一项重要的工作，旨在通过创新手段和现代观念的引入来保护、传承和传播传统文化，并使其与现代社会相协调。吴为山院长强调了策展语言在传播中国文化中的重要性，是有效传播和传承中国文化的关键要素。创新的策展方式能够使传统文化更加生动有趣，增强观众的参与感，激发年青一代对传统文化的兴趣，并促进传统文化的传承和创新。

王　苑

江汉大学美术学院讲师，美国哥伦比亚密苏里大学访问学者。湖北省文艺评论家协会会员，湖北省美学学会会员。编著出版《中国当代艺术全集——过渡时期的创作（上）卷》（副主编），负责武汉研究院重点项目《武汉地区美术馆建设与发展之比较研究》等。

联合策展人：

2023 年“2023 首届湖北省青年美术作品展”

策展助理：

2022 年“建构历史”；2016 年“再识方力钧”；2013 年“Speculated Reconstruction”；2011 年“Abnormalized Life”。

参训感言

勤行精进，心心流注，神丽之夏。

幸遇冥冥牵引，持感念报恩之心，生与中国文联文艺研修院之缘，与诸师、诸君、诸友共修此夏。

时序环流，于此莲华之栖，朝闻守正之道，思接千载。夜镂千重月华，秉心养术。

日影水中，逢此真遇，以诺心许。愿共一心，被精进铠，发坚固意。

29

使故乡可见

——『2023首届湖北省青年美术作品展』第三单元策划案理论框架及培训体悟

王　苑

摘　要：本文以“2023首届湖北省青年美术作品展”第三单元为对象，以文化地理学作为学理视域，将“故乡”作为“青春梦想·同向同行”的逻辑起点，以超越地缘限制的视角，通过记忆介质、精神仪式、知觉框架三种路径，探讨作为自然景观、文化景观、社会景观的湖北青年艺术实践，如何使故乡可见。同时，对策展理论框架下所涵摄的部分观点，结合培训期间的学习体会，进行梳理与延伸。

关键词：2023首届湖北省青年美术作品展；文化地理学；景观；故乡

“2023首届湖北省青年美术作品展”立足湖北深厚的文化底蕴，聚焦新时代的伟大成就，旨在通过专业的学术平台，展示、扶持、凝聚、培育湖北美术新生力量，以激活湖北青年美术创作与地域人文、社会生活、城市发展、区域经济等领域的共生关系，进而深度挖掘美术创作与区域协同发展的价值链条。

展览以“正青春”和“致青春”两条主线呈现湖北青年美术发展的学术脉络。正青春，聚焦于湖北青年美术实践的现在进行时，通过关联湖北独特的地缘文化特质，以城市之灵“水”作为策展思路的缘起，演绎出三大展览单元。由第一单元“水域共生·思想流体”始，展览聚焦于水富于流动、生发、循环、不息之特性，呈现水作为荆楚文脉赓续的思想流体；第二单元“无界之群·美育共融”，展览以美育为媒介，其怀“水”兼收并蓄之特质，集群而生、复破群之界、介入社会现场；第三单元“青春梦想·同向同行”，由水之生息常恒，符应着湖北青年艺术的青春无倦、同梦相契、流观通变、八方与共。

作为“2023首届湖北省青年美术作品展”的联合策展人，我参与策划展览第三单元：“青春梦想·同向同行”。本单元以文化地理学为视域，将“故乡”作为“青春梦想·同向同行”的逻辑起点，通过“景观”概念，对展览单元进行了自然景观、文化景观、社会景观的梳理，在“自我的地理”这一立场下，以超越地缘限制的视角，通过记忆介质、精神仪式、知觉框架等路径，挖掘湖北青年艺术如何使故乡可见，进而建构着湖北的文化记忆，生产着具有世界视野的当地主体性意义，并书写着地方的精神与个性。

一、故乡，作为记忆介质，根植于被唤醒的空间。在展览单元中，以水墨、油画、陶瓷、版画等媒介，转译着湖北自然景观中的龟山、蛇山、武当山，长江、东湖、凌波湖……故乡在艺术实践中，与个人记忆迂回柔软地缠绕，浸润主体的感官与心智，与当下经验缓缓相连。

如果说，本单元艺术实践中所呈现故乡符码中的“长江”，其所链接的意义之网，指向生命时间与宇宙时间双重向度，是贯烁着华夏民族的文明史，那么经由本次培训启发，我对长江所承载的意涵，有了更为立体的认知。在培训中，周由强老师在题为“回归与超越——习近平总书记文艺工作重要思想学习体会”的讲座中谈道：“文艺深深融入人民生活，事业和生活、顺境和逆境、梦想和期望、爱和恨、存在和死亡……”顺境和逆境、梦想和期望、爱和恨、存在和死亡，作为经典的哲学概念和永恒的艺术母题，它启发着从文艺与人民的关系角度，重审着表征故乡自然景观的长江。长江之于人民的生活，正是对“顺境和逆境、梦想和期望、爱和恨、存在和死亡”予以无差别怀抱和永恒牵引的母亲之江。它既温柔地聆听、包容人民的爱与恨、脆弱与失意，它也庄严地言说着先贤、先烈、先辈们青春与梦想，召唤着一代代新青年们的砥砺志节、励精图治。

如此，长江，将指涉着人民共同的命运、身份、情感归属，使精神之“家”在此充满神圣意义之处扎根。因之，通过对长江这一符号所承载的意义延伸，未来在对“使故乡可见”的策划思考中，这一脉络将延伸到情感更细腻与多维之处。

二、故乡，作为精神仪式，栖居于后世俗社会的荆楚图符、风音水文、灵石云根间。在展览单元中，以装置、影像、纤维等媒介，在能指与所指间，连缀着子期伯牙的古琴台、雷鸣惊骇的辛亥首义、命运交错的昙华林、都市乌托邦的摇滚光谷、极限世界的“跳东湖”等文化景观。同时，这一精神仪式又作为超科学集合体而化身为隐秘的地理学信仰，书写着故乡的“表意实践”。

“在地性”与“离散现代性”表征地交替并存，是湖北青年艺术实践在全球化时代所携带的显著特质。如何在空间叙事中，将此特质更为有效地把握与运用，此次培训予以了我进一步思考的启示。王璜生馆长在“建构与解构——面向新美术馆学的策展”课程中，借由“策展作为立场与态度”“策展作为思想实验室”等方法论的引介，讲述了策展中的文化平权、记忆建构、公众参与等观点与具体案例，提出了展览对在地性现实问题的回应是青年策展人的重任。通过重塑熟悉的情感空间、社区空间、飞地空间等方式，在空间叙事中推进多元社群的价值和真理，使之在文化景观中互构共生，进而不断生成鲜活而真挚的湖北文化记忆，为呈现作为精神仪式的故乡提供了新的可能性路径。

三、故乡，作为知觉框架，以灵性的感物方式向天空与大地敞开存在的向度。通过涵摄天相、气象学、地理学、心理学因素的水墨、装置等媒介，展览单元以多孔的方式，关涉人类与非人类之间的共生关系。例如，由长江大保护连缀起候鸟、江豚等濒危物种的公众关注，延伸到地域神话与典故中的鲲鹏、凤虎等意象，在此场域中，邀约众生灵孔隙互连、古今相接、彼我相因。

谈及知觉框架，楚人有着自古因山林未启而至神秘莫测地领悟万物之道。这一感知方式与集体潜意识，理应彰显于湖北青年艺术家们的艺术实践中，以楚文化所携带的认知经验与文化心理延伸，作为心智意象与认知图式的思维来源，在词与物之间形成概念隐喻，并由此通往想象的嫁接与弥合。恰逢培训期间，黄悦老师以“从寻根到重述——中国神话的跨媒介重生”为题，阐释了中国神话的历史层累逻辑与要素建构思维，亦由此予以了上述观点源于神话学的印证。黄老师指出，比神话更亘古不变的，是人心，是整个民族的世界观及心理结构原型。因之，展览单元中，知觉框架下神话思维所导向的艺术实践，以及将神话作为文本的艺术实践，皆是将神话作为文化共同体的第一叙事，也作为民族古老文化的本己物。如能以祛魅和动态的眼光观看、知觉神话，以创造性的思维转化神话，将能借由神话撬动人的集体无意识，举重若轻地发出千万人之声。

周玲玲

艺术学硕士。河南省文艺评论家协会会员、郑州市美术家协会会员，郑州美术馆（郑州画院）馆员。郑州市第十八届、二十届“文学艺术优秀成果奖”获得者，“郑州市文化名家培养对象”，油画作品《山水隐庐》入选由河南省文化和旅游厅主办的“河南省豫见民宿美术作品大赛”。

参训感言

30多天来，59位国内顶尖专家大咖轮番登坛授课，我作为一位勤勉的求知者，在学习的征途中，不断汲取着一众大咖的智慧、宝贵经验与独特视角，犹如灯芯在知识的光芒下逐渐闪耀。我期许着，通过这番努力，我能在归来时，带着新的见解与成就。

30

关于策展的认知

——中青年视觉策展人班学习札记

周玲玲

摘　要：文章列举了通过培训学习，本人对于“策展”“策展人”“策展目的指向性”“展览的平面与空间设计”“展览的‘在地性’”等几个策展中关键方面的认识，并介绍了如何将所学运用在本人策划拟落地的项目“烟火人间：朱仙镇木板年画的精神叙事”展中去的方法和情况。

关键词：策展；策展人；策展的学术性；展览的“在地性”；朱仙镇木版年画

经过一个月的线下课程学习培训，我加深了对策展的认识，拓宽了展览策划视野，丰富了展览策划手段，对展览策划的价值和重要意义有了更深度的理解。现详述如下。

一、对于策展与策展人的认识

策展人应该是一个展览作者，他可以邀请顶尖的艺术家、空间设计师、平面设计师、灯光师、材料专家等各领域精英，对一个艺术家个体或艺术现象、艺术思潮进行审视，进而激发并提升艺术家对其创作的认识。他类似于一部电影或一部戏剧的导演，或一场音乐会的指挥。他应该有一定的学术高度、思想深度、视野宽度、影响广度，有较好的艺术判断力、学术研究能力和高级的审美品位、高超的沟通协调能力，同时对细节的控制，对全局的把握，对空间的理解都能做得很好。他应该是理论家、研究者、学者，了解展览的生态情况，具有艺术史背景，应该是一个比艺术家站得更高的人，是一个艺术批评家，具有丰富的作品观看经验。

二、展览策划的目的指向性

展览策划应该具有一定的目的指向性，这个目的可以是学术的，也可以是人文的，它或是对一个学术难题、艺术现象的研究与思考，或是对当下某个领域的梳理与建构。展览的学术性，不仅应体现在展览目的中，也应该体现于展览框架及展览阐释之中。

基于这一点，我拟策划“烟火人间：朱仙镇木板年画的精神叙事”展览，展出郑州美术馆馆藏朱仙镇木版年画120件左右。试图通过对朱仙镇木版年画的题材内容、艺术风格、制作方法、应用场景等的研究与展示，还原明清时期中原民众的精神世界，进而展开对中华传统文化的研究，并引发对新时代背景下的文化传承方式、方法等相关问题的思考。

在展览框架的学术性上，按照朱仙镇木版年画的内容，将展览分为四个板块：辟邪纳福、美好愿景、娱乐世界、教化人伦。通过观看朱仙镇木版年画，了解明清及民国时期中原人乃至大半个中国（朱仙镇木版年画鼎盛时期，远销安徽、湖北、福建等地，市场几乎占大半个中国）人民的精神世界。

三、展览空间和平面视觉体系的设计

课堂上，许多老师通过具体案例阐述了展览空间设计与平面设计的重要性，这两者构成了策展手段中不可或缺的重要方面。具体而言，展览设计应该围绕展览的主体气质，综合运用视觉手段营造具体叙事空间。它包含展览的视觉叙事、情境营造、空间逻辑和视觉包装，直接决定了展览的呈现方式与传达效果，深刻影响着展览的现场氛围、展示环境，乃至参观者的体验与参与度。与把画挂在简陋的墙上不同，而应该是把整个展厅当成一件作品。

此前，对于展览的设计和空间关系的营造我不仅认识不够深刻，了解的手段也很有限。此次学习中，我不仅在课堂上见识到很多实际案例，并且亲身观看了北京画院的“北窗高卧——戴泽笔下的北京”等展览，现场感受到了一个优秀的展览对于空间氛围营造和空间叙事逻辑的超高把控能力。

本次“烟火人间：朱仙镇木板年画的精神叙事”展拟在对明清时期木版年画在百姓生活中的实际应用场景和时间节点等问题深入研究的基础上，以场景的方式或短剧的方式还原与再现某一题材的木版年画在那个时代具有的现实生活意义与内涵，从而管窥在中原这片土地上那个时代的普通百姓的精神世界。

四、展览的在地性

在这次学习中，让我感触最深的是案例分析中对展览“在地性”的注重。所谓“在地性”是展览与当下环境（城市）和人所产生的链接。具体而言，这种在地性可分为三大类：（1）对所处时代和地域文化生态的发现、记录与建构；（2）与在地的人（城市）发生联系；（3）艺术在助力乡村建设中的作用。

无论是陈小波老师策展的“隐没地”，是武小川老师的“关中忙罢艺术节”，还是崔波老师的“夏坝小岛居民影像艺术节”，他们都在用艺术点亮一个地方，点亮一方百姓对于生活或早已干涸、或尚未自觉的心灵，唤醒他们对于生活的热爱。崔波老师的“东莞作用展”则更进一步以策展作为方式，重新梳理了东莞改革开放40年的发展历程，是一个很好的以策展作为方法梳理构建一段历史的案例。

本次我个人拟策划的“烟火人间：朱仙镇木板年画的精神叙事”展项中，关注的正是中原本土已经被当今人们近乎遗忘的艺术样式——木版年画，试图以策展作为方法从中梳理与再现明清时期中原民众的日常生活图景与其影射出的精神世界，也算是“在地性”的一种。

董菲菲

现任职于西北民族大学美术学院，博士，副教授，硕士研究生导师。中国艺术人类学学会理事，中国油画学会会员，甘肃省美术教育艺委会委员，甘肃省美术家协会会员，甘肃画院青年画院院聘画家。

参训感言

通过参与中国文联文艺研修院的国家艺术基金2023年度艺术人才培训项目“中青年视觉艺术策展人培训”，我深入学习了诸多策展知识，并参与了丰富的案例分析与现场教学活动，从而对策展工作有了多角度、更立体的理解。结合自己从事的非遗方面的工作和展览策划，对于如何让非遗与观众面对面、真正走入现代生活，有了更切实的想法和执行方案，许多想法还是不够成熟，希望在后续的学习和实践中能够将非遗的展览做到让更多人对非遗引起重视，从而能够更好地使非遗项目传承下去。

31

非遗展览融入现代生活的策展实践研究

董菲菲

摘　要：本文通过分析非物质文化遗产主题展览策划的模式，以传承人技艺为核心，通过营造非遗展览专属的视觉形象和风格、选取典型的故事情节以及非遗技艺场景的还原，打造观众沉浸式体验的场景，提升观众的接受度以及学术价值的体现，最终达到文化再生产的闭环。

关键词：非物质文化遗产；展览策划；可持续发展

非遗走进现代生活，是当下非物质文化遗产可持续发展及保护的最终目的。目前，非物质文化遗产的项目属性、特征，都与传统美术有本质的区别，注重传承人的手艺而并非作品。要想真正使观众认识到非物质文化遗产的魅力，需要塑造不同的场景造型，让观者感受特定场景下的技艺展示，因此，它所需求的展览文案、视觉设计、空间设计、展览呈现与观众的关系等方面都与作品展览不同。

一、以传承人的技艺展示为展陈核心

手工艺类非遗的核心是手艺，因此展览策划要以具体传承人及其所掌握的技艺展示为主。这就要求展览中有技艺互动展示的环节，技艺互动展示时间根据时间节点，需要选取便于观众理解和参与的项目进行展示。

1. 打造沉浸式体验场景

沉浸式体验场景，能够使观众参与和互动，更有利于观众进入这个特定的审美空间。比如，在中国工艺美术馆展出的“在传承中创造：造型 · 表演 · 艺术场景——朱乐耕艺术展”系列作品中，包括《生命之盒》、《花的三重境》以及《莲之镜像》等，这些作品不仅为观众和表演者提供了一个互动的艺术场景空间，还迅速使展览现场成为了热门的网红打卡地，从而让更多观众通过作品深刻体会到现代生活与传统文化之间的完美融合。还有“影戏人间——陕西非遗皮影展”，在展示皮影作品的时候，注重还原皮影的现场感，将大多数皮影作品都置于灯箱前面，使得皮影作品的观感更加接近现场，并且在展厅中搭建了皮影戏台。传承人现场表演皮影戏，观众坐在戏台前面看戏，完全还原皮影戏现场，吸引了众多观众的参与和观展。

2. 注重非物质文化遗产展览的学术性

展览策划是一种实践性特征明显的学术活动。其目的不仅在于归纳与展示艺术创作现象，更在于提出学术命题，并以此指导创作实践，引发社会文化认知。

手工艺类非物质文化遗产项目中大多都是民间手工艺，希望观众对其认可，就需要深层次地挖掘文化内涵，使观众对这些项目有更深层面的了解，才更愿意接受并传承和保护。因此，需要用艺术人类学的研究方法调研、梳理传承人的资料，在传承人的介绍文字部分按照叙事线索梳理清晰，并播放传承人的个人短片（包括项目特点、技艺展示、传授徒弟等，依照抢救性记录工程标准拍摄，有学术专员的指导，并非简单的广告片）。资料展示区域中某一种类手艺应选择具有代表性的传承人，按照传承人风格变化的不同时期来体现层次感。展陈方式及内容尽量以动态展示与静态展示相结合，包括实物、文字、图片、图表、影像等。

二、传统节日、文化活动激发非遗展览的新活力

让人们在节日中体验非物质文化遗产项目的魅力，就能让这些项目真正回归人们的生活中。将非遗的展陈构思与节气、节日、文化活动相结合，有比较大的影响力和更广泛的观众参与度。比如，2022年“文化和自然遗产日”甘肃省非遗宣传展在张掖大剧院举办，包括成果展、购物节、影像展、惠民演出和剧目展演等，吸引了大量本地和外地的观众。成果展中展品的选择，从传统工艺精品的回顾，到现代创新、创意工艺品的情景化、生活化呈现，让观众全方位、多维度地认识传统工艺的文化价值、艺术价值和实用价值。

三、市集的设置与非遗走进现代生活

市集是非遗走进现代生活最直接的体现，让手工艺品再次为人们所用，再次焕发新的活力，才能使它在活态中传承下去。“甘肃省2022年非遗购物节”云展示与线下同时进行，有甘肃多种手工艺类非遗项目的文创及文创衍生品在售卖，传统手艺市集与展演时间同步，主要销售手工艺作品和衍生品，不但展示非遗传承人技艺的成果，还增加传承人收入。这些手工艺品和文创产品被观众购买和使用，真正意义上促进非物质文化遗产更好地融入现代生活。

四、美育系列社教活动对文化传承的影响

通过公教活动能够让青少年对非遗产生兴趣，从而对非遗的传播和宣传起到很好的作用。中国工艺美术馆中国非遗馆的社教活动非常丰富，比如在青少年活动中心开展的“中国巧手”美育系列社教活动——苏州非遗体验专场，有明式家具制作技艺、苏绣、苏州泥塑和宋锦织造技艺。通过这些项目材料包的制作体验，青少年们对苏州非遗项目的工艺环节和艺术特色有了直观的感受和深层次的理解。还有中华世纪坛“童思筑梦——儿童设计美育新时代”展览中，《此山青绿》系列亲子互动装置以新的创作视野探索《千里江山图》的审美和经典，将当地的文化资源与艺术经典相结合，让青少年在文化传承中探索创新道路。

五、非遗展览的视觉设计

1. 色彩搭配和整体色彩设计

手工艺类非遗传承人的作品大都是色彩饱和度很高的民间美术作品，展陈设计中不仅根据技艺特色选出代表色彩，又要辅以相应的色调来搭配协调是难点所在，既要体现民间美术的色彩魅力，又要与当代人们的色彩审美相适应。

2. 标志和海报

标志和海报的设计需要充分体现出非遗传承人的核心作用，以传承人的技艺为设计元素，在民间美术以满为主的审美特征和现代设计以简为主的审美取向中找到平衡，从而使它能够更好地进入大众视野。

3. 主题形象墙

主题形象墙象征展览的开始。手工艺类非物质文化遗产项目展览的主题形象墙，需要项目特色与相应的艺术语言相结合，并营造故事的氛围感，让观众乐意把主题形象墙当作展览打卡地。比如，北京画院美术馆的“北窗高卧——戴泽笔下的北京”展览，主题形象墙还原戴泽先生故居，煤渣胡同9号外墙景，透过窗户的光正好照射在标题墙上，墙上有绿色老式信箱，信箱下方摆放黑色老式自行车，营造了老北京胡同的氛围，来这观展的观众都会在主题形象墙前留影打卡。在其中展示一幅幅北京街景，非常和谐且温馨。

4. 环境造型

环境造型在不同的场馆中展示的功能意义不同。北京画院美术馆对氛围中的“现场感”会“依据展览的整体视觉风格与内容逻辑，在具体的展览语境中，用恰当的视觉语言进行场景的解构与再造，最终在展览的情境中将情景还原，做到意象与形象的统一”。谈到现场感，以库淑兰剪纸展览展陈为例，分析三个以库淑兰剪纸为主题的展览。首先要提到的是陕西省旬邑县的库淑兰剪纸纪念馆，展馆复原了库淑兰生前居住的窑洞，用多种手法将库淑兰作品布满整个生活空间，效果十分震撼。其次说到陕西省美术博物馆的“花间世界——库淑兰作品研究展”，依托博物馆平台的学术性，文献展和馆藏的作品展就是其中的重点，不需要过多的场景还原。最后说一下西安长安万科广场、陕西省美术博物馆主办的“‘库淑兰’剪纸艺术沉浸展”，鉴于在城市公共空间进行展示，让文化艺术理念以新的方式进入大众视野中，场景的开放性需要更多剪纸形式的装置来吸引观众。三种不同场景对于库淑兰剪纸艺术进行了不同角度的推广，也结合场景做了符合展陈语言的探索，对于研究手工艺类非物质文化遗产针对不同场景下展陈的环境造型具有典型性。

参考文献

北京画院.北京画院美术馆展览工作手册［M］.桂林：广西师范大学出版社，2021.

范迪安.建立中国策展学［J］.美术观察，2019（8）：5-6.

杨可铌

德国柏林艺术大学美术学硕士，现为重庆市九龙坡区文化馆美术干部，重庆市美术家协会驻会工作人员。个人油画、综合材料绘画作品多次参加国家级、省级展览并获奖。参与组织策划第十一届、十二届“中国西部大地情油画、中国画作品展览”“全国新文艺作品展览”等多项国家级、省级展览项目，参与打造“重庆市少儿美术作品展览”品牌，并连续成功举办四届展览，2019 年获得中国美术家协会组织工作先进个人奖项。

参训感言

在一个月的培训里，深入学习了视觉艺术领域的相关理论和实践知识，让我对策展有了全新的认识和理解。策展不仅仅是一个展览的组织和管理过程，它还包括了对艺术作品的深度理解和解读，以及对展览主题的精心选择和设计。策展是一个需要创新和实践的过程，我们需要充分利用多方资源，探索展览的各种可能性，创造出独特的展览形式和内容。我通过与不同省市同学的交流和分享，开拓了自己在策展领域的视野，了解了不同地区的策展实践和经验，更加明白了策展的多元性和复杂性，掌握了更多的策展思路和方法。

32

以儿童展览为着力点，探索儿童美育的多元化路径

——以重庆市少儿美术展览策划实践为例

杨可铌

摘　要：儿童是社会的未来，培养儿童的艺术素养和社会价值观对于他们的全面发展至关重要。本文以历届重庆市少儿美术展览为例，通过分析展览策划、实施方法和效果等方面，深入反思和探讨少儿美术展览如何以多元化路径，引导少年儿童从展览中获得启发，提高儿童的艺术素养、增强社会的文化活力，实现美育的社会化和公众化。

关键词：少儿美展；儿童美育；多元化；发展方向

美育一直以来都是全社会高度关注的一个话题，而少儿这一群体，无疑是社会美育的主要目标人群。随着文化生活水平和需求的提升，对社会业余艺术活动、艺术教育、美术馆的需求也日益多样化。美术展览作为当下社会美育公共教育的重要途径，与少儿美育紧密相关，如何利用新的手段和新的方式去拓展和少儿美育的多元化发展，满足少年儿童日益多样化的审美文化需求，提升艺术思维，促进社会美育，已成为当下需要思考的重要发展课题。

一、儿童美育与美术展览

所谓美育，是指通过艺术教育和实践活动，培养人们的审美能力和艺术素养。在中西方历史文明发展中都有着至关重要的地位。最早是德国哲学家席勒在《美育书简》中提出美育概念，通过信的形式来论述美育对国家治理、社会、人民的意义。而 1912 年，蔡元培在《对于新教育之意见》中提出了“以美育代宗教”“五育并举”的观念，并将美育分为三部分：学校教育、家庭教育和社会教育。社会美育将美育活动扩展到社会公众领域，在于培养孩子们对社会问题的关注，以及拥有一种从审美角度来探索的敏锐力量，具有公众性、多元化和实践性，能够提高公众的艺术素养，增强社区的文化活力，促进社会和谐。“美育”是少儿“社会性”与“道德”成长、发展的先导，是丰富内心世界、构建精神家园的情感教育，更是实现文化自信、提升中国文化软实力的重要手段。中华人民共和国成立后，我国一直在努力倡导美育，并将其列入国家教育方针之中。从1951年“德、智、体、美全面发展”的首次提出，到1993年美育被列入国家教育改革的战略目标，再到2000年首次对学校美育的价值涵容进行界定。美育发展至今，已不仅是知识性教育，而是蕴含着家国情怀、社会理性与道德精神的审美活动，关系到人的根本性教养。2018年8月，习近平总书记在给中央美术学院老教授的回信中强调，做要好美育工作，坚持立德树人，扎根时代生活，遵循美育特点，全面地培养人。

美术展览旨在一定的公共空间，通过展览的策划与组织，以直观的实物、试听以及场馆环境结合，给少儿直接的视觉经验，从而提升孩子们的审美意识与能力。让少年儿童参与各大类型美术展览、绘画比赛及艺术活动也是一种基于艺术活动的锻炼方法，从中会潜移默化地影响或改变孩子的身心、思维、思想。通过各种形式、科技手段的美术展览，能够启发少儿艺术创作，促进儿童多样性思维能力，引导儿童发挥主观能动性，把被动的、知识灌输型的单向接受转变为主动参与的、引发思考的行动模式，并输出一定的表达与创造。进行潜移默化的兴趣培养和熏陶。

美术展览与儿童美育的关系不仅仅在于对学校美育、课外艺术的补充，而且更在于引导少年儿童能够自主运用多种手法参与到当下艺术创作活动中，从艺术作品、艺术创作中汲取营养，养成用培养用美的眼光从多维度观看并进行表达的习惯。

二、重庆市少儿美术作品展览的儿童美育实践

重庆作为美术重镇，拥有悠久的美术教育传统。重庆市美术家协会作为重庆美术界官方的最高平台，以党和国家的美术教育方针为指引，十分重视全市的少儿美育发展。从2019年开始，通过举办全市少儿美术作品展览和活动带动少儿美术创作，每年举办一次少儿美术展览，至今已举办三届，通过不同主题，提升少儿的创造力，以及打造重庆市的儿童美术启蒙教育品牌。

在2019年庆祝中华人民共和国成立70周年之际，重庆市美术家协会主办了“首届重庆少儿美术展览”，此次展览主题为“纪念新中国成立七十周年——美绘我的祖国”，共收到5349件作品，作品的形式多样，涵盖国画、油画、版画、雕塑、水彩等绘画门类。从孩子们的作品中感受到了对祖国天真质朴的爱。2021年，为庆祝中国共产党成立100周年，联合重庆市合川区文化和旅游发展委员会共同主办“童心向党——第二届重庆少儿美术作品展”，此次展览共收到全市5294件作品，最终展出416件作品，借此开拓与地方政府的合作方式。孩子们以天真烂漫的手法描绘身边的一件件小事，表达了对祖国、对党的热爱和真诚的祝福。

而2022年重庆市美协联合重庆市九龙坡区文化和旅游发展委员会联合主办了“童心童画 · 缤纷半岛——第三届重庆少儿美术作品

展览”。第三届相较于前两届有了新的实践，依托着新的展示平台和新的组织机构，在此过程中这次展览也获得了喜人的成绩。具体而言，该展览无论是影响力、组织流程、规模还是活动方式相较于前两届均有变化。

其一，组织新规模。在第三届少儿美展中最终作品展出规模增加至639件，本次展览在策划中也增加了奖项的设置，其中一等奖20件，二等奖40件，三等奖66件。借此，不仅是为小艺术家们提供了交流的平台，更为美术贴近儿童心灵开启了艺术之窗。

其二，增添新表彰。展览组委会按照集体单位组织作者投稿和入展数量、指导教师指导学生投稿和入展数量，以及获奖数量等评审原则，对表现优异的22家集体单位和34名老师予以表彰，并现场颁发“组织工作奖”和“优秀指导教师奖”。

其三，打造新模式。“第三届重庆少儿美术作品展览”作为官方主办的展览，主办方与企业有机合作，对展览活动的模式进行创新，举办“鲁轩·金奖名师工坊系列少儿美育活动”，以写生示范、讲座教学等形式展开专业的美术教学活动。利用102艺术基地、九龙发电厂、建川博物馆、川美涂鸦街等城市IP，邀请艺术家授课，引导孩子们从油画、雕塑、艺术设计、版画、陶瓷五个角度感受艺术世界的绮丽绚烂，学习过程中，教师们带领孩子们先参观写生地听说讲解，了解历史文化，感悟体验，再听老师讲解创作材料和方法，体验画材的独特。老师在讲授过程中，一步步由浅入深，让学生自主探究，再让孩子们在与艺术大家面对面讨论灵感和想法、手把手的艺术交流中提升审美意识，最后再用自己所理解的方式表达出来进行艺术创作和分享。每个小学员都能够分享自己的创作思路和想法，激发创造创新能力，增进对于艺术、对于生活更加饱满和立体的认知。那么，在这种模式下，儿童们的兴趣和想象不由自主地会被带动起来，这种美育方式的趣味性、探索性、自主性也得到提升。

三、对少儿美术展览策展实践多元化路径的几点思考

少儿美术展览是儿童艺术教育的实践平台，儿童可以通过参与展览活动，提高自己的艺术创新能力和艺术素养，这对于儿童的全面发展具有重要意义。同时，我们也需要在实践中进行反思和思考，如何将美育效果更大化。

（一）准确提炼展览主题，建构合理的空间叙事结构

主题是任何一个展览的核心。主题的制定要结合时代发展、美育发展需求，孩子们孩子们在对展览主题思考和认识的过程中，根据展览主题用形形色色的表达方式进行创作。对展览主题思考和认识的过程。同时，少儿美展的多元化发展首先需要一定的空间保证，如此方能使人在具体的环境中接受美的熏陶。另外需要建立合理的叙事化结构，在少儿美术展览中，儿童有机会尝试各种艺术形式和表达方式，这对于培养他们的创新思维和实践能力具有重要作用。

主题策划和实践活动以引导儿童学习如何从不同的角度看待世界，如何用艺术的方式表达自己的思想和情感，这对于他们未来的学习和生活具有重要影响。

（二）创新展示手段

随着科技的发展，虚拟现实、增强现实、人工智能等技术在少儿美术展览中的应用也越来越广泛。这些技术可以创造出更具沉浸感的展览体验，让孩子们在参观展览的同时，也能够通过互动式的展示方式，更深入地理解和感受艺术作品。

科技可以帮助美术展览实现更精准的个性化推荐和更高效的信息传播，从而提升观众的参与体验感。自媒体的兴起实现了传播方式的重构，实现了由传统“面对面”的互动模式向“人与屏”的互动模式的转变。在未来，少儿美术展览的作品呈现上需要逐步探索利用新兴技术打造“沉浸式”的展览空间，更加注重多元化和互动性。除了传统的画展、雕塑展等形式外，还可以尝试引入动画、游戏、影视等多媒体形式，以吸引更多的孩子参与，增强孩子们的具身体验，从而丰富社会美育形式，提升社会美育效果。

（三）提供多样化展览解读方式

少儿美术展览不仅仅是一个美术作品展览，同时也是一场生动的公教课，结合展览设计一系列公教体验课程，孩子们不仅可以是观众、参展者或者创作者，同时也可以是评论家、小小解说员，这样孩子们可以参与到整个艺术创作—艺术展览—艺术鉴赏的全过程，在参与中提升自己的艺术素养。

在活动模式上，少儿美术展览可以尝试更多的学校、社区和公众参与模式。可以根据受众群体和年龄的划分，举办艺术创作比赛、创作营、艺术教育讲座等活动，让更多的孩子和家长参与到美术展览的组织策划和运营中来，让孩子们在参观展览的同时，也能学习到艺术知识和技能。这不仅可以增强美育的互动性和体验感，也能提升公众的艺术素养和文化认同感，增强社会的文化活力和凝聚力。儿童与儿童之间、儿童与大人之间，可以在平等对话中实现美育资源的交流，从而激发审美热情和创作活力。

随着当下展览活动形式越来越多变，无论是展览，公教活动，场馆之外的氛围营造都能够使得少儿美展美育路径的多样化，这也是作为美育工作者需要努力肩负起以美育人、以美育德的责任和使命。

四、总结

总的来说，少儿美术展览作为儿童美育的重要路径，在整个美育中起着至关重要的作用。展览活动既是儿童艺术教育的实践平台，也是社区文化活动的载体。儿童的艺术作品往往充满了对社会、文化和环境的独特理解和表达，这些作品的展示和分享，可以帮助公众理解和接纳多元文化，增强社会文化认同感。参与少儿美展和美术创作也有利于促进少年儿童自由创作、激发、形成自我意识，对于推动社会美育的发展具有积极的作用。对于未来，我们应该进一步研究和探索少儿美术展览的多元化的策划方法和实践效果，无论是从展览主题、空间营造、技术运用还是延伸模式上都能提升展览的社会影响和教育价值，为社会美育的发展贡献力量。

参考文献

蔡元培．蔡元培教育名篇［M］．北京：教育科学出版社，2017.

曾繁仁．美育十五讲［M］．北京：北京大学出版社，2012.

张社强，韦莉莉．论蔡元培“美育育德”思想及其当代价值［J］．教学与管理，2019（12）：19-22.

孔新苗．“社会美育”三题：含义、实践、功能［J］．美术，2021（2）：10-14.

崔晓龙，丁欣烨．着力发展新时代社会美育［N］．中国社会科学报，2023-04-18（008）.

唐旭凌

教育部书画等级考试（CCPT）云岩区考点负责人，贵州省书法家协会理事，书法教育专业委员会副秘书长，贵阳市云岩区书法家协会主席，西南大学教师教育学院“教师书法艺术修养及书写能力训练”特聘导师。

近年来所策划的一系列青少年书法比赛、活动和研究性展览，在区域内获得了很好的反响，国家和省级媒体多次专题报道，为西部地区青少年书法教育探索了可借鉴、可复制的经验，以书法教育为切入点培养青少年审美思维研究和实践在业界得到广泛认可。目前为清华大学“小学生书写能力提升促进核心素养发展策略研究”项目组研究成员，此项目得到地方教育行政部门大力支持并协同贵州师范大学基础教育研究院开展区域试点探索。

参训感言

2023年8月25日至9月28日期间，笔者有幸参加了国家艺术基金和中国文联艺术研修院举办的2023年“中青年视觉艺术策展人培训”班的学习。通过一整个月的线下学习，开阔了笔者在策展领域的视野、提升了策展理论水平，丰富了艺术经历。行业内顶尖的策展人和艺术家对不同艺术门类策展案例的分享构建起了笔者的策展认知体系。艺术法、艺术市场和管理课程等相关课程的学习让笔者对整个艺术行业和艺术生态圈有了进一步的了解，意识到作为其中重要角色的策展人唯有不断更新自我达到更高的标准才能不负肩上的使命。对于还需不断在实践中打磨的笔者来说，希望能够在策展的探索中不断反思、精进、前行。

33

审美教育视域下青少年书法展的策展探索

——以『你好，时光』书法教育研究展为例

唐旭凌

摘　要：展览是视觉艺术最为主要的展示途径，当前针对成人的各种类型、类别的展览众多。随着国家对美育发展的重视，少儿艺术教育也获得了越来越多的关注。现阶段的少儿类作品展大都以群展的形式来呈现，多为某个比赛的优秀作品展示、或某个特定主题而举办的作品展以及某个学校或机构的教学成果展。从研究性的角度而言，展览的形式、学术性和探讨性还可进一步在不同的少儿展中进行挖掘。本文结合“你好，时光”青少年的个展案例来展开对当前青少年书法展的策展探索，对相关教育问题进行探讨，以期充分发掘展览的价值。

关键词：青少年；书法展；策展；探索

2022年8月27日，由贵州省书法家协会教育专业委员会、贵州省教育学会书法教育研究会主办，凌艺术空间、新世纪教育承办的“你好，时光”书法教育研究展开幕。此次展览由教育部原国家副总督学、中国教育学会原常务副会长、中国教育学会书法教育专委会原理事长郭振有先生作为学术指导。“你好，时光”是为两位优秀的2022届应届高三毕业生张栩睿和汤碧钰涵举办的个人展览。张栩睿于2022年以600多分被山东大学录取；汤碧钰涵在高中时期考入中央美院附中，于2022年被伦敦艺术学院录取。两位同学从6岁开始学习书法，持续10余年，其间荣获许多国内国际艺术奖项！本次教育作品展中参展作品90余件，以两位同学的成长时间为序，讲述了他们与书法结缘的成长故事以及书法学习给他们带来的积极影响。展览呈现了他们从孩童时期的懵懂，到渐渐成长，到具备独立的审美认知及创作的过程，在教育研究、展览策划等方面对当下青少年艺术教育的研究和实践具有一定的借鉴意义。

一、青少年书法展览的策展探索是落实新时代以美育人总要求的创新载体

（一）体现党和国家对青少年美育的新要求

2020年，中共中央办公厅、国务院办公厅印发的《关于全面加

强和改进新时代学校美育工作的意见》要求完善课程设置，学校美育课程以艺术课程为主体，主要包括音乐、美术、书法、舞蹈、戏剧、戏曲、影视等课程。艺术教育是学校实施素质教育的一个重要组成部分，它对促进学生全面发展具有不可替代的作用。

中国书法是一门古今中外、独步天下的书写艺术，中国最早的课程体系“六艺”就将“书”纳入了培养人的主要载体。《教育部关于中小学开展书法教育的意见》指出：“书法是中华民族的文化瑰宝，是人类文明的宝贵财富，是基础教育的重要内容。通过书法教育对中小学生进行书写基本技能的培养和书法艺术欣赏，是传承中华民族优秀文化，培养爱国情怀的重要途径；是提高学生汉字书写能力，培养审美情趣，陶冶情操，提高文化修养，促进全面发展的重要举措。当前，随着信息技术的迅猛发展以及电脑、手机的普及，人们的交流方式以及学习方式都发生了极大的变化，中小学生的汉字书写能力有所削弱，为继承与弘扬中华优秀文化，提高国民素质，有必要在中小学加强书法教育。”周由强老师提道：“新时代文艺工作的使命有育新人、聚民心、展形象、兴文化。”

青少年书法展览作为一种展示方式无疑是落实党和国家教育政策的有效途径。正如李宁、王春辰、苏丹等老师所言，展览不仅仅是展示，更为重要的是其中的价值、是这个展览是否具有探索性与探讨性。青少年是国家的未来，教育需要随着时代的发展而不断发展与革新。与其他较为成熟的艺术教育相比，书法教育还在不断的摸索中。因此，展示作为艺术教育中的一部分，青少年书法展览的不断探索与发展是促进书法艺术教育、落实国家美育要求的要素。

（二）有助于书法教育体系的完善和实施的推进

“艺术的本质就是外在显示，因为艺术具有模仿和反映的功能和虚拟性质，所以轻视显示也就是轻视一切美的艺术。”席勒这是从艺术本身的角度来谈及艺术展示的重要性，换言之，向外展示是艺术存在的必须与核心、是向公众传递美及思想的方式和途径、是艺术的意义所在。因而，从艺术教学的角度来看，艺术展示应该贯穿于整个教与学的过程中，这是让学生从根本上理解艺术本质的很好的方法，尤其是对少儿的艺术教育。与成人不同，少儿对所学习的艺术及对这个艺术领域的了解要在学习的过程中逐步渗透，他们更需要切实的引领和灌输。就书法而言，作为视觉艺术，其最重要的展示方式就是展览。在目前呈现的少儿书法展中，多以展示优秀作品为主要目的，能将展览系统性运用于教学中、与教学进行结合的尚显匮乏。对比艺术教育经验更为丰富的欧美国家的情况来看，以美国和澳大利亚为例，在中小学的课标中对展览展示都有明确的要求。国内研究较多的美国国家核心艺术课程标准（National Core Arts Standards），在各层级的教学中注重让学生通过分析、对比、解释、评价的方式来理解展品的选择，体现展览展示的重要性；2015 年版澳大利亚课标中对展览展示也做出不同层级的要求。由此可见，展览展示是艺术教学中不可分割的一部分。

现阶段，中国的少儿书法教育尚需探索与科学合理的构建。在此过程中，展览不仅可以对学科构建起到推动作用，同时经过科学设置还能促进少儿在学习过程中产生对学习的积极心理。因此，在未成年人的书法教育中，展览的价值并不限于展示，它更大的价值在于透过展示能够推动艺术教育的开展、促进积极心理的塑造，助力孩子们的成长与发展。

二、审美教育视域下青少年书法展览中研究性的探索是教育发展的助推器

（一）促进对青少年本体的研究

在成人艺术家的展览中，通常有阶段性的艺术研究展、主题性的系列展等，大多以艺术的探讨和思考、文化的呈现与发展和反映社会现象等方面为核心来策展。对已故艺术家的展览策划普遍会通过整理艺术家的生平，以艺术发展时间线作为脉络进行艺术梳理。成人艺术家经过时间的洗礼和艺术的积淀，对艺术、对人生的思考会跃于作品之上，其作品的价值和作品背后的人生的探索是策展所要去围绕的。与之相比，尽管儿童和少年的作品不尽成熟，但其研究的意义不全然在作品本身，这些稚嫩的作品背后也是一段成长中的艺术人生，透过这些作品所需要去关注的是人的发展。

美育的性质是以“感性”和“情感教育”为载体的“人的教育”，因而青少年的展览策划更需要着力的是对青少年本身的一个研究，而非为了展示而展示。盛葳老师在策划“图像的旅行”中，选

取了印刷和全球传播的视角去思考和解读版画的源流及发展。这种以特殊视角去进行展览策划的方式，在学术性和呈现角度上都体现出策展人的智慧。同理，要促进青少年艺术展的发展，策展视角同样值得深思。从目前呈现出的青少年展览的情况来看，多以群展为主，大多属于比赛和艺术活动的优秀作品展及教学成果展示。群展所体现的是一个集体的现象和状况，而个展是对个体的研究与探索。“你好，时光”是少有的专门为青少年而策划的个人展。这个展览是对两位参展者从儿童时期直至进入大学前的艺术学习经历的一个整体呈现，通过儿童、少儿、少年几个阶段图片、影像、作品等资料的收集，来对他们成长中各个阶段在心理、思想、认知、非认知等方面变化的研究，是艺术教育对儿童成长和发展的影响的研究性探索。

（二）激发对青少年艺术教育的多维度探讨

策划得好的展览一定具备研究和探讨价值，在业内能够引发话题度。优质的青少年展览必是具备一定的讨论价值的。当前的教育现状中，即使已经坚持艺术学习多年，在小学阶段或初中前期已经取得非常好的成绩，到了初中后期和高中阶段，除了要走专业道路的学生，绝大多数的孩子都会放弃艺术学习。最主要的原因是普遍认为学习艺术对考试无用之说。“美学之父”鲍姆嘉通提出美学即感性学；“美育之父”席勒在《美育书简》一书中对美育特有的情感教育性质进行了深入的阐发。人的思维分为理性思维和感性思维两类，教育界和艺术界在两种思维认识上有一个误区，就是认为人文艺术学科培养感性思维，哲学科学学科培养理性思维。实际上，科学技术的创新和理论的进步很大程度上是感性思维引发了创新和进步的火花，而人文艺术同样需要理性思维。两个不是并列不交叉的关系，而是互补和融合的关系。在“你好，时光”这个策展案例中，同时邀请了艺术行业和教育行业两个板块的专业人士共同来对“课外艺术学习是否会成为初、高中生的负担？”“是否与其他学科学习具有矛盾冲突、会影响主课的学习？”或“是否会对学生的学业、未来的人生产生积极的影响？”等这些问题进行了探讨。希望通过两位同学艺术学习的成长案例，让更多人了解到书法艺术学习的意义以及在育人方面能产生的更多的可能性。同时，在展览开幕当天以“成长·艺术——让美育伴随孩子一生”为题举办艺术教育分析沙龙，邀请到部分家长代表分享教育心得，与艺术和教育行业的专业人士就艺术和教育问题进行交流。

三、审美教育视域下青少年书法展的策划与形式要体现专业性和创新性

（一）遵循教育基本原理的策展方式

在“你好，时光”展览的筹备阶段，除了在作品的创作上要求两位同学进行自主性思考，根据展览空间拿出设计方案外，两位参展者还对展览前期工作的各个环节都有不同程度的参与。尽管有调

整和修改，但两位参展者都参与到了讨论之中，对展览板块的划分、动线的设计、纪录片的拍摄等部分都有提出自己的想法，并且各个板块的文字解读，都由两位同学独立完成。当孩子成长到青春期阶段时，对来自家长与教师的评价和鼓励的学习动机需求逐渐降低，对学习的必要性会产生自主判断。艺术教育在教学和培养目标上要关注这个阶段学生的客观成长需求，即多方面能力的发展需求。“当由学校进入到社会时——大约在15到25岁之间——学校的经验便变成社会的经验，其间没有显著的间断——学习的历程一定在无形中变成谋生的历程。”

就参加展览而言，对初、高中这个阶段学生的要求不能只停留在作品层面，要给予他们更多能促进发展综合能力的挑战，让他们参与到展览策划、组织安排等工作中来。在这个过程中需要面临团队合作和分工、从活动构思到完成方案、场地联系及布置、作品搜集和与其他相关人员的沟通……团队协作能力、创造能力、书面写作能力、执行能力、审美能力、沟通交流能力等都可以在这个过程中得到锻炼和逐步提高。这样的参与方式可促使青少年对展览的流程有全局性的认识和了解，同时由自己参与完成的体验会增加他们的成就感，促进对艺术学习和参与艺术活动意义价值的理解。这不仅是一个打磨综合能力的实践机会，同时搭建起一个让学生增加对艺术行业工作认识的桥梁。这种直面实际问题式的自发性学习方式所产生的影响将会是持久且深刻的。

（二）要具有专业的策展构成形式

在具备学术和探讨价值的基础之上，优秀的策展人还能够根据总体要求和策展理念提出好的想法，用恰当的展陈手法对展览内容进行编排，使展品得以最好的呈现，让观者可以跟随策展人的逻辑更好地理解展览内涵，从而引发思考。随着时代和教育发展的需要，青少年艺术展览的策划同样需要在展陈、整体的活动设计上进行专业性的思考，因为这是最直观最直接的审美教育，好的展览空间构成和展陈设计能够让置身于其中的少儿切身感受到何为艺术、何为美。此外，展览期间针对少儿开展的相关活动也需要精心构思，需要从教育、心理、艺术推广等方面来进行系统设计。我们给儿童创造什么样的世界，他们便沉浸于这样的世界之中。艺术、教育二者都属于创造性活动，将展览与多样的主题活动相结合的方式会让整个展览充满更多的趣味性和延展性，吸引学生以体验、实践的方式来理解到艺术丰富的内涵，这种体会能更深刻。

“你好，时光”整个展览以两位参展者的倒叙成长时间线为主轴贯穿始终，展现他们与书法艺术结缘的 13 年间的点滴故事。从“有志之年”“稚子之年”“年少启悟”“展望未来”四个篇章进行叙述展陈布置，展现出展览的叙事性。通过展现书法艺术教育对孩子的影响来体现展览的教育性，凸显出学习中“持之以恒”品格的宝贵、呈现家庭教育陪伴与鼓励的重要。以参展者每个阶段的艺术感悟来感染观展者，配合展览期间的艺术手办制作活动、书法体验课、艺术教育交流分享会等活动完成这次展览的交互性。在展陈上，“展望未来”篇章中的作品采用较为时尚现代的装框方式，与“稚子之年”“年少启悟”泛黄的轴裱作品形成鲜明对比，以强调“时光”的痕迹。另外，照片墙是另一种展现两位参展人 6—18 岁艺术学习历程的形式，这当中可见的是成长“时光”。为两位参展人分别制作的纪录片中，透过回忆展现出的对艺术学习的所思、所感、所悟，是“时光”所馈赠的礼物。各环节围绕“时光”而展开，以呼应主题。

当前少儿书法教育在教学和管理上都还处于摸索阶段，系统、专业的展览策划对于探究少儿书法教学体系、优化课程编制、构建沉浸式的学习模式、展现教学成效、提高教学质量、形成教学反馈都有助益作用。通过系统策划的教育展还能被赋予基于积极心理学和审美思维培养的教育功能不断优化，赋能艺术教育实现以美育人的目标。对于艺术教育领域的策展人而言，不仅需要掌握基本教育原理和与时俱进的策展素养，同时还应紧扣艺术领域的发展动态，不断提升个人对艺术的认知水平。因为对少年儿童而言，策展人为他们所打造的展览就是他们眼中的艺术舞台，是打开他们认识艺术世界的一扇窗口。

参考文献

维果茨基．维果茨基教育论著选［M］．余震球，选译．北京：人民教育出版社，2005.

施良方．学习论［M］．北京：人民教育出版社，2001.

阿尔弗雷德·阿德勒．儿童教育心理学［M］．陈国兴，译．哈尔滨：黑龙江美术出版社，2019.

里德．通过艺术的教育［M］．吕延和，译．长沙：湖南美术出版社，1993.

席勒．美育书简［M］．徐恒醇，译．北京：社会科学文献出版社，2016.

陈振濂．书法美育的思想启蒙［M］．杭州：浙江人民美术出版社，2021.

陈振濂．书法教育学［M］．杭州：西泠印社出版社，1992.

杨伊倩．小学美术教育展览展示方法与策略研究［D］．南京：南京师范大学，2019.

吴　磊

济宁学院教师。2013 年出版《东张西望——狄东占、吴磊绘画作品集》;2019 年参与策展第十三届全国美术作品展（山东美术馆国画展区）;2020 年参与策展山东省美术馆举办的山东首届国际双年展——和动力，作品《荷韵系列之九》参加山东师范大学建校 70 周年作品展并收藏;2023 年参与策展济宁学院美术学院“向美而行”毕业作品展。在国内外核心期刊发表多篇论文。

参训感言

“每一代人有每一代人的长征路，每一代人都要走好自己的长征路。‘不忘初心、牢记使命’是我们这一代人必须铭记的主题。”有幸成为策展人培训走至第十年里程的受益者，反思作为策展人能够做什么？基于传统文化而进行的追溯、提炼和重新表达，找到一个展览的内在逻辑。坚持接续传统、回应时代、创新融合、教育延伸，以策划出富有时代特征且能满足群众精神需求的展览。源于中华民族文化之根，迈向数字化、智能化时代的浓缩文化载体，在继承文化精神内核的基础上创新，多角度、多层次去探究和践行“两创”与“跨界融合”，实现边界扩展、形式重塑，表现手段多样化的资源整合，以符合时代精神。感谢中国文联文艺研修院和国家艺术基金提供的学习交流的平台，让我有机会开阔学术视野和创作思维，当好文艺事业的参与者与传播者，用艺术策展对话世界与未来！

34

高校教学型策展中传达的符号信息元素

——基于主题展的案例分析

吴 磊

摘　要：策展为“人在画中游”。无论是线上与线下，还是数字虚拟与视觉空间存在，都是为观者接收展览中传达的符号信息元素而进入画面的方式。本文以高校教学型策展实践和“大哉孔子”“孔子圣迹图版本展”等主题展为案例，探索一条既适应高校与艺术展览机构的主题展览现状，又能达到服务地方、提升市民的精神生活和培养高校学生审美品质的双赢路径。

关键词：“教学型”策展；传达的符号信息元素；案例分析

一、界定何谓“教学型”策展？

“教学型”策展是一种新型的展览 + 教学发展模式。其作为教学辅助平台，在当今主要体现在为学校教学、科研与社会实践提供资源、搭建平台，以向公众展示相关知识生产。

通过近年的探索与思考，明确教学型策展有以下特征：引领性，具有优秀的教师资源，独到的学科思维，能引领儒家文化与美育发展的新趋势；专业性，人员组成注重专业性、增强核心凝聚，构建教师美育专业化发展的新形势、新方向；实践性，立足于美育实践，强调美育实践过程中发现问题，探索问题，解决问题的方法和路径，为教师美育教学发展和学生美育学习提供可靠的精神港湾。其实现的内容，以发挥专家引领与名师效用，实现美育人才育人能力的增长；培育学生，实现工作室发展过程育人机制完善；实现儒家文化与美育实践结合，艺术服务生活、美化生活，实现高校美育发展；实现项目教学与工作室建设相结合，组成教师发展团体，组织建立项目教学实践育人的学习共同体。

二、“教学型”策展，怎样传达展览中的符号信息元素？

对于符号信息元素的理解，皮尔斯提出的符号学理论三要素：符号、对象和解释者。符号是人类用来表达和传达思想、情感和意义的任何事物，如语言、图像和符号。对象是符号所代表的实体，可以是具体的事物、抽象的概念或情感状态。解释者是理解符号和对象之间关系的人，根据自己的经验、知识和文化背景来解释符号和对象之间的联系。皮尔斯符号学三元论强调了符号、对象和解释者之间的密切关系，它认为符号与对象之间的关系取决于解释者的观点和背景，因此引导观众理解展览中传达的符号信息元素可以从解释者的角度出发，了解符号和对象之间的关系。皮尔斯“三元传播模式”存在着意向解释项，它决定着发送者的心灵；效力解释项，它决定着解释者的心灵，而交际解释项或共同解释项则决定着发送者与解释者为了使交际得以发生，相互融合而成的心灵。可以把这种心灵称为“共同心灵”（commens）。

教学型策展的教育目的不是教授知识点，而是培养像艺术创造者那样富有想象力地重构新知识世界的能力，通过知识学习培养自我教育、自我发展的能力。艺术活动挑战想象力，启发创造性，培养分辨品质差异的敏感性。艺术运用可感知的媒介，如绘画中的色彩形状、音乐中的声音等，同时表达非感性感知的性格意志，超越纯粹感觉知觉之物。诚如拉斯金所说，“美的艺术将人的双手、大脑和心灵协同合一”。

皮尔斯所谓的符号传播过程，就是意图解释项与效力解释项在传播过程中通过相互对话，最后彼此融合，进而形成共同解释项的三元传播过程。从传播主体的互动关系来说，传播就是传播发送者与解释者之间借助符号探寻共同解释项的互动过程。传播双方均在符号传播过程中增加了对符号意义的理解范围或信息量。一个人的敏感与善感、关怀与热爱，在观照与追摹中，对事物、语言的敏感性慢慢地生长出来，逐渐体会到，有这么一些眼光，有这么一些做法，有这么一些感觉，有这么一种活法，这就是艺术教育很重要的东西。

教学型策展人更像制作人，根据毕生所学和经验提出一个想法，即一种有深度、有内涵的理念，并与他人合作将这个想法付诸实施。作为大学老师，到美术馆、博物馆做一名策展人，策划展览可以把想法和体验带给更多的人，分享信息和理念，鼓励人们去思考、从中得到启发、受到审美教育。

三、案例分析

集中学习期间，北京大学彭锋教授在讲座“自上而下——我的策展经验”中详细介绍了艺术学的三个维度＋第四个维度艺术策展，强调了跨学科融合能丰富策展视角，提升展览的深度和广度；倡导尊重和借鉴传统美学价值，深入理解艺术作品背后的美学观念和思想，才能做出好的展览。他以“弥漫”这一“五味俱全”的展览为例，全面分析策展背后的故事、策展思路、策展理念及可能影响策展的风险因素等内容。中央美术学院的张子康馆长则从“美术馆与展览”“在地性与国际化”“艺术与科技”和“智识与创造力推动”四个方面，分析美术馆作为社会公共空间，既是一种有形的物理存在，也是内容生产、审美观看、展示交流和艺术教育的发生场所，形构了一个城市、一个区域以至一个国家的精神空间、历史空间和美学空间。

案例：基于博物馆主题展的教学型策展

“大哉孔子”结合数字、雕塑、版画、装置、壁画、影像艺术为一体呈现。从对孔子的“景仰”“认知”“对话”“洗礼”“致敬”，形成清晰的叙事逻辑和富有感染力的故事线索。艺术表现上秉持创新、特色、震撼的原则，以现代造型语言去繁存本，以符合孔子文化的朴素理念，把中式传统审美中的开、合、间、并、透、借、素等空间意象进行了充分表达与创造性转化，并开发实施了丰富多彩的社会教育和演艺活动。

孔子博物馆影像解读与实物呈现的“先师圣迹——《孔子圣迹图》版本展”，是整理以中国历史上具有完整故事情节、最早反映孔子生平事迹的多版本的连环画展。展览以《圣迹图》版本源流为主线，以时代先后为序，对明代至民国时期的不同版本进行图文展示，包括绘本、刻本、拓本、石印本、铅印本、珂罗版印本等，此外还有石刻《圣迹图》、木刻《圣迹图》和日本、朝鲜等国外版本，共计66种。多数版本系首次展出，有较高的文献、文物和艺术价值。

“大哉孔子”与“孔子圣迹图版本展”主题展在展陈设计上做了明晰的板块分割和观展引导，处理好分主题、分前言、文献、作品、图片、展签等层次关系以及展墙色彩、环境灯光、展台与展墙的关系，并配有专家导览、美育互动等，是高校教学型策展与博物馆常设策展人合作，在规定作品、规定时空、规定主题、规定经费中实现的策展理念与实践创新。

四、结　论

追求真善美是文艺的永恒价值。润物无声的艺术熏陶启迪人的心灵与价值观。高校教学型展览，作为精神事业，是在文艺、哲学、社会、科学等领域中的灵魂创作。策展人的概念已不局限在美术展览领域，而成为跨界融合探索的独特专业。策展的空间视角与足迹可遍布游于艺的生活中。本文着眼于高校与艺术机构等教学型策展人的基本理念与策划实施的探索，提升中国艺术展览的策展水平问题。作为高校 + 艺术机构的策展人如何在规定作品、规定时空、规定主题、规定经费中实现创意谋划的最大化？主题展的策展理念与实践创新，其实就是有效地克服或利用这些规定和限制，策划一个有创意的主题展览，一个有新视角的艺术史陈列展，一个有发现价值的群展或个展，一个有观赏性和互动性的艺术展。

在互联网数字技术飞速发展的今天，高校教学型展览价值的开发面临以知识产权为核心的诸多问题的考验。艺术机构在提前布局、开发文化资源的过程中，也迫切需要强有力的高校教学团队支持，更好地实现其文化价值与学术价值。策展人如师，既是受益者，也是参与者和传播者。

参考文献

赵星植 . 论皮尔斯符号学中的传播学思想［J］. 国际新闻界，2017，39（6）：87-104.

张骋 . 从“横屏”到“竖屏”：论影像符号表意机制的变革［J］. 现代传播（中国传媒大学学报），2022，44（1）：111-117.

曹意强 . 艺术与教育　论艺术的智性（二）［J］. 新美术，2013，34（3）：3-15.

高世名 . 自我创造的技术——人的危机与艺术教育的责任［M］. 北京：商务印书馆，2022.

赵文民 . 中美策展人访谈录［M］. 北京：中国文联出版社，2015.

钟练舒

南京传媒学院讲师。曾获2021年“路之遥”杯第二届江苏省大学生摄影大赛优秀指导教师奖；从2021年起，多次承担南京传媒学院摄影学院毕业展策展人。2021年，担任江苏南京“初心与复兴——一个时代的影像叙事”影像展策展助理、山西平遥“如斯彩虹——疫情下的南传生活——南京传媒学院师生作品联展”展览执行人；2022年担任江苏南京“第一届盛夏光影——国际青年摄影大展”执行策展人；2023年担任山西平遥平遥国际摄影大展院校展南京传媒学院展区策展人、南京“生生不息”世界大和文明交流互建主题展策展及设计工作。

参训感言

“中青年视觉艺术策展人培训”经历是职业生涯中一段宝贵的历程。这一个月的培训经历不仅丰富了我的知识和经验，还深化了我对自己在策展领域的定位和职业发展方向的理解。在培训期间，我有幸听取了多位资深教授介绍他们参与的艺术乡建项目，以及他们成功策划的地方艺术展览的案例。这些案例不仅启发了我的策展思路，还让我理解到策展人在项目管理和艺术创作之间的平衡。我深刻体会到当今艺术展览如何与中国社会发展产生联系，而注重社会参与、文化传承和跨界合作是策展人的重要使命。未来，我将持续努力学习，不断充实策展技能，以更好地为当代艺术和文化领域提供服务，为观众带来更丰富的艺术体验。这次培训标志着我职业生涯中的一个重要起点，我期待在策展领域持续成长和发展。

35

共同创作：与青年艺术家的『创作策展』之旅

钟练舒

摘　要：策展不仅仅是简单呈现艺术品的过程，它还是一个充满多元性和挑战性的领域。本文结合实际策展案例，探讨了“创作策展”实践观念与艺术院校学生参与策展的核心因素，同时强调青年创作者如何为策展案例带来独特且多元的视角。此外，我们探讨了如何将学生的创作与年轻的艺术家共同成长的过程相结合。

关键词：创作策展；青年艺术家；共同创作

艺术策展远非仅仅呈现艺术品那么简单，它是一个富有挑战性和探索精神的艺术，要求策展人不仅要深入理解艺术，还必须熟悉观众、展览空间、文化环境和策展技术等众多因素。特别是在青年艺术家项目的策展中，青年创作者的参与为整个策展过程带来了新的视角和可能性。

一、艺术院校学生作品展览的策展特点

在策展领域中，“创作策展”的概念备受瞩目。这一方法将当代艺术视为一种研究方法，通过深入研究、分析、测试和评估艺术思潮、现象、生态，以及艺术家个体或群体的创作，从而创造具有深度和内涵的策展实践。

“创作策展”的核心特点之一是将展览的受众、文化环境、展览空间以及策展技术有机融入策展过程，以创造一个统一的整体。对于策展人而言，其最重要的任务是协调空间、作品、艺术家和观众之间的平衡。每次策展对策展人而言都是一次深入的研究和实验，旨在呈现给观众一个难以忘怀的艺术体验。

在我的策展经历中，“创作策展”方法在许多方面发挥了关键作用。与大型博物馆或美术馆的展览策划不同，高校学生作品展览策划中缺少包括大量的理论研究和梳理工作。学生作品通常更强调个

人化的视觉体验，而学术价值相对较低，因此展览不仅仅是展示创作成果，更要注重引导学生对作品的二次创作，激发学生深化创作思路，充分释放创作激情。

作为一名高校教师，我所在学院每学期都会涌现不少优秀的视觉作品。这些展览不仅仅是学生学习成果的展示，还是重要的策展教学机会。通过对策展的基本流程进行实际指导，学生在实践中初步了解了他们可以在流程中承担的工作，并将在接下来的学习中得到更深入的培养，承担策展主题的文字编辑工作、视觉设计工作、展览空间规划等，不同的分工也对学生的多元发展起到积极作用。作品的公开展览也使年轻的摄影师们意识到：封闭的私人化创作行为进入了公共艺术行动，他们的作品能够产生更多的社会意义。因此，摄影师需要重新审视自己与作品和观众之间的关系，以便更好地回应这种关系。

以我去年策划的“第一届盛夏光影国际青年摄影大展”为例，该展旨在突出关注青年摄影师和摄影爱好者，同时通过展览扩大学校和学院的影响力。实际上，此次展览是“第一届盛夏光影——国际青年摄影大赛”的获奖作品展。在策展过程中，我们将焦点聚集在青年摄影师对传统影像叙事方式的突破上，以突显年青一代摄影人对未来摄影发展的影响和塑造力。

这一项目不仅仅是一个展览，更是一项深度研究和实验，旨在探索年轻摄影师如何拓展摄影领域的边界，如何进行多样化的实践，以及如何突出年轻摄影师特有的影响呈现以及创作背后的故事。

二、“创作策展”方法在实践中的应用

在“创作策展”方法中，一个关键的概念是艺术家和策展者的认知结构不同。艺术家通常专注于他们的创作，他们的灵感来源于个人经历和视角。而策展者需要将这些作品融入一个整体，以创建一个有机的展览。

由于入选摄影师对于作品与展陈之间的转化关系的生疏，策展过程中大量的工作是与入选作品的创作者进行深入的交流，了解创作背后更多的故事。在这些对话中，我们清晰地感受到年轻的摄影者放下了固有的影像规则，更自由地沉浸在个人体验中，从而更好地传达了个人私密体验。同时，作为策展者，我也从中获得了大量的关于展陈的灵感，重新构思了作品的展陈结构，实现了对摄影作品的二次创作，最终的展陈方案重塑了图像内涵。

这一过程不仅仅是了解展出作品的内涵，还是引导年轻摄影师进一步思考自己创作思路的教学机会。特别是在当今的数字技术、融合媒体呈现、基于网络分享的阅图模式多种多样的情况下，新技术和新视角对当代摄影框架产生了深刻的影响，年轻摄影师如何充分利用这些新工具和平台创造出新颖的艺术表达，成为此次展览的创新点。

近年来，国内如今日未来馆旨在探讨未来美术馆形态和发展方向的数字艺术展持续热门，艺术乡建项目和艺术驻留项目的开展也

为我提供了重要的启发。作为教育工作者，除了在课堂内传授专业知识，更应积极参与这类实践项目。

作为策展者，我认为与学生的合作是一种双向的学习过程。我能够传授我的策展经验和知识，帮助他们更好地理解展览的设计和组织。与此同时，我也从他们身上汲取新的灵感和思维方式。他们的无畏精神和创造力激发了我更大胆地尝试新的策展方法，更好地适应当代艺术的多样性和复杂性。

未来的艺术世界将充满更多的多样性和创新。学生们作为未来的艺术家和策展者，将扮演重要的角色，推动艺术领域的发展。他们将继续挑战传统，探索新的艺术形式，并为观众带来新的视觉和思维体验。与他们的合作是一种互惠互利的过程，我们共同成长，共同探索未来的艺术之路。

三、结论与展望

“创作策展”方法在青年艺术家项目中具有重要的价值。它不仅为学生提供了参与策展的机会，还激发了他们对自己创作思路的思考。同时，通过深入了解学生的创作，策展者能更好地呈现他们的作品，同时也为他们提供机会与观众分享他们的故事。

这一策展方法还强调了策展者和艺术家之间不同的认知结构。它要求策展者尊重艺术家的创作，同时在策展过程中创建一个有机的整体。这种方法对策展者来说是一种挑战，但也是一个创造难忘展览的机会。

未来，“创作策展”方法将继续在青年艺术家项目中发挥重要作用，推动当代艺术的发展，为观众提供更丰富的艺术体验。通过这种方法，我们期待看到更多令人印象深刻的青年艺术家项目，这将有助于推动当代艺术的发展，并为观众提供更加丰富的艺术体验。

参考文献

孙宇龙．摄影策展，谁的权力在展示？［J］．天津美术学院学报，2009（1）：34–35.

蔡萌．回归策展的本体：初论“创作策展”［J］．信睿周报，2020（1）.

周晓．段煜婷：摄影叙事性需要重读［N］．北京商报，2012–11–02（B3）.

张　莹

四川省摄影家协会活动组织部主任、省摄协青年与新摄影群体委员会主任助理。青年策展人、摄影家、评论家。

参训感言

“秋天，这北国的秋天，若留得住的话，我愿把寿命的三分之二折去，换得一个三分之一的零头。”郁达夫曾在《故都的秋》一文中如是写道。当我们的策展班集中学习接近尾声的时候，每每从席间玻璃窗望去，曾府的荷塘点染秋色，日渐有了秋的滋味，我总是会感慨于时光的匆忙，想起一张彩纸画下的自己，一句真切的话语引发的思索，一个白盒装载的情思与梦。由夏转秋，这也是到了丰收的节气了啊。美好的事物会收尾，留下一个叹号，策展培训班的点滴画面，如同北京某一日傍晚绚烂的云霞，将温柔而澄净的光照进心房。美好的事物也会有新的开始，如今我们的同学散落回到自己的土地，会将所学知识埋入自己的根须，迎风绽放，也会将情谊织成蓑衣，在未来的风雨中向前，不断丈量自己策展道路的长度和宽度。

36

探索摄影的可能性

——以川渝两地打造巴蜀青年摄影展品牌为例

张　莹

摘　要：面对世界摄影发展进程，特别是摄影在中国的实践变化，四川与重庆在成渝地区双城经济圈建设的背景下，立足摄影创作实际，抓住机遇、共谋发展，携手打造巴蜀青年摄影作品展，回应摄影与当代艺术交融、碰撞、挤压的问题，以包容开放的姿态连接对摄影未来的想象，通过不断升级的展览品牌价值，集中展示勾勒出当代摄影创作的川渝青年群像，在全国范围内不断突出川渝当代摄影的影响力。本文探讨了巴蜀青年摄影展在川渝双方轮流落地时，在展览作品、展陈设计、展览理念等方面的异同，同时勾勒出双方推动展览品牌升级的实践路径，从而将巴蜀青年摄影作品展打造成为有时代意义、社会价值、鲜明特色的文化品牌。

关键词：川渝；巴蜀；青年；摄影；当代；可能性

在今天中国的摄影实践中，摄影之内核与边界问题，需要被重新审视。当下，面对全民摄影的普及性和数字成像的虚拟性，以及图像传播的数码化、瞬时化，特别是2023年跨入AI摄影元年，摄影创作的主客体与接受美学都发生了巨变。摄影家们以各自不同的方式直面世界——内心世界、外部世界以及摄影世界的问题。如今，摄影与“真实”的关系超越主客观的二元对立，更多地呈现出一种“真实的状态”，或者说“真实的痕迹”。摄影既未完全真实无虚地向我们重新交付了被摄客体，又在数字技术、人工智能的加持上，其客体由可拍摄之物过渡到真实与虚拟交织之物，不断创造出新的与世界的连接。

无可否认的是，摄影技术日新月异，短短近200年间实现了从摄影术诞生到全民摄影的飞跃，进入真正“人人皆可成为摄影家”的时代。加之，在当代语境下，绘画、雕塑等其他当代艺术门类风生水起，在创作、展览、收藏等领域引领风骚，摄影自身面临身份认同的焦虑，特别是在不同的圈层、代际上，摄影观念的差异性显得尤为明显。一些摄影创作者坚守着摄影记录真实这一摄影极为关键的特性，或甚至说是摄影的特性本身。然而，广大青年摄影创作者借摄影这一载体创作艺术作品，并非特别看重对客体世界的精确再复制与文献性的永存，他们更多地从艺术追求的角度出发，审视精神境遇，观照社会现实，发出对摄影本体、对世界现实、对精神哲思的质询与追问，他们或是返回摄影材料表达多样性本身寻求新突破，或是在摄影与其他艺术门类间跨界、穿梭、融合，不断地丰富摄影的内核与外延，创造新的可能性。

观之展览奖项领域，无论是官方机构抑或民间机构，都清楚地感知到这一变化，并给予有力的回应。早在 2011 年，中国摄影家协会携手浙江省文联创办 TOP20 中国摄影当代新锐展，及时地为公众提供了一个观察和研究中国当代摄影的文化逻辑、参与模式、社会价值的重要样本。而民营机构的侯登科纪实摄影奖、三影堂摄影奖、“金熊猫”摄影艺术奖等奖项也致力于发现奖掖有艺术创见的摄影艺术家。特别是随着民营美术馆、民营影像馆实力的崛起，中国当代摄影创作群像显得更为鲜明、更加突出。

四川，在中国摄影创作进程中，从当代摄影方向来看，一直是一股不容小觑的力量。从中生代来看，冯立、阿斗、骆丹、黎朗、朱林、木格、刘珂 & 晁晁、李俊、张克纯、张晓、张晋、陈春林……这些人的作品在全国取得了较为显著的影响力。在更为年轻的一代中，雷文晴骜、周强、苏葵、龚雷、鲍泰良、陈萧伊、吴为等人也取得了不俗的成绩。仅近几届 TOP20 中国当代摄影新锐展中就屡见四川作者的摄影——吕格尔、吴为、苏葵、何博等人的作品；雷文晴骜荣获中国艺术摄影学会 2021 金路奖；2023 第七届中国摄影图书榜手工书共 3 件入选，其中 2 件为四川作者；三影堂摄影奖迄今十二届，其中七届得主与四川有关，六位至今生活在成都……四川当代摄影氛围浓厚，活跃着实力雄厚的中青年队伍力量。

因而，在 2020 年，随着成渝地区双城经济圈建设国家战略的提出，四川、重庆双方抓住了这一历史性机遇，巴蜀青年摄影作品展应运而生。该展览由四川文联、重庆文联主办，四川省摄影家协会和重庆市摄影家协会承办并轮流具体牵头落地。展览的设想之初，是为贯彻成渝地区双城经济圈高质量发展理念，发掘、培养、推介巴蜀两地青年摄影人才，鼓励创作活跃、有发展潜力的新锐青年摄影师参展。从 2020—2023 年，连续四届的巴蜀青年摄影展在川渝双方的共同努力下，这些设想被实现，展览突出当代性，在内容和形式上力求多元化、探索性、创新性、实验性，并且在展览打造上不断迭代，持续性地实现展览品牌的升级。这四届共连续推出了近 80 位青年摄影创作者，4 本展览作品集，4 场巴蜀青年摄影论坛，展示作品 2000 余幅。笔者有幸作为四川方面的策展人之一或展览执行人，从展览的设立到如今，全程见证参与。

这是川渝双方青年摄影创作者的联展，基本的机制是双方在广泛征稿的基础上结合定向约稿和推荐制约稿，在各自辖区内确定 10 名 40 岁以下的青年摄影创作者，每名摄影师提供 1 组作品，每届共计展出 20 位川渝青年摄影创作者的摄影作品。

在展览主题上，川渝双方均着重在突出展览当代性的同时，尽可能容纳多元化的摄影样本。除首届展览之外，每一届均有明确的主题。第二届为“平行 线索”，第三届为“在地 更新”，第四届为“共场—经验的定义”。尽管四川与重庆在城市精神气质禀赋、高校摄影学科建设、文化场馆设施建设、大众摄影氛围等方面有着差异性，但是在展览作品的选取上，这种差异性还不算特别明显，整体保持着协调的氛围。究其原因，这一方面与评审机制有关，在选稿环节，尽管有的是策展团队权重更大，有的是评委综合评价权重更大，导致四川与重庆双方的作品各自有一定的偏向性，但川渝双方均选取了有艺术创见、有探索创新、有个性语言的摄影创作者，使得展览整体较为协调一致；另一方面，川渝同根同源，两地山水相连，血脉相融，川渝两地的作者常出现双重身份的境遇，或是出生在四川，工作在重庆，或是出生在重庆，工作在四川，虽然展览是以作者自身认同的身份为主，但两地之间的深切联系实在难以分割看待；再一方面，随着时代的发展，摄影学科的建设完善，以及青年一代受教育程度的提升，许多青年摄影创作者具有硕士或留学教育经历，青年人从社会、从学校、从网络等各方面获取摄影资源信息的渠道愈益丰富，也在无形之间消弭了生活故土所带来的差异性。

然而，尽管在展览的作品选取上共通性要远远大于差异性，但是在展览的设计与呈现上，川渝两地选取了两种截然不同的路径，由此也带来了观展体验的差异化。首届展览落地重庆九龙坡区，该届展览设计跳开了传统展览的思维，将摄影作品安装在背发光的灯箱体上，用52个灯箱垒成一个高近7米、直径超12米的巨大影像装置。从外观上看，如一个5层巨型蛋糕，进入影像装置内部，呈现的是一个内高近五米的影像穹顶。第二届展览落地四川成都红美术馆，四川方面采取了白盒子的呈现方式，在展厅内部以富有韵律的方式，沿动线依次呈现四川重庆作者的作品，在作品输出及作品装裱、单组作品排列方式上一人一案，整个布局松弛有度、快慢相宜，同时展出了动态影像作品和摄影手工书，展览力图用美术馆式的呈现形式突出当代摄影作品的学术价值。第三届展览落地重庆巴国城公园，展方创造性地将青年作品与公园外部景观与室内景观融为一体，或是背依竹林的长卷山水“水墨”影像，或是高低错落在林间的影像切片，抑或与树木呼应的《一棵树》，这些都成为市民日常观察生活、体验影像的一种方式。同时，许多展览材料由作者本人亲自参与制作——从公园角落里的废弃材料中寻找可用之物，并回收加工得以实现，“在地 更新”之义不言而明。第四届展览在成都当代影像馆落地，该馆是专业性影像场馆，以其专业性与学术性在全国摄影界闻名，本次展览展陈无论是从场馆、输出还是装裱、灯光，相比于第二届都显得更加专业性与学术性。此外，在四川展区与作品相呼应的，增加了许多影像装置，或是实物盆景似花朵造型的人像表情影像装置，或是以灯带串联起影像之线以突出该组作品的关联性，或是灯箱装置内置呼吸灯以突出人与作品之间的关系，这些无疑使得影像从平面变得更加立体，艺术表现手法更为多元多样，也使得置身展场的受众更多地思索摄影表现的边界问题。

四川与重庆在展陈设计的差异，虽有制度、经费、场地等方面的因素考量，但也的的确确为大众提供了一个观察和研究不同展陈形式的重要样本。它们呈现出各自的优势。广场或公园的形式呈现出不拘一格的鲜活、生动、自在的气息，它同时也向我们抛出了问题，当代摄影创作如何走进大众的生活？如何在日常生活中取得更广泛、更普遍、更深远的影响力？而美术馆或影像馆的展陈形式则力图将川渝当代摄影创作纳入大艺术的学术视野，以期争取更多的艺术史话语权，它提出的问题则是当代影像创作在艺术发展中该占据如何的一席之地？我们如何看待川渝当代摄影创作的能量场？

值得欣喜的是，巴蜀青年摄影展在四川与重庆双方的努力与“较量”之下，在轮流具体承办的机制之下，呈现出品牌升级的现象。就第三届落地重庆来说，在展览前期，重庆方连续举办了多场在线交流研讨会，将20位本届作者与往届类似创作题材与手法的作者做了纵向连接，以“结对子”的形式，碰撞思想火花，分享创作经验，使届与届之间出现了有效的沟通衔接，也使本届的青年创作者更加明晰自身的摄影创作道路，更好地实现创作意图，更精准地展示艺术才华。与此同时，重庆方将20位本届作者内部也做了横向连接，推出了十期线上专题，将相似题材的做了横向类比，如“类型的风景”“村庄与乡愁”“青春期”等，以更为显著地突出作品的特色亮点。在展览后期，多家省级及以上媒体共同发力，形成宣传合力。

而第四届落地四川，则在展览的基础上，升级为巴蜀青年摄影季。该摄影季由9大板块组成，三大展览、三大论坛、两次采风、一次培训。“共场——经验的定义”第四届巴蜀青年摄影作品展于成都当代影像馆B厅展出，这些作品涵盖了新景观、新纪实、私摄影、新街拍等多种类型，出现了数字成像、跨界融合、置景摄影、材料重塑等多样化表达，作者以自己的方式感知、探寻大千世界，探索、发展摄影艺术，从自身、历史、社会、时代的感悟体验中汲取灵感、探寻题材，不断丰富摄影创作的表现内容和呈现方式，整体呈现出多元化摄影创作盛大的气象。在巴蜀青年摄影作品展展出同期，“年轻的朋友来相会”影像作品展在成都当代影像馆C厅展出，该展览共展出陈柏行、范献鑫、顾文璟、胡迪迪等21位艺术家及团体的影像作品，展览聚焦这一代青年人特别是学生群体的艺术成果，讨论他们的私人生活、原生家庭、社会归属等重要议题。该影像馆一侧是川渝两地20位青年摄影作者的摄影作品，一侧则是来自全国青年艺术家的视频影像作品，这形成一种强烈的呼应对照的关系，也就是巴蜀青年摄影作品展将视野投向了全国，放在了更大的尺度来凝视，在全国范围内来衡量比较其艺术独特性与学术价值。同期，四川省2023年“新人新作”摄影展在美术馆展出，该展览集结了四川新生力量，从作品题材与类型上来看，更多地呈现出青年人对重大题材、社会生活、精神风尚的真实记录与直观反映，这与巴蜀青年摄影作品展形成一种互文与对照关系——四川青年摄影群体的创作类型多样、创作题材丰富，既有主旋律的多样性表达，也有对摄影艺术内核与边界的个性化探索。

三大论坛即“经验与未来”——OPPO 2023巴蜀青年摄影论坛、2023省际区域性摄影工作论坛、2023川渝摄影教育事业论坛，则共同研讨了本次摄影季展览以及川渝青年创作、摄影教育、区域性联动等重大课题。“我眼中的新时代”市内、省内两大摄影创作调研采风在展览同期举办。摄影季后续“摄影蜀学”名家名师讲堂、2023

四川省“青苗计划”摄影人才培训班也将相继推出。

此外，该摄影季在媒体宣传与公众教育上也着重发力，推出了《名家谈丨陈锦：四川青年摄影——每个时代都有每个时代的期望》《传承 发展 创新——巴蜀青年摄影的创作实践》《四川省青年影像创作现状与发展》等文章，摄影季活动在新华网、中新社、中国网、《中国艺术报》、中国摄影家协会、影像中国网、《四川画报》、浙江省摄影家协会、米拍摄影社区、天府文化会客厅等以及川渝双方摄协媒体平台等多家国家级省级媒体平台报道，掀起了青年影像的旋风。

综上所述，面对世界摄影发展进程，特别是摄影在中国的实践变化时，四川与重庆携手打造巴蜀青年摄影展品牌，在成渝地区双城经济圈建设的背景下，抓住机遇，共谋发展，共同回应摄影与当代艺术交融、碰撞、挤压的问题，以包容开放的姿态连接对摄影未来的想象，并以各自不同的展陈形式和展览理念共同塑造展览的形态，集中展示勾勒川渝当代摄影创作的青年群像，在全国范围内突出川渝当代摄影的地位与价值。这些努力，正在使得巴蜀青年摄影作品展不断成为有时代意义、社会价值、鲜明特色的文化品牌。

张利军

新疆美术馆展览部主任、副研究馆员，从事展览策划、艺术创作与指导工作。2018 年参加国家艺术基金资助项目《纪实影像创作人才培养》高级研修班、全国优秀摄影人才高级研修班。2019 年参加“国家艺术基金 2019 年度艺术人才培养资助项目”《城市影像档案创作人才培养》，入选索尼青年摄影师发展计划。2021 年摄影项目《“扶贫攻坚”助推下的南疆美丽乡村建设影像调查》获得国家艺术基金 2020 年度青年艺术创作人才资助。作品被中国民族博物馆、辽宁美术馆、泥美术馆（中国乡村摄影艺术中心）等单位收藏。

参训感言

通过本次一个月的策展培训，我聆听了50余位专家的授课，对展览、展览策划、展览实施及团队管理等各方面有新的认识及体会，并结合8个场馆的现场策展人导览学习，汲取了展场空间的利用及展陈设计理念等方面营养。来自全国各地及海外不同艺术门类和单位的45位同学，通过一个月的学习生活、课下交流及学员论坛等方式，发现闪光点，吸收了案例经验，积累了友谊、人脉和资源。这次策展培训一定会推动我后期在策展方面的进步。

37

浅谈展览品牌建设

——以新疆美术馆为例

张利军

摘　要：展览是美术馆的主业，美术展览利用文化性、学术性、大众性与趣味性等自身特点，在艺术家与观众之间建立桥梁关系。美术馆发挥利用当地艺术积淀，明确文化发展的理念创新，通过对地域美术资源的梳理和分析，确立美术馆的学术定位，凸显当代美术创作的最新成果，坚持艺术标准，策划举办高质量精品美术展览，树立展览品牌，搭建数字美术馆平台，拓展完善覆盖全面的保障服务。以展览带动学术研究、藏品征集、公共教育等其他功能，加强公共文化服务创新意识，增加文化资源和艺术财富的积累，满足社会多层次、多样化的审美需求，是各级美术馆建立品牌，促进学术定位的重要方向。本文以新疆美术馆为例，探讨如何把新疆美术馆建设成为自治区标志性宣传教育阵地、文化服务场所、艺术交流平台、文旅融合地标。

关键词：展览；美术馆；品牌；学术定位

近年来，随着我国经济建设和社会发展取得巨大成就，国家大力实施文化战略，在国家和地方政府的高度重视下，美术馆迅速建设、发展起来，推动了美术馆、博物馆的免费开放工作，在国家文化建设和满足大众精神文化需求方面发挥着越来越重要的作用。省级美术馆应时代要求开始从“以藏品为中心”转向“以观众为中心”，充分考虑大众美育需求及引导、成为提升人民群众审美的重要公共服务场所。

随着区域文化在文化全球化浪潮中地位越来越重要，省级美术馆在全球美术馆体系中突显出越来越大的发展空间，如何抓住发展机遇，用国际的眼光来看待省级美术馆的品牌建设，无疑是新时期的省级美术馆建设的重要课题。省级美术馆要发挥当地行政区域公共美术服务核心作用，需要完成以下社会使命：1. 保存、研究、展示区域文化；2. 作为区域文化的传播教育基地；3. 作为艺术的先锋构成部分推动区域文化的向前发展；4. 作为区域文化旅游的城市地标。

新疆美术馆作为新疆目前唯一的省级美术馆，其根据公共美术馆建设标准，立足新疆实际，充分学习借鉴其他成熟美术馆的办馆经验，做好新疆现当代美术的梳理和研究，坚持立馆定位和学术标准，打造成为立足新疆、把握当代、具备国际视野的文化艺术交流基地，展出一系列高质量、高水准的精品力作，建构起反映新疆美术事业成就的展览品牌，专业人才队伍不断扩大，美术馆职能逐步完善，逐渐达到全国重点美术馆的水准和预期。新疆美术馆工程于2020年10月验收，同月完成机构注册，2021年5月21日正式对外开放。其主要承担国家级和省级美术作品和美术文献的展览、陈列、征集、收藏，开展学术研究、美育推广、对外交流和公共文化服务。新疆美术馆自开馆以来共组织举办展览37个，共接待入馆参观群众105.8万余人次。新疆美术馆还运用公众号同步推出线上展览15场，粉丝量达29.5万余人，总浏览量达72.7万余人次。

新疆美术馆开馆以来，一直致力于充分发挥艺术积淀深厚及美术资源丰富的地域优势，根据现有的政策、资源、设施等方面，逐步推动美术展览向更广阔的领域发展。通过对展览资源和类型的梳理和分析，明确美术馆需要把握的文化发展理念，特别是文化发展的理念创新与美术馆的展览定位。以展览带动学术研究、藏品征集、公共教育等其他功能，加强公共文化服务创新意识，增加文化资源和艺术财富的积累，初步形成了展览品牌。

一、围绕中心、服务大局、聚焦主题，组织美术精品展览

推出品牌展览，加强精品意识。美术馆的展览陈列树立精品意识，实施精品战略，组织和策划一批高水准的学术展览和广受欢迎的艺术精品展览。举办具有独特的策划思维和艺术效果、富有创意性的展览。以美术馆作为媒介提供互动的空间，充分起到沟通、连

接新疆与祖国内地、周边友邻国家、艺术家与专家、艺术家与观众的桥梁作用。

1. 组织精品展，艺术水准不断提高。新疆美术馆通过与兄弟美术馆联动对接，引进精品展览，为观众推出“美在新疆——中国美术馆馆藏精品展”“丝路飞虹——中国美术馆馆藏韩乐然作品展”“疆风海韵——中华艺术宫（上海美术馆）馆藏金祥龙作品展”“丹青之美——上海中国画院作品展”“江南春——陆抑非花鸟画创作与教学作品巡展（新疆站）”“情系新疆——全山石、杨鸣山油画精品展”“运动再想象——中国动画民族化之旅文献展”等精品展览，进一步提升展览的艺术水准和观众的欣赏水平。

2. 自主策划展览，社会影响力不断扩大。摒弃原来的以承接办展为主和简单的展示形式，转向自主策划，树立展览品牌，切实发挥兼容引领、开拓创新的社会功能。深入挖掘本地资源组织策划“百年印记——新疆版画、雕塑作品展”入选2022年全国美术馆馆藏精品展出季活动目录，“乡村振兴——艺术在场”展览入选2022年全国美术馆青年策展人扶持计划。此两项殊荣均为新疆展览首次入选，得到社会各界的认可和广大观众的喜爱，社会影响力不断扩大。

3. 运用好平台，加强合作与交流。新疆美术馆承担第七届中国——亚欧博览会“中外文化展示周”主展任务，于9月中旬通过“线上+线下”方式推出“‘走进西部’——合肥市赖少其艺术馆精品展”“凹·凸——‘一带一路’国际青年版画交流展”“‘一带一路’倡议提出十周年国际水彩交流展”。举办“和美共生——第三届中国新疆国际艺术双年展”“春光里——首届新疆文化艺术节新时代优秀美术作品展”，探索、试验与展望新疆未来的文化艺术生态，促进对外文化交流以及地区文化内涵的提升。

4. 贯彻落实新时代党的治疆方略，大力实施文化润疆工程，承接了“大美边疆——第五届中国民族美术双年展”“新时代 新征程——美术作品展”“首届新疆国际旅游摄影大会暨新疆是个好地方旅游摄影大展”“‘文化润疆 以美育人’中央美术学院 新疆艺术学院美术作品展”等重要展览。

二、发挥区位优势，建构起具有国际视野的中亚美术平台

利用丝绸之路经济带核心区建设为驱动，着眼“一带一路”等政策深入推进，利用好国际艺术双年展机制，推动中亚艺术文化交流。同时，加强区内中华优秀传统美术资源的挖掘和利用（如克孜尔壁画），树立增强中华文化对周边国家的影响力。建立中国连接亚欧艺术的学术交流平台。结合国家“一带一路”倡议，以新疆为坐标，收藏 20 世纪 80 年代后中国连接亚欧艺术的国内外重要创作作品及文献。重点收藏沿“丝绸之路”区域范围内各国以及苏联各加盟国等国家具有代表性和学术性的美术作品，具体以新疆国际艺术双年展和举办沿线国家美术作品交流展为平台和线索，选择各国具有代表性和学术性的美术作品收藏。同时，立足区位优势，践行好国

家向西开放的窗口使命，弘扬中华优秀传统文化，用美术作品讲好新疆故事，进而讲好中国故事。

三、充分利用馆藏经典，设专厅专题专展，持续发挥长期展陈作用

做好藏品典藏与研究活化。高水平利用馆藏作品，精选馆藏艺术家司徒乔作品 80 幅，与青岛美术馆合作策划举办“画尽人间百态——新疆美术馆藏司徒乔水彩作品主题展”。研究梳理黄胄先生名作《庆丰收》文献，挖掘画作背后的故事，举办“黄胄在新疆——新疆美术馆黄胄作品《庆丰收》珍藏展”，打造长期展陈。运用“藏品”活化，策划“致敬捐赠者——新疆美术馆馆藏艺术家作品展”，发挥优秀美术藏品在提高人民群众的文化素质和审美修养方面的积极作用。

以藏品促展览，以展览促藏品。美术馆既要充分利用自身藏品资源，也要争取其他收藏机构的支持，在学术策划和展览设计基础上，通过馆际间互通信息、增加交流，实行资源共享，合理组织藏品，推出高质量的艺术展览。新疆美术馆提出合理的藏品征集规划，充分发挥自身的社会影响力，争取政府重视和支持，组织艺术家进行专题创作和主题展览，为美术馆留藏一批符合美术馆定位的精品力作。鼓励、倡导和接受美术家、美术家亲属和社会收藏人士向美术馆捐赠优秀美术作品和文献，有效地扩大藏品征集途径，提高藏

品的数量和质量。截至 2022 年，收藏国画、油画、版画、水彩水粉、综合材料和雕塑等重要藏品 1182 件。

四、稳步推进艺术研究和修复中心建设规划工作

尊重艺术规律，坚守品质底线，保持专业化服务水平。发挥新疆美术馆艺术委员会在收藏、研究、展览、公共教育等体系建设中的专业作用。建立学术研究机制，提高研究能力。结合美术馆专业特性，发挥自治区高校美术机构学术研究优势，联合开展相关研究，提升学术能力。充分发挥《新疆现当代美术文献史》研究成果，组织展览，开展交流。及时整理出版，形成学术研究集，为学术研究、美术教学提供有力支撑。基于新疆油画、版画优势，利用场馆建立版画基地。组织新疆油画赴内地驻场展览和巡展，提升新疆油画的影响力，在出作品出人才方面发挥作用。一是完成《新疆现当代美术史文献研究暨美术馆收藏捐赠陈列项目》和九位《新疆突出贡献艺术家画册》结项验收。二是完成《新疆突出贡献艺术家——张威》《新疆突出贡献艺术家——龚建新》项目印刷出版的相关工作。三是落实马兴瑞书记关于加强油画、版画的指示，与版画家商谈共建新疆美术馆版画艺术中心（工作坊），延展美术服务、丰富公共教育，促进版画创作。四是加强学术建设和学术研究。举办新疆美术馆学术委员会聘任仪式，聘请张子康任新疆美术馆名誉馆长、艺术委员

会主任，召开 2023 年新疆美术馆学术委员会第一次会议。

五、多措并举延展服务内容，开展惠民活动

1. 创新服务内容。围绕视觉艺术、听觉艺术、视听艺术等艺术形态，利用美术馆空间打通各艺术之间联系，分门别类地建立公共教育架构，形成品牌。总体思路是打造“视觉艺术与美术馆”“音乐艺术与美术馆”“戏曲艺术与美术馆”“文学诗歌与美术馆”“新媒体艺术与美术馆”，探索跨界合作，从授课式“听与看”向体验式、互动式、沉浸式方式转变，如“美术馆之夜”“美术馆与艺术史剧场”，体验工坊（艺术实践工艺坊），周末亲子活动等，整体推进美术馆公共教育融入文化润疆战略。

2. 转变服务理念，探索尝试“馆校结合”新模式，与乌鲁木齐市教育机构、自治区高校美术院（系）建立美育教育、教学实践合作机制，拓展公共教育活动领域，扩大服务对象，促进美术馆公共教育与学校教育的有效衔接，把美术馆办成校外直观形象、生动活泼的实践课堂、研学基地。

3. 推动美术馆数字化、智能化建设。为了更好地发挥美术馆的社会作用，适应新时代信息化要求，一是积极争取资金，加快推进新疆美术馆数字平台建设，在实体美术馆的基础上建立起美术馆虚拟展厅，通过数字化服务打破时间、空间界限，增强服务效能，扩大服务对象的覆盖面，打造美育熏陶的“第二课堂”。二是利用数

字技术制作二维码展签，延伸作品介绍等相关知识，丰富服务形式，讲好画作背后的故事。三是注重藏品管理与数字化技术的专业融合，实现藏品资源数字化管理。

4. 创新展览形式，完善配套设施，提升服务效能。一是通过抖音和公众号等新媒体平台，借助直播等形式，对重要展览开展布展现场直播、策展人带你看展等活动。二是制作展览折页，免费发放给参观群众，延展美育的时效性。三是完善展览空间服务，留得住观众，让观众享受在美育中。增设部分展厅展凳，完善展厅休息功能。设置母婴室，配备婴儿床、沙发、柜子等基础设施，方便群众观展时的特殊需求。

5. 积极开展送展览到基层活动，先后在昌吉州、巴州、哈密、和田、阿克苏等地区举办“百年印记——新疆版画雕塑作品展”巡展活动，切实将文化润疆、文化惠民落到实处。一是实现美术馆展览“送下去”，复制“百年印记——新疆版画雕塑作品展”主题性展览作品，开展基层巡展。二是邀请知名策展人及内地重点美术馆专家，赴地州举办美术馆业务培训工作。三是利用美术馆资源，发挥志愿者作用，赴基层开展美术服务，充分发挥美术馆在巩固脱贫攻坚成果与乡村振兴有效衔接中的作用，打通公共文化服务的最后一公里。四是主动配送文化服务，实现公教活动“走出去”，把美术服务送到学校、送下社区、送进军营，并关注弱势群体，走进儿童福利院开展针对性美术服务。

总之，展览是美术馆的主业，美术展览利用文化性、学术性、大众性与趣味性等自身特点，在艺术家与观众之间建立桥梁关系。美术馆发挥利用当地艺术资源，明确文化发展的理念创新，通过对地域美术资源的梳理和分析，确立美术馆的学术定位，凸显当代美术创作的最新成果，坚持艺术标准，策划举办高质量精品美术展览，树立展览品牌，搭建数字美术馆平台，拓展完善覆盖全面的保障服务。以展览带动学术研究、藏品征集、公共教育等其他功能，加强公共文化服务创新意识，增加文化资源和艺术财富的积累，满足社会多层次、多样化的审美需求，是各级美术馆建立品牌，促进学术定位的重要方向。

参考文献

马锋辉. 美术馆展览的文化坐标及其实践：以浙江美术馆为例［D］. 杭州：中国美术学院，2014.

孙诗源. 从区域文化试探省级美术馆的品牌建设［D］. 长沙：湖南师范大学，2018.

王文章. 发挥行业组织作用　推进美术馆事业发展——在全国美术馆专业委员会年会上的讲话［N］. 中国文化报，2012-03-13（009）.

张　岩

2003年毕业于中南大学建筑学专业，2015年获得清华大学公共管理硕士，从事多年城市规划管理工作，组织编制《北京奥林匹克公园中心区规划》、奥林匹克公园中心区演播塔等多个奥运场馆的设计方案征集工作。现任北京辰星国际会展有限公司副总经理。

参训感言

这次策展人培训是我第一次系统地学习策展理论。通过研修，我更为清晰地了解了策展人的职责，也认识到一个优秀策展人对展览的重要性。经过一个月的学习和交流，我深感收获巨大，获益良多。

首先，提升了我的策展理论水平。课程设置十分科学、饱满，内容丰富，环环相扣，大量翔实案例的剖析拆解，让我对策展有了新的认识和理解。

其次，进一步明确了努力的方向。展览作为人们认知世界的重要场域，肩负着传承发扬中华优秀传统文化的社会责任，我们要以展览的形式盘活中华文化资源，拓展社会公共教育服务，以展览语言切实讲好中国故事，传播中国文化。

最后，我想表达一系列感谢，感谢文艺研修院提供的学习机会以及细致的关怀，感谢诸位导师的辛劳授课，感谢所有同学的思想碰撞！“路漫漫其修远兮，吾将上下而求索”，期待在以后的文艺道路上，与各位师友共同交流、进步，用艺术策展对话世界！

38

从建筑展中窥见城市的未来

张 岩

摘 要：建筑展的主要功能包含学术交流、公众互动、竞赛成果呈现。本文从建筑展的定义、意义、分类和特点进行分析，尝试探索一条既加强建筑展学术性，又提高公众交流与传播的双赢发展路径。

关键词：建筑展；学术性；社会性

建筑展是视觉艺术展中比较特殊的一类展览，随着各类艺术展的繁荣，建筑展也如雨后春笋般层出不穷。

一、建筑展的定义和当下存在的意义

（一）建筑展的定义

展览（exhibition），著作权法术语，指公开陈列美术作品、摄影作品的原件或者复制件。展览是信息、通讯和娱乐的综合，也是唯一在面对面沟通中充分挖掘五官感觉的传播媒介。

本文所说的建筑展，是一个广泛的概念，包含城市规划展览和建筑展两类，主要展出的内容是建筑设计和城市规划设计。通过具体的项目，既展示表象所显现出来的设计方案本身，如建筑平立剖面、建筑空间、建筑建构、城市肌理脉络等内容，也展示更深层次的建筑话语、建筑思想、建筑哲学、建筑宣言等。

因此，建筑展是构建建筑理论和话语体系的平台，是学术交流的催化剂，同时也是新的建筑思想和技术的实验场。

（二）互联网时代建筑展存在的意义

很多人会有疑问，了解建筑和城市规划，不是到城市的区域和建筑实体进行参观更为直接吗？另外，在互联网时代，大多数的建筑设计方案信息都可以在网络上看到，那么建筑展还有必要举办吗？

虽然现场体验建筑更为直接，但是受到时间和空间的限制，特别是建筑展所展出作品散落在全球各地时，组织全部的观众，哪怕只是专业观众参观一遍也是无法实现的事情。另外，即使是在现场参观建筑，由于建筑尺度较大，大多数情况只能以人的视角来观察建筑，所以通常在现场还会通过一些展板来补充展示周边规划情况、鸟瞰效果、一些整体效果和分析。有鉴于此，建筑展览能够在短时间内集合更多的建筑信息，是一种参观者与展品直接面对面，参观者之间面对面的高效、快速媒介。同时，建筑设计展对于建筑师来说是一个很特别的重要存在，有时候也作用于建筑之外，是一种设计理念的重现。很多时候由于建筑的局限性，建筑师想要的并不一定都能在项目中呈现，那么展览就提供了一个很好的理念呈现的机会。

因此，即使在互联网时代，建筑展览也不减反增，正如火如荼地进行着，大如威尼斯双年展，小如建筑师个人展、乡村建筑设计展随处可见。

二、建筑展分类

从展览的目的来分，建筑展大致分为竞赛成果型和交流展示型两种。

（一）竞赛成果型建筑展

竞赛成果型建筑展大多是一些重大项目，为了得到一个比较优秀的设计方案进行设计方案征集、竞赛，有一些项目面向世界范围征集。这种项目一般比较大而且复杂，为了全方位展示众多参赛设计方案，通常会通过一个小型展览来展示，方便竞赛的评委对方案进行全面了解。比如，北京在2003年前后举办的奥林匹克公园、国家体育场、国家游泳中心、五棵松文化体育中心等项目的规划设计方案征集。之后实施的重大项目，像国家速滑馆、国家美术馆、新国展二期等也都进行了设计方案征集。这种类型的展览中，只有少量具有重大影响力的竞赛成果会向公众开放，如2008年夏季奥运会主体育场的设计方案征集成果，在评审后向公众开放。

（二）交流展示型建筑展

顾名思义，此类建筑展的主要目的是在行业内进行学术交流，向公众展示和交流。既有某一建筑师或设计机构将自己的设计作品、设计思想以展览的形式与同行、公众进行交流，又有就某一主题筛选不同建筑作品进行展示和探讨。目前，国际和国内绝大多数的建筑展都属于交流展示型，包括各类的双年展。

威尼斯建筑双年展是目前最有影响力的建筑展览，也是国际展示当代艺术的最高展会，于1895年首次举行，具有百年历史。它包含国际视觉艺术双年展与建筑双年展，分单、双年轮流举行。第18

届威尼斯国际建筑双年展于2023年5月20日开幕，主题是“未来的实验室”，分为“解构、分析和边界”“资源、生产和人造环境减碳”“非殖民化、身份和社区”等几个单元，都是目前当下社会化的建筑话题，已经在全世界引发了讨论。

目前，除了威尼斯双年展外，国际上还有芝加哥、伊斯坦布尔、鹿特丹双年展等，米兰、里斯本三年展等共30多个双年展，国内则有港深双城、北京、武汉、成都等建筑双年展正在培育成长。

（三）其他分类方式

按展出内容的务实和务虚划分，有些展览是实际已有的项目或者正在建设的项目，比如北京每年举办的勘察设计成果展。有些展览是一个虚拟主题下的实践探索，如2022年首届北京艺术双年展的压轴展览“蓝图北京”，组织了不同年代、不同国家的建筑师回应了对未来和北京的发问，呈现了每个人心中的北京未来图景。

按时间分，可以分为回顾展和规划展，比如北京建城史展览，2023年在首都博物馆展出的北京中轴线展览，规划展则是正在施工、未来施工的一些项目。

按受众的不同分，有内部学术交流的，如设计机构在内部的公共空间进行的年轻建筑师作品展。有以向公众展示为主的展览，如双年展，有些展览则两者兼顾略有侧重。

按参与建筑师数量来说，可以分为个展和群展。个展是建筑师个人思想、建筑哲学、建筑理念的一个集中表达，也是个人影响力的传播，如现代建筑的开创大师勒柯布西耶，从发迹到成名，与他持续不断地参与或举办各类展览不无关系。

总的来说，国外著名建筑师更注重个人品牌的打造，举办的个展比较多，并且多会选择北京嘉德艺术中心、上海当代艺术博物馆这类知名度较高、艺术性较强的公共艺术中心举办，如这两年的建筑师个展有隈研吾的“五感的建筑”，扎哈·哈迪德的“未来之境”，矶崎新的“形构间”，国内建筑师有张永和“透视游戏场”，马岩松的“流动的大地”“山水城市”等。而国企大型设计院的总建筑师们更为内敛低调，很少举办个展，一般是以项目参加特定主题的展览，或是举办设计院的群展。

三、建筑展的特点

与其他视觉艺术类的展览相比，建筑展在有些方面有着很强烈的特点。

（一）展品非建筑本身

建筑展不同于绘画、雕塑、手工艺、摄影等展览，后者在展览现场都能见到原作，而建筑展里并没有建筑。建筑展往往受限于空间和建筑的不可移动性，展出的图板、图册、文字、模型、影像这些资料，并不是一个完整的建筑，还需要参观者发挥想象来脑补一下。

从有建筑展开始，展览形式除了传统的展板以外，还有整个的、局部的各类建筑模型，多媒体技术普及之后，还增加了建筑视频动画和建筑师访谈。这三类展品至今还是建筑展必备的主要内容，比如今年中央美术学院建筑学院毕业生设计展。有时还会有一些建筑材料、建筑构造细节来补充展示。布展的方法虽然越来越丰富，但是建筑展一直具有很高的可观性。

（二）建筑展一般由政府或设计机构主办

由于建筑展最初的出现，是建筑师为了展示设计成果、表达设计思想，因此一般都是由政府或设计机构主办的，至今也很少有美术馆、博物馆或其他公共策展机构来主办。

建筑设计在设计行业中具有独特性，绝大多数建筑展的策展人一般都是由建筑师 / 规划师兼任，里面的大部分设计类具体工作，如展览执行、展览大纲、展品筹备、形式设计、文案、音乐设计一般都是由参与设计的建筑师兼职担任。这是与其他类型的展览有很大不同的。

（三）群展比较注重学术性

建筑展的最初初衷是表达设计思想，因此，大多数建筑展都会同期举办系列学术研讨活动，尤其是在同一个主题下的群展，一般伴随着一系列学术活动。如 2023 年 9 月中旬在北京法原博物馆举办的“修复西兴隆街 2023”，参展的有边兰春、张杰、吕舟、吴晨、孟岩、赖军、朱小地等著名建筑师，同期举办了“过去及未来：以西兴隆街作为起点的修复探讨”“生生与共：多元融合的建筑文化价值观”等多场次的学术论坛。

（四）具有一定的社会性

建筑对城市空间和城市生活中有难以忽略的、长远的影响，因此，建筑展由于展品的社会性也比较明显而强烈。

四、建筑展的未来

目前，国内建筑展如雨后春笋般层出不穷，虽然数量众多，但同时也应该清醒地看到，有些建筑展也存在哗众取宠、内容空洞的问题，笔者认为，未来的建筑展还应从以下几个方面进行发力。

（一）进一步增强学术性

前文讲到，建筑展的起源就是构建建筑理论和话语体系的平台，是学术交流的催化剂，是新的建筑思想和技术的实验场。随着过去30年中国快速的城市化，城市规划师和建筑师参与了大量的案例，未来的建筑展在展示方案的过程中，要避免虚假繁荣，不能只是建筑师的自吹自擂、成为推销自己甚至是自娱自乐的一场游戏，也要避免成为利用网红效应的一场资本作秀。而是要在内容上进一步增强建筑展本身的学术性，努力探索建筑理论及建筑哲学的发展，构建新时期中国哲学、文化体系下的建筑哲学，并借助展览的传播性将中国建筑哲学的影响力进一步扩大。

（二）增强新媒体传播，扩大建筑展的社会影响力

目前的建筑展还是建筑界内的一个小范围事件，有少量艺术界和公众的参与。由于事前宣传和事后总结的不足，很多时候一些感兴趣的业内人士失去了参与和深入探讨的机会。未来应在建筑界内和社会上进一步增大传播，除了传统媒体外，还要增强新媒体传播，由专业观众逐渐走向非专业观众。

（三）进一步加入城市的公共生活中

建筑和城市规划都具有社会化属性，一旦实施建成，至少在未来 50 年内会对城市区域产生比较大的影响。我们的城市建设成什么样，除了建筑师的理论和思想之外，还应有经济、社会、艺术方面的考量和城市居民需求。因此，建筑展也应进一步增加与公众的互动，调动公众的积极性，让更多的公众参观建筑展、读懂建筑展、讨论我们的建筑和城市，将建筑展的社会效应最大化。

雷祺发

2012 年毕业于广西艺术学院美术学院美术史论研究方向。现为艺术史写作者、策展人、艺术评论人，系中华美学会会员、湖北省文艺评论家协会会员、湖北省美学学会会员、武汉市文艺评论家协会会员。先后供职于《艺术 +》杂志社、周韶华艺术中心、武汉美术馆、OVU 文创研究所 / 合美术馆，主要从事 20 世纪中国美术史个案研究、展览策划、美术评论与社会美育等研究工作。数篇学术文章发表于《中国文艺家》《中国书画》《中国文化报》《艺术 +》《武汉晚报》等多个专业杂志与报纸。

参训感言

通过一个月的学习，我比较系统地学习了关于视觉策展领域诸多知识，从策展历史到策展实践，从当代艺术理论到当代艺术批评，从主题性展览策划与实践到公共艺术活动策划与实施，从策展方案撰写到策展落地实施，从展览空间创意到展览设计细节等。多个不同专题授课内容，让我深刻认识到，作为策展人需要具备的两种能力：一是问题意识。策划一个展览，不提出问题、不围绕问题展开叙述，那么，策展人在这个展览中所存在意义是令人质疑的。谈策展人的问题意识背后，其实也指向策展人为一个展览所进行的前期研究。二是策展人需要具备综合能力。策展人从事展览工作，如同导演一般，需要具备多种落地实施能力，确保展览如期举办的同时，还需要保证展览的品质。而这就需要策展人善于处理展览项目中随时出现的问题。

39

不止于策展

——兼谈我的策展探索

雷祺发

摘　要：策展在今天越来越被大家熟知。笔者作为策展新人，策划过大大小小的展览，基于这次培训学习的收获，回顾过去所策划的展览案例，不免存在策展工作不足的地方，主要在三个方面：一是展览前期的研究性不够，二是展陈设计的落地性不够、三是展览公教的传播性不够。因此，笔者希冀在以后的策展工作中不断给予弥补与完善，以迎接不断被重新定义的策展人工作。

关键词：策展人；策展探索；案例分析；听课笔记

一、引　言

对于策展的话题，我关注已久，曾撰写《人人都是策展人的时代到了吗》《过度资本化是策展乱象的罪魁祸首》《武汉青年策展人群体扫描》三篇小文，以及组织策划过“回到策展本身——首届青年策展人论坛”。这些话题悉数归纳起来主要探讨“策展的定义”“策展的问题与方法”“策展人的生存状态”三个方面的问题，从反思策展本身到重新建构策展，从策展史的观看到未来策展史的书写，从策展人的生存状态到青年策展人的现实处境。笔者希冀抛砖引玉，以引起大家更多的关注。

在今天，提及“策展人”这个称谓，早已为大家所熟知。然而，对于“何为策展”的理解，每个做过展览策划的策展人从自身经验出发，给出的答案可谓丰富多彩。我带着诸多这样类似的策展疑惑与未解之问，有幸参加了中国文联文艺研修院主办的国家艺术基金2023年度艺术人才培训资助项目“中青年视觉策展人培训”。通过这次30天的集中培训，我得以聆听诸多授课老师关于策展的理论知识与策展的实践经验，进一步打开了我的策展思维，提升了理论素养。

在这次培训中，对于每个授课老师的讲座内容，我都一一做了笔记，给我的触动比较大。同时，也促使我反思过去自己策划的大大小小的策展之作。从2012年我以媒体人的身份介入策展领域至今，真正让我满意的策展作品可谓少之又少。当有媒体记者问我，满意的展览是哪个之时，我永远都说下一个更好。这并不是自谦之语，而是在每次展览下来，都能发现其问题所在。

值得一提的是，在我的策展之路中，也伴随着我三次工作调动。我的首份工作单位是《艺术+》杂志社，以媒体人的角色，游走于艺术圈。工作期间，结识了大量艺术家，特别是青年艺术家群体。同时，我也开始以撰稿人的身份，为艺术家写评论文章，为杂志本身选题撰写文章。也就是说，我在用“策展人”身份之前，做过最多的是艺术评论人的角色。而这也让我后来认识到以美术史的眼光从事策展的优势所在。在这里，与其说美术史的眼光，不如说是批评的眼光。

在这次授课中，很多老师都对策展人的定义做出了不同维度的诠释，如中央美院美术馆副馆长王春辰老师谈到策展人的综合能力问题，说策展人不仅是研究者、管理者，还应是创作者和传播者。又如华艺光术博物馆馆长崔波老师说的，好玩就是生产力。再如中央美术学院教授王璜生所言：策展人需要始终关注“人”的因素，策展不是追求美，而是背后的人文关怀。可以说，策展人是一个不断定义的词汇，但也是它存在的价值所在。某种意义上，策展人既需要形而上之能力，还需要形而下之能力，集理论与实践之者。基于此，检视我过去所策划的诸多展览，不免存在遗憾的地方。

二、回到策展本身

身为策展新人，知道未来的路还很长。在今天，只有保持终身学习者的姿态，才能与时代同频共振。《论语》有云："学而不思则罔，思而不学则殆。"古人所言极是，因此，通过这次国家艺术基金策展班培训之契机，给了我一个很好的反思机会。在这10多年的策展生涯中，至今仍做得不够的地方主要有这么三个方面。

（一）展览前期的研究性还不够

我之所以对这点感受深刻，与《美术》杂志副主编盛葳老师分享的"图像的旅行：印刷艺术与视觉全球化"讲座有关。当然，其他授课老师也多有涉及，如中央美院教授、博士生导师刘礼宾老师分享的全球化之下当代艺术展览的形态之不同和特点，西安美院副院长武小川老师分享的关中忙罢艺术节的缘起、壮大到坚持，以及故宫博物院展览部副主任孙淼老师在国外实地考察学习的经验，等等。

听了盛葳老师的案例分享，让我再次相信，在展览策划之前，很有必要花时间对展览选题做深入的研究。通过研究对比，许多历史脉络重新串联了起来。以往我所了解的清末印刷艺术多是点状的、零散的，并没有做系统性梳理。没有前期研究的深入，单纯的展示印刷艺术展其实与大多数版画展并没有多大不同，反而缺的是具有研究性的学术展览。检视过去我策划的一些展览，当中囿于时间缘故，没有做更深入的学术研究与梳理，以年轻艺术家个展为例，如在武汉 K11 举办的“界外：姚海个展”，武汉美术馆举办的 7 号实验空间计划“尤利西斯还乡：李昊个展”，北京佶道艺术中心举办的“梁业健同名个展”，北京 798 虹墙画廊举办的“刘宾个展”等展览，对艺术家个案研究，做长期观察和对话是必要的，也是不可或缺的，如此才能从更为微观的角度深入，寻其源，观其变。

作为一个展览的策展人的价值，不仅仅在于为艺术家的作品挂上墙了事，还应该从艺术史发展的角度，甚至艺术市场的角度，切实剖析艺术家及其作品背后的创作之因。

（二）展陈设计的落地性还不够

理想很丰满，现实很骨感。然而，在每次展览活动中，外界给予的好评价或高评价，其实离策展人心目中的好还有一段距离。因为只有策展人知道，前期设想得好，落在展陈设计打了折扣，再落在现场呈现又打了折扣。对于这一点，很多做过展览的策展人是深有体会的。如何保证展览品质，如何面对突如其来的棘手问题，如何在有限的时间统筹好展览各项事务，如此等等问题，都在考验一个策展人的能力。譬如，在讲座中，中国美协理论委员会主任尚辉老师分享了他为中国共产党历史馆做的主题性展览。其中，他谈到，大型主题性展览，既要把握宏观历史阐述，也要注重展览作品背后的叙事逻辑，甚至小到策展板块划分与流线安排的问题、美术馆大厅空间管理问题。

反观我个人所策划过的展览案例，大部分做的展览同样也面临这个问题。如我在合美术馆执行策展的“共生与变异：主题建筑展”就存在展览设想和实际落地效果之间的差距。其中展出的深坑酒店建筑作品，为了更好地展出其身临其境之感，专门量身定做深坑酒店的立体模型，囿于疫情期间，不便去往工厂面对面对接，只好采取线上沟通，最后工厂做出来的模型效果不尽人意。面对展览迫近，又不能如期重新制作出来，只好将计就计，基于展场空间另辟创意，把除模型以外的展陈内容做得最好，以此避免单纯模型展出的不出彩。有的时候，效果图做得好看，但在经费和时间的要求，甚至在展陈执行团队的能力等方面，实现出来的最后展陈效果，自然与策展人心目中的展览落地设想存在距离。

对此，在这次培训中，尚辉老师分享的“美术馆大型主题展的策展理念与创新实践”讲座，对其策展案例的介绍给了我三个启示：一是策展人要有眼力，懂得什么是好和不好。二是策展人要有魄力，善于直面领导提出的问题。三是策展人要有定力，对展览现场负责，尽最大努力解决落地过程中出现的问题。

（三）展览公教的传播性还不够

在今天，策展人不仅需要思考如何把展览做好，还需要思考如何做好展览传播。做好展览传播，需要的能力不亚于做好展览本身。我所理解的展览传播学，一方面是做好展览本身，让其具有传播性；另一方面是做好展览外部的延展活动，如研讨会、沙龙讲座、媒体互动等，同样具有传播的作用。在讲座上，中国艺术研究院博士生导师方李莉老师在“艺术策展的人类学思考”中就曾谈到展览与观众互动的问题，她从艺术人类学的角度谈到艺术介入社会的理念，通过剧场的方式，为观众营造互动的艺术场景。这一点，我们在中国工艺美术馆参观“在传承中创造：造型 · 表演 · 艺术场景——朱乐耕艺术展”当中得到印证，作品、演员、观众三者之间在同一时空中合力构建了一个多元形态的审美空间。

因此，我审视以往做过的展览项目中，比较多地把传播精力放在了展览外部的延展活动上，而没有聚焦在展览本身方面之上。这并不是说展览外部的延展活动不重要，而是构建展览本身具有传播性是不能忽视的问题，特别是在今天碎片化的时代之下，观众的审美意趣不同以往。如何让观众成为作品的一部分，成为展览的一部分，才是今天策展人不得不思考的问题所在。

譬如，我在武汉美术馆执行策划的文化和旅游部 2018 年度国家美术作品收藏和捐赠奖励项目“卓越翘楚写春秋——武汉美术馆纪念张振铎诞辰 110 周年作品展”，为了更好地营造展览氛围，特别设计一个空间，专门陈列艺术家张振铎的生前画桌场景，以此让观众更容易走进张振铎的艺术世界，包括他历年作画写废的毛笔，一支支陈列在展厅中，由画及物，由物及人，通过对展览的空间营造，实现展览的有效传播。

三、策展的边界不断拓展

在当下，策展的问题，已然不是单纯的布置一个展览那么简单，它所需要面对的现实性问题更多。诸如，策展人对空间的控制权问题、对艺术家作品的了解问题、对当下语境的回应问题、对观众看不懂展览的问题，如此等等，不一而足。我身为策展新人，同样面对这样或那样的问题，如何看待并做好策展人的工作，是一个不可忽视的问题。在这次培训中，不少授课老师，也是策展前辈们，对于策展人的工作给出这样的解读，如：中央美院美术馆副馆长王春辰老师谈到，策展人的工作具有批评性，而策展人是一个具有独立思考的人；孙淼老师谈到，让设计退后的目的是让观众感觉不到设计的痕迹；中央美院美术馆馆长张子康老师谈到，打造智识对于一个美术馆的重要性和必要性；中央美院美术馆策展人蔡萌老师谈到，策展人对展览空间的把握和对艺术家及其艺术作品做深入了解的重要性；华光摄影博物馆馆长崔波老师谈到，策展人不仅需要把态度变成形式，还需要把形式变成内容的能力；中国美术馆研究馆员魏祥奇老师谈到，体制内策展人主动策划馆外展览的重要性和意义；今日美术馆副馆长晏燕老师谈到，当下美术馆策展需要考虑三个形态的变化，即美术空间的发展、展示内容的发展、观众的发展。

由此可见，关于“策展”或“策展人”的定义，从诞生起，它就一直在不断地演变，学术界对它的阐述也在不断丰富、充实。因此，对于从事展览工作的策展人来说，如何面对与回应当下社会现实，乃是始终不可避免的问题。在我看来，策展实则集合了艺术学、哲学、美学、社会学、人类学、经济学、建筑学、传播学、设计学等多学科知识，所延展的社会面之广、可供探讨的问题之多，是一门跨学科多元化的知识学科。好在如今在中国美协主席范迪安的大力推动之下，中国美协成立了策展委员会，并出版了《策展学丛》学术成果，进一步推动了策展工作向前迈进。过去，策展只局限于艺术创作领域，现在乃至未来，策展的边界将进一步拓展、裂变，真正走向万物皆可策的地步。到那时，才是人人都是策展人的时代。

王红英

中共党员，毕业于河北大学。石家庄市文艺评论家协会副秘书长、石家庄市书法家协会展览中心主任、石家庄市桥西区美术家协会副主席。主持策划书画摄影等艺术展览50余场。近年参与策划的展览有：2021年，“感党恩 传精神”石家庄市庆祝中国共产党成立100周年书法美术摄影作品展；2022年，“实干兴石 蝶变石家庄”省会各界喜迎党的二十大书法美术摄影作品展、“画说石家庄”美术作品巡展；2023年，“‘丰碑’——石家庄书法美术作品晋京展”“‘抱犊寨杯’全国书法篆刻作品展”“首届‘龙藏寺碑’全国楷书书法大赛作品展”。参与编辑出版《河北元氏汉碑国际隶书名家邀请展作品集萃》《“画说石家庄”美术作品集》等。

参训感言

每天都有新收获，每天都有新期待。此次培训让我对策展人、策展有了全新的认识和体验。丰富的策展案例及多样的现场教学实践，完全打开了我的思维，这对我来说是一次多领域策展知识的全方位充电，更是我人生的里程碑。我将坚持学习，重新出发，不断提升自己的道德修养、文化素质和学术水平，努力成为知中国、懂艺术、擅创新、会管理的复合型策展人才，不辜负研修院的培养，策划更多有思想高度、文化内涵和艺术价值的展览。

40

感受时代温度

——用心用情用力做好每一个展览

王红英

摘　要：时代有温度，人民有温暖。展览是文化展示和传播最直观的视觉艺术形态。在新的时代文化主题语境下，如何通过用心用情用力的展览实现策展的社会作用、社会责任，带领公众感受时代的温度，是一件需要持续思考的问题。

关键词：时代；温度；展览；城市；未来

时代有温度，人民有温暖。展览是文化展示和传播最直观的视觉艺术形态。在新的时代文化主题语境下，如何通过用心用情用力的展览实现策展的社会作用、社会责任，带领公众感受时代的温度，是一个需要持续思考的问题。

与时代同行　用心做好每一个展

2012年5月，我在高校任职时，参与策划了平生第一个展览“大教无痕”师生书画摄影展。从展墙设计定制、配色，到展品邀稿征集、展标名家题词，再到展厅布局的多次调整，点点滴滴都清晰如昨，这是我第一次参与实际策展的记忆。

2023年4月，“‘丰碑’石家庄书法美术晋京展”在北京民族文化宫开幕，没想到10多年后的今天，我有幸在北京做了回展。10多年间，我做过大大小小的展览近60个，每一个展览，我都像做第一个展览一样用心，对每个环节都严谨认真。虽然在参加研修院策展班培训之前，我对策展人的概念都是模糊的，但我是靠自己在实践中不断摸索一步一步走到今天的。在此之前，我一直认为自己就是在“做”展，还上升不到“策”的层面，因为“策展”在我心里太神圣。经过研修院的培训，我得到了系统、专业的指导。今后也将会继续更加用心地做好每一个展览。

与城市共舞　用情点亮每一个展

主题性展览注重彰显城市文化品牌，树立城市文化形象。石家庄是革命的土地、英雄的土地，是全国解放最早的大城市。“两个务必”在这里诞生，“进京赶考”从这里出发。

2023年是改革开放45周年，也是石家庄经济总量过万亿、实现弯道超车的跃升之年、展示之年。为了弘扬社会主旋律，打造“文化石家庄”IP，主动创新实现城市品牌传播功能，特策划并参与筹办“‘丰碑’石家庄书法美术晋京展”。晋京展不仅是艺术作品自身形象与品牌的树立与传播，更是城市形象的推广与弘扬。

“‘丰碑’石家庄书法美术晋京展”是石家庄书法、美术作品首次在北京集体亮相，是石家庄书法、美术工作者的一次进京赶考、一次集中检阅，全面展示了石家庄书法、美术创作成就，同时也为书法、美术界同人提供了交流、切磋、对话的舞台，对于宣传石家庄厚重的历史文化底蕴、推动书法、美术事业繁荣发展具有积极意义。

展览会聚了包括石家庄市书协、美协主席团成员，中书协、中美协会员在内的150位艺术家，全面呈现了石家庄书画艺术高质量创作人才矩阵。书法、美术工作者以宏阔的视野、全新的境界、精心的创作，做到了主题性与艺术性相结合，原创性地深刻展现了石家庄的奋斗历程和翻天覆地的巨大变化，通过一幅幅主题突出、意境深远的作品，讴歌发展、激发热情、鼓舞斗志，引导全市人民更加坚定建设现代化、国际化美丽省会城市的信心和决心，凝聚起团结奋斗的智慧和力量，彰显了石家庄市广大文艺工作者紧跟时代步伐、饱含家国情怀，砥砺淬炼、精益求精的艺术追求，为推动省会高质量发展做出了文艺工作者应有的贡献。

通过展览感受时代的温度是一种非常有效的方式。展览作品很好地展示了时代的进展和成就，促进了人们的交流和互动，启发了人们的思考和创新。通过研修院的学习，我明白构建展览叙事体系的重要性，明白展览一定要有时代的温度，要独具特色，才能带给人们更多的思考。这就需要策展人深入挖掘文化内涵，用独有的特色点亮每一个展。

与未来共赢　用力收获每一个展

策展对推动国家文化和城市文化的高质量发展具有重要意义。晋京展的举办，是将石家庄独特的文化特色呈现给全国观众，讲好石家庄故事，展示城市形象，探索对外文化交流展示的新形式。让更多人了解石家庄的文化底蕴和艺术风格，促进文化交流与传播，有助于提升“文化石家庄”的知名度和影响力，推动石家庄文化事业和文化产业的发展，有效地提高石家庄的文化软实力以及在全国的知名度和美誉度。

通过研修院的培训，系统的专业知识将指引我做好每一个展览、总结好每一个展览，认真解决出现的问题、查找工作中的不足，用实践和经验去更加完善下一个展览。

以策展推动新时代文化的高质量发展是策展人的共同目标，我们要用行进的目光去把握时代脉搏、领会时代审美、捕捉时代气息，展现新时代展览的多维叙事；面临挑战的同时，也抓住机遇，加强学术的研究、学理的研究和实践的创新。不断坚定文化自信，坚定策展服务公众的文化立场与态度，以高质量的展览回应社会的文化需求，用好展览讲好中国故事，展现可信、可爱、可敬的中国形象。

苏 航

大连新闻传媒集团苏航策划工作室负责人，中国民间文艺家协会青年委员会副主任，大连市民间文艺家协会副主席兼秘书长。在策划咨询实施服务领域具有诸多经验，专注文体旅游项目的策划执行和传播。

参训感言

十分感谢中国文联文艺研修院和国家艺术基金策划组织这个培训项目。对于一个已经参加工作多年的文艺工作者来说，这是偏得。两个月的线上线下结合学习，比学赶超的同学、资源广博的导师、生动多彩的实践，让我在新的平台上全方位提升，感受到精神的滋养和羽翼的逐渐丰满。这是一次难忘的经历，更是一笔宝贵的财富。我在今后的工作生活中，融会贯通学习所得，力争担负起新时代新使命，为文艺事业贡献自己的一份力量。

41

融合创新的策展思维

——论新时代策展人的使命与担当

苏 航

摘 要：新时代策展人应该具备融合创新精神，成为资源整合的多面手和创新实践的主力军。文章围绕新时代策展人的使命与担当，结合融合创新的工作实践，以庆祝改革开放45周年大连美术作品展等项目为例展开论述。

关键词：融合创新；科学 + 艺术；数字传媒

什么是策展人？这是一个见仁见智的问题。是一个体力劳动者，是一个讲故事的人，是一名导演，是一名舞者，是一名教育家，是一名批评家……都可以是。而我今天要论述的策展人，是在新时代的背景下，一个资源整合的多面手和创新实践的主力军。他，以策划为手段链接一切可以链接的资源，以科技创新为载体，探索“科技+”的新形态。

这是一片辽阔无垠的浩瀚大海，每一个挑战未来的启航都是值得关注和回眸的。由我领创的苏航策划工作室是大连新闻传媒集团旗下专业策划咨询服务机构，依托传媒集团的权威影响力与众多跨界融合资源，为政企和个人提供专业策划咨询实施服务。运营特色归根结底是两个词:“融合”与“创新”。

在两年来的实践中，我已经自觉地奔走在“融合”与“创新”的大道上。融合，首先是一个思想的更新，逻辑的重组。融合发展关键在融为一体、合而为一。尽快从相“加”阶段迈向相“融”阶段，从“你是你、我是我”变成“你中有我、我中有你”，进而变成“你就是我、我就是你”。创新，不仅仅是走前人没有走过的路，更在于让这种奔走充满生命力和正能量。这个场景让我想起已故诗人顾城的那首诗:“天是灰色的，路是灰色的，楼是灰色的，雨是灰色的，在一片死灰中，走过两个孩子，一个鲜红，一个淡绿。”

鲜红和淡绿，是我们融合与创新的颜色，也是我们四季的追求。

走在融合创新路上的人，都有着鲜红的梦想和淡绿的心境。我们把面前废墟里的荒芜和深耕中的泥土，都看作希望。希望在前面，希望在脚下，希望在手中。

随着科技、艺术的融合发展，“界”这个概念，已经越来越模糊了。我策划的很多活动，在跨界融合与艺术创新方面迈出大的步子，那是我们所希望达到的一个全新境界。跨界融合在策划经营中，充分利用独有的信息资源和人才资源，把项目与项目、企业与企业、城市与城市的融合都纳入策划服务的领域，借助专业合作团队与资源整合优势，从产品服务延伸到产业链服务，从活动策划延伸至行业策划，多维度尝试跨界融合的落地实施。

实践表明，融合不仅仅需要跨界融合，还需要界内融合。第一，必须打破“鸡犬相闻老死不相往来”的狭隘观念。通过互相学习交流，到达融合境界。第二，必须摈弃“我好我就不能让你好”的传统思维。各个单位之间要建立亲如一家利益分享的合作关系。第三，必须树立“海誓山盟”的全新逻辑。让“山”和“海”各自发挥优势，构成全新和谐景观。

融合创新的基本路径有以下几点：一、打造品牌。以大连地区文化活动为主阵地，以传媒集团内外策划者为主力军，深度融合，整合资源，发挥权威媒体的公信力、号召力和传播力，联合各有关部门共同打造大连新闻传媒集团的策划品牌。二、智慧赋能。充分发挥工作室专家团队的智慧优势，善用媒体长项，帮助企业挖掘文化特色，打造文化精神，树立文化形象。发挥好“外脑”作用，实现资源匹配对接的精准大策划。三、互惠互利。在所有合作关系中，首先想到的和做好的是设身处地，为对方和他人着想，让对方和他人获利。建立一个公平合理的平台，形成新的合力。下面举几个例子以做说明。

一、资源整合的多面手

从这次国家艺术基金中青年策展人培训班的课程表就可以看出，一个好的策展人，应该具备多种素质，不仅仅自身是一个“杂家”，更有跨界融合的资源整合力。

（一）庆祝改革开放 45 周年·大连美术作品展

最近，我们策划了“庆祝改革开放 45 周年·大连美术作品展”，该展览由大连市文学艺术界联合会主办。这个展览，在大连文学艺术界第一次大规模地将油画、水墨、水彩作品和非遗作品融合在一起。用非遗去点缀和贯穿整个展览，现场迸发出意想不到的审美效果。

（二）大连马拉松博览会

2023 年 10 月，大连新闻传媒集团在策划大连马拉松博览会时，采用跨界融合的思维方式，将展览、演出、美食、娱乐结合在一起，让一个博览会更加多元，更具吸引力。资源整合之后不仅产生化学反应，更焕发出蓬勃的生命力。

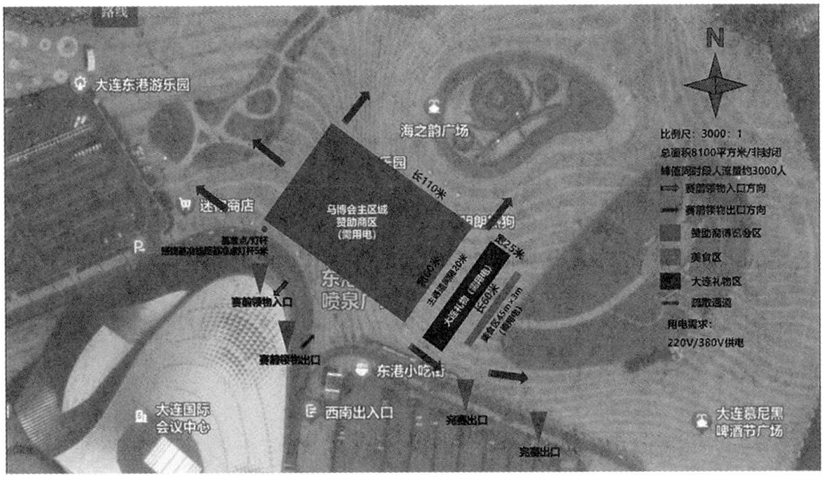

图 1　马博会图示

二、创新实践的主力军

在这两个月的培训中，我听到最多的一个词，就是科学加艺术。科技为艺术提供了新的表现方式和创作工具，使艺术作品更加丰富多样。艺术则为科技注入灵感和情感，使科技有了人性化的特点。无论是数字媒体艺术还是虚拟现实等等，都给我们带来了独特的体验和思考。科技与艺术的融合是一场跨界的盛宴。作为新时代的策展人，我们应该积极探索和实践。推动其不断发展，为世界带来更多的美好。举正在进行的两个项目为例。

（一）大连新闻天空数字传媒

大连新闻天空数字传媒是大连新闻传媒集团整合深圳大漠大智控技术有限公司高科技资源联合运营的一个“低空经济”展演项目。运用无人机灯光秀等低空高科技手段，以天空为幕，做好科技 +，让空间更加多元，让故事更加精彩。2023 年 7 月，配合文旅部在大连落地的“中国之夜”文化和旅游消费嘉年华暨“夜精彩越美好”暑期文化和旅游消费季活动，天空数字传媒展演作为特别舞台美术，在活动环节当中穿插展演，令现场的观者耳目一新。

（二）大连新闻数字发布展览馆

大连新闻数字发布展览馆的策划是大连新闻传媒集团结合当下较为流行的数字屏媒、数字藏品、元宇宙空间这些高科技手段，践行数字化转型先行军和主力军的具体举措。在传媒高地建立数字发

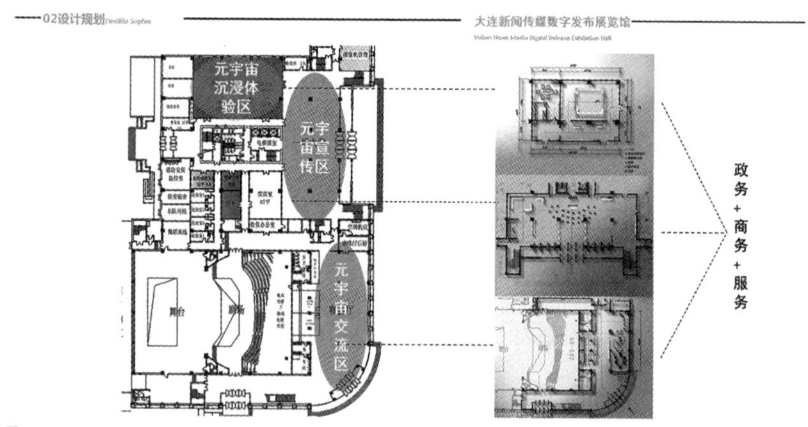

图 2　数字发布展览馆设计图

布展览馆，发挥传媒优势，承担展览和传播基本功能，同步拓展大型展会、企业内展、视觉艺术展览业务，推出“传媒+策展人”概念。

一个新时代策展人，应该运用好融合创新的策展思维去践行使命与担当，坚持为人民服务、为社会主义服务，坚持百花齐放、百家争鸣，坚持创造性转化、创新性发展，应该担负起新的使命，也必将为推进文化自信自强、铸就社会主义文化新辉煌做出自己的贡献。

安　宁

目前就职于成都自然博物馆（成都理工大学博物馆）。曾在四川博物院从事公服、讲解接待、培训、展览策展、配合临展的社教、常规大型社教活动、招募培训考核大小志愿者、课程、研学、流动展览、会务、行政工作13年。参与“山高水长·物象千年—— 丝绸之路上的文化与交流”等展览的策展及策划展览展教工作。配合展览和节假日组织策划精品的社教活动。2022年1月至今参与了成都自然博物馆（成都理工大学博物馆）新馆筹建的多项工作。撰写并发表多篇论文，如《公共博物馆讲解的语言艺术与技巧思考》《社教是展览的重要组成部分》《一带一路再现茶马古道之辉煌》等等。

参训感言

非常感谢国家艺术基金和中国文联文艺研修院给予我这次学习的机会，让我有幸参加2023年度艺术人才培训资助项目“中青年视觉艺术策展人培训”。经过1个月北京线下和回驻地一个月线上紧张和充实的学习，我收获满满，获益匪浅，增长了知识，提高了才干。我深深感受到，活到老学到是人一生都要去做的事情。通过这次学习，我的政治意识得到了提升，专业本领也得到了增强，感受到责任重大、使命光荣。在接下来的创作中，我有信心做新时代文艺事业的建设者，做有信仰、有情怀、有担当的策展人，不断提升审美意识和精神素养，坚持习近平总书记在新时代社会主义核心价值观，以人民为中心，坚定文化自信，让无愧于时代的艺术佳作与广大的观众见面。学习的时光总是短暂，感谢老师们的辛勤付出！期待下次与老师和同学们再次相遇。冬去春来，鲜花盛开！

42

社会教育活动是展览的重要组成部分

安宁

摘　要：随着社会主义精神文明事业的不断发展，我国的博物馆事业也得到了快速的发展。通过各种形式的社会教育活动改变了观众对博物馆展览单一、简单的认知，让观众每次来博物馆都是常来常新、常看常新，常体验、常有新的收获，这才是观众进博物馆的最终目的。

关键词：博物馆；展览；社会教育活动

2007年，国际博协将“教育”放在了博物馆职能的第一项，即“博物馆是一个为社会及其发展服务的、向公众开放的非营利性常设机构，为教育、研究、欣赏的目的征集、保护、研究、传播并展出人类及人类环境的物质及非物质遗产”，其中社会教育的重要性不言而喻。随着社会的进步和发展，博物馆的社会教育作用引起了社会的广泛关注，博物馆成为除学校教育以外的“第二课堂”和第二教育系统。其中，博物馆的展览是博物馆展示信息的主要方式，是博物馆进行社会教育活动的主要文化场所。博物馆的信息有许多展示和传播形式，其中陈列展览是最重要的形式。

一个好的展览，首要原则就是知识性与教育性，这也是筹办展览的目的，基于这个目的不少专家强调好的展览在策展的初期就应该有博物馆教育工作者的参与。

早在“山高水长·物象千年——丝绸之路上的文化与交流”展立项之初，围绕展览所进行的社教活动就在同步策划。二者既独立运行又互相成就，展厅内作展览的核心内容展示，展厅外作展览的文化外延部分，再通过现场社会教育活动，让展览既走进观众的内心，又传播得更远。可以说，在考量“山高水长·物象千年——丝绸之路上的文化与交流”展的意义时，展厅内外都是展览的重要组成部分，每一部分都丰富精彩，才是这次展览成为一个重量级大展真正的判定标准。

为了配合这个展览做好社教活动，其中针对未成年人开展了“丝路之色——亲子填色主题活动”，这个活动旨在让孩子们从展厅文物出发，寻找丝路上的颜色，并用手中的画笔绘制出自己眼里的丝路之色，让其深刻感受到丝路文化中艺术瑰宝的色彩魅力。针对成年人开展了“丝路艺影——成人写生主题活动”。活动让观众从全域美术史角度了解丝路地域文化及文物的艺术特点。在此期间，博物馆教育工作者梳理代表文物的花纹、材质、色彩和造型等信息，进一步剖析地域文化对艺术的影响与作用，以加深博物馆观众对文物的理解和兴趣。观众进而从造型艺术、装饰花纹等方面开展写生创作活动。

在活动最后，博物馆教育工作者还对观众进行了教育活动问卷调查，让观众在互动活动之余，有目的、有方向地掌握展览知识，同时也帮助博物馆教育工作者不断提高活动品质，策划更有深度的教育外延活动。现场，寓教于乐的讲解、互动，广受观众的喜欢，他们纷纷表示在此次展览中收获颇丰。展览再好光有宣传还是不够的，观众朋友的积极参与才能让展览深入人心，“让文物说话”，让展览活起来。

随着博物馆事业的蓬勃发展，越来越多优秀的展览在博物馆展出，把展览办好、办活，真正走进百姓生活而惠及大众，是举办展览的意义所在。展览与社会教育有机结合，有效地发挥其教育职能，可深入挖掘展览内涵，提升展览高度和深度，扩大展览影响力，是展览的有机补充和价值的延伸。

冀 然

广州美术学院新美术馆学研究中心研究员，首届“泛东南亚三年展”策展研究员，参与策划“翻山越海：刘博智缅甸华人文化摄影”以及“泛东南亚三年展文献展”板块。近年来参与策划的展览还有华侨城盒子美术馆五周年文献展、“绵延”吴杉个展、“海与迭奏”花田和治个展、“金亚楠个展：流动的间隔”、“钟云舒工作坊展览：家的危险”等。

参训感言

在2023年8月至9月，我有幸参加了中国文联文艺研修院主办的“中青年视觉艺术策展人培训”。在本次培训项目中，通过集中授课和现场教学相结合方式，我得到一次学习与提升机会。在为期一个月的培训过程中，来自全国的著名专家学者、行业领军人物、优秀策展人及其往期培训班的学员代表们为我们带来了精彩的课程。

在课堂之外，来自全国各个机构的优秀策展人之间的交流形成了“第二堂课”，学员们每晚自发组织“学术局”，分享自身在展览策划与科研学术中的经验和问题，引发思考并产生共鸣。对我而言，本次“中青年视觉艺术策展人培训”是一次难得的机会，它不仅是一个学习的平台，更是为全国的中青年策展人提供了一个交流的契机，使大家在未来的策展理论和展览实践中产生了更多的可能性。

43

美术馆大型展览策划模式研究

——“泛东南亚三年展”的在地性与策展性

冀　然

摘　要：本文以广州美术学院主办的首届“泛东南亚三年展”为主要研究脉络，将展览中的在地性与策展性作为研究切面，对比分析传统“双 / 三年展”固定的策划机制，旨在探讨新型大型展览策划方式与展览范式。

关键词：新美术馆学；“泛东南亚三年展”；策展性；双 / 三年展

在2023年夏秋之交，笔者有幸参加了中国文联文艺研修院主办的国家艺术基金艺术人才培训资助项目“中青年视觉艺术策展人培训”。在本次培训过程中，通过59位专家学者的集中授课，以及在中国国家版本馆、国家博物馆等馆所的现场教学，我更加全面且系统地学习了关于展览策划的理论知识与实践方式。下文以笔者于今年春季参与策划的展览为例，结合在课堂与现场教学中习得的新的知识与方法，研究与分析新型大型展览的思维模式与策划方式。

广州美术学院新美术馆学研究中心以“泛东南亚三年展”与“泛东南亚国际学术论坛”为研究脉络，建立起了多维度、跨学科的“新美术馆学”研究体系，同时也基于我国美术馆学科理论及观念的新发展，延续与提升艺术史与艺术理论、人类学、社会学、文化研究等相关学科在现当代艺术及文化语境中的交互作用。相较于传统“双/三年展”固定的策划机制，“泛东南亚三年展”以开放的形式搭建长期研究、展示、交流平台，联动地理定义上的南中国及东南亚地区的各方资源，以超越静态的区域艺术研究为核心，构建了一种独特的“展览流”的模式。换言之，“展览流”即是把三年展的主题以不同角度、不同形式进行分析，邀请国内外策展人对“区域艺术研究”所涉及的问题展开讨论，使展览保持绵延状态，在三年间不断更迭。

“泛东南亚三年展”的“展览流”包括“同声反复，声深入心”，及后续展览“翻山越海：刘博智缅甸华人文化摄影展”“对于‘参与式艺术’的两种回应”“万言亦无声——生活的学术价值”，直至“泛东南亚三年展文献展”同期开放的“向雨林学习”“博物之知”以及“榴莲·榴莲：作为方法论的区域艺术研究”。

在所有的“展览流”中，有一组较为特别，那便是“泛东南亚三年展文献展”。“文献展”包含了上述展览的前四场，既是对“展览流”的回顾，也是对原展览的补充与反思。在展览流的策划与执行过程中，策展研究员把遇到的问题以及在“展览流”中发现的重点和难点重新提出，以不同的策划方式和陈列结构再次呈现在“文献展”中。“展览流”的形成，一方面是大流行所造成的影响，迫使策展团队将主题化整为零，使展览、研究、讨论等流动起来；另一方面，也是基于对于社会变革的思考，使策展团队试图解构传统“双/三年展”的常规方式与规则。“泛东南亚三年展”中的“文献展”，可以从汇总与融合的角度再次进入相关展览的语境，回溯不同展览中的巧思，感受展览之间的张力。在“文献展”中，展览跨越时空进行并置，既作为“文献展”的一部分，也作为三年展中自在自为的独立个体，使策划者与观众一同在展览中反思展览，在问题上提出问题，从而让展览真正地“流动”起来。

就自身的经历而言，笔者参与策划了“翻山越海：刘博智缅甸华人文化摄影展”以及“泛东南亚三年展文献展”。正如前文所述，上述两个展览不啻于策展性的同义反复，而是在同一个展览主题下，但在不同的研究视角和策划方式上对一场展览进行再次策划与反思。

自20世纪70年代起，艺术家刘博智便开始用纪实摄影的方式去关注海外华人这个庞大的移民群体，他的足迹遍布欧洲、北美、南美、东南亚等地。作为摄影艺术家，他不仅用照片去记录，更重要的是留存了大量的访谈和细致的田野日记，也在对华人华侨的探访过程中，收集了实物、书信等相关物品及文献。谈及刘博智的工作方式，他不仅是传统意义上的摄影艺术家，更像是一位用影像说话的人类学家。

“翻山越海：刘博智缅甸华人文化摄影展”源于2020年年初，由广州美术学院美术馆委托刘博智前往缅甸创作以“缅甸华人”为题材的系列作品，在为期7天的田野拍摄中，他去到了仰光、毛淡棉等缅甸南部城市。除此之外，展览吸纳了他在2013年至2014年期间到访曼德勒、腊戌、南渡、皎脉、眉苗等缅甸北部城镇时创作的作品。两次考察构成了两种截然不同的经历，恰好呼应了展览基于缅甸华人华侨史中“越海”与“翻山”的迁徙脉络。在2020年，作为田野考察向导的伍丽秋，在整个过程中始终陪伴在刘博智这位长者身边，既是翻译，更是朋友。她是台山第三代移民，在听说“缅甸华人”的创作计划后立即答应参与本次展览，所以这次考察的路线、到访的人家、访谈的主题很大程度上由她来引导，这便成为在刘博智镜头背后另一个隐藏的视角，也是蕴含在展览中一条“在地”的线索。正是在此背景下，展览线索以地缘为起点，跟随上述两位的视角，得以探索缅甸华人社会中的生活与思想、经济与劳作、家国与原乡之间的情怀和张力。

怎样表现“翻山”与“越海”两条展览线索，成了策划团队重点考量的问题。“翻山”是指从云南境内通过陆路到达缅甸北部，早在秦汉时期已有中国人前往缅甸谋生的记录，发展到了明代，缅华社会首先在缅北初步形成。“越海”即是在18世纪之后，以广东台山为中心，随着中缅海上贸易的发展，通过海路移民至缅甸的人数日渐增多，缅甸南部华侨社会进而成型。在展陈设计上，策划团队把展览中的两个展厅分别对应了陆路与海路两条迁移线索，并在内容上划分为缅甸掠影、华人华侨史、华人华侨的日常生活、社团活动、华文教育与原乡六个板块。前三个板块并置于一号展厅，在设计上更偏向于能使观众产生陆地联想的视觉元素；后三个板块则处于二号展厅内，设计上结合与海洋相关的元素。在两个展厅的外部平台上设置了观影区，观众在进入展厅之前可以快速了解刘博智和伍丽秋这二位人物以及整个展览背景。展厅中还设有观众阅读区，该区域的设置一方面是因为文本数量在展墙上的直接呈现要经过严格控制，避免文献研究掩盖了作品视觉；另一方面阅读区可以更好地整合展览的文献研究。

从视觉设计到内容划分，再到文献研究试图做到交互、并置、穿插且融合的效果，使展览成为一个多元、开放、包容的形态，避免单一化叙事的“文化规训”。而这也是当代美术馆与现代主义博物馆的不同点之一，现代主义博物馆在其内部强调父权制的管理体制，从而形成了自上而下的“行政策划”模式，对外部则通过藏品以彰具有史学权威的机构性，并对社区乃至民族起到身份认同的塑造作用。反观当代美术馆更注重对“体制”本身的反思，这种反思体现在美术馆与观众、社区、城市等外部关系之上，也表现在对自身的批判和反省之中。要在美术馆的展览空间中走向当代，抛弃空间中的“文明化的礼仪”和“文化规训”是展览策划的首要考量。

在设定了上述展陈思路之后，怎样达到视觉呈现的预期效果是需要思考的另一个问题。在展厅之中不仅需要实物，更需实景，只有达到从实物到实景的转换才能够呈现出蕴含在展览中的“生态”。这种学术思潮源于20世纪70年代发端于法国的“生态博物馆学”，其作为“新博物馆学”的重要源流之一，对现当代博物馆、美术馆的发展起到了至关重要的作用。在现今的展览策划中，生态的概念不再局限于自然环境，而是包含了作品生态、社区生态、人文生态等多个方面，从而形成适合展览自身的展厅生态，故而形成“活体美术馆”。为此，在2023年的暑期，策划团队一行八人兵分三路前往位于广东省台山市的冲蒌镇，那里正是伍丽秋的家乡。

从地缘因素出发，台山市广府人出海口纪念地是构成原乡与他乡的重要一环。在过去，移民们从广府人出海口泛舟而行聚合到广海湾码头，再换大船驶向香港，最终通过海轮驶向世界各地。在田野考察的过程中，策划团队走访了沿途村落，留下了相关文字和影像记录。特别是利用航拍技术录制了上述两处水域的水纹，作为展厅平台观影区影像的片头，形成了原乡与他乡场域上的融合与转换[①]。黄

① 展厅所在的楼层平台是连接两个展厅的通道，它是入口，也是出口，所以“进”与“出”构建起了不同的参观语境。

皮树被伍丽秋在访谈中反复提及，她说道："感谢我们的爷爷奶奶，在战争时期来回多次，带了台山的黄皮树、小橘子的种子，种在了缅甸住家。每次回乡，我总会看台山有哪些事物，我们还在传承、保留着。"所以在该展厅的设计上，巧用黄皮树配合落地窗定制的网格布图像，以形成展厅内的"风景"。从文献梳理到视觉因素，继而引申到实物如植物、侨批等，由此再结合作品建构起完整的展厅生态。

距开幕式还剩三天之时，团队开始对展览的文本信息进行终审，其中有几条关于作品名称的"错误"引起了大家的讨论。例如，艺术家命名为"曼特勒华文学校"的作品，图像中的华文学校业已废弃多年，早就不具备教学功能。因此，有学者建议修改为"曼特勒华文学校旧址"。而另一方认为，策划团队是否能够因学术的权威性和正确性而去干预艺术家对作品的命名权？换言之，在策划观念艺术展览之时，往往仅核对材质、时间等信息，而面对人类学展览之时，竟开始关注作品名称了。但这二者之间的确存在差异，人类学的展览信息有现实关涉，而观念艺术则是意象关涉。

经过讨论之后，大家达成了一致，在这个问题上最重要的是尊重刘博智对作品的命名权。在此前提下，通过在观众阅读区增加作品研究文献的方式，观众了解到每一件作品背后的故事和展览的研究脉络。这样一来，不仅保护了艺术家的权益，也构成了结构性的信息输出方式。这一点也是新美术馆学从"物"到"人"转向的一个侧面反映。众所周知，观众是美术馆的客观履职对象，也是主观上的服务目标。但新美术馆学中所强调的“人”不仅包含美术馆“外部”的观众，也涵盖了美术馆“内部”的艺术家，只有通过从对艺术家的尊重开始，才是新美术馆学意义上的对“人”的关怀。在坚守文本准确性的同时，让参与到展览中的各个方面人都能成为学术权威之上的“人”，这其中包含“他们”，也有“我们”。

通过学术研究、展陈设计、内容划分、文献信息等各方面的考量与讨论，展览才得以最终成型。而策划一个具有“当代性”的展览并没有什么成功经验可以借鉴，即便是对于策划团队自身而言，在面对不同主题、不同作品、不同研究脉络等各项因素时，上一个展览的经验也只是能够在技术层面加以吸收利用而已。美术馆作为文化艺术的展示窗口，也作为观众了解当代艺术的渠道，其存在着不同的拟态，例如“圣庙”与“论坛”、“堡垒”与“商场”、“他们”与“我们”等。如果把每一组拟态分别置于一段光谱的两极，那么在每一次的展览策划过程中，都需要找到在各个光谱中适合“当下”的平衡点。

我们不仅在展览中积累策划的经验，同时也在反思“展览流”策划中的不足。对于“翻山越海：刘博智缅甸华人文化摄影展”，策划团队认为在“展览流”中，展览为了能够在学术研究上支撑起一个独立展览的体量，以刘博智的作品去匹配整个缅甸华人华侨史及其变迁，在艺术家数量和作品类别上均有所缺憾。但在当时受制于疫情的影响和其他客观条件的制约，我们无法实现策划方案中的相关设想。而在“泛东南亚三年展文献展”中，策划团队以完全相反的思维去策划“文献展”中的“翻山越海”。由于“文献展”是与特别展“榴莲·榴莲：作为方法论的区域艺术研究”一同开幕，所以相较于“展览流”而言，展览的再次呈现无须以独立展览的体量去支撑整个学术研究，故而可以呈现出更多的策划视野和研究方向。所以，“文献展”中的“翻山越海”是以刘博智田野调查的视角去直观呈现，它不再需要匹配宏大的理论框架，而是退回到“个展”的策划方式，但又不同于普通个展。因为“特别展”中的其他板块，又在展览场域中与该展览产生了多维度、多元化的联结。

自2020年以来，新美术馆学研究中心以加强科研出版、举办国际学术活动等方式保持自身的研究特点，持续性与国际美术馆行业进行沟通与交流；以“展览流”的模式缓解疫情封控对展览的影响，并巧妙地化解了单一展览资金不足的问题，这也是从美术馆内部的策划方式上展开实践，应对大流行对美术馆的资金影响；研究中心与美术馆在“泛东南亚三年展”期间，搭建了综合性、多维度的官方网站，该网站包括了数字展厅、科研出版、学术活动以及馆藏作品等关于展览和研究的各个方面。在这样的背景下，广州美术学院新美术馆学研究中心将努力成为美术机构、艺术生产者和研究者们交流的平台，带动一系列展览实践及学术研究的生产，并将学术研究的成果开放给更广大的公众。

参考文献

范宏伟 . 缅甸华侨华人史［M］. 北京：中国华侨出版社，2016.

孙晓伟

成都画院策展人，艺术硕士，主要从事现当代艺术的策展实践与研究评论。成都画院特聘画家、四川省美术家协会策展委员、成都市美术家协会综合材料艺委会副秘书长、成都市美术家协会理论委员会委员。编辑出版《乔治·莫兰迪：光的诗》《流变——中国当代声音艺术》等。

主要策划的艺术活动有："成都画院公共艺术教育丛书——成都画院小圆桌"（获全国美术馆优秀公教项目提名奖）、"新天府盛景图"（入选省级艺术基金扶持项目）等。参与过的重要艺术活动有："2021成都双年展"、"美术馆之眼"、"艺术大家与四川系列公益讲座"（获全国美术馆优秀公教项目提名奖）。多篇文章发表于《美术观察》《中国文化报》等报纸期刊。

参训感言

这次有幸入选"中青年视觉策展人培训"班，我的内心非常激动。在一个月的学习过程中，我收获了非常多的宝贵的关于策展的专业知识，更重要的是，在中国文联文艺研修院的精心组织下，所学课程不仅仅局限在策展方面，也包含着更多与策展相关的课程以及大量的外出实地考察，极大地丰富了我的视野，拓宽了我对于策展更深刻的理解。通过这一个月的学习，我认识了非常多的朋友，他们来自全国各地的美术馆、博物馆等专业艺术机构，与他们相识、沟通、交流，让我看到了更多维度的有价值的策展实践，受益匪浅。感谢这段令人难忘的学习经历，期待再次的相逢！

44

策展的逻辑与叙事

——以『光的诗——乔治·莫兰迪艺术展』为例

孙晓伟

摘　要：2024 年 8 月，我参加了由中国文联文艺研修院主办的全国“中青年视觉艺术策展人培训”班，在为期一个月的学习期间，收获了非常多关于策展概念、策展结构、章节划分、展览互动、展陈设计等方面新的思考。恰好不久前我刚刚在成都市美术馆完成了“光的诗——乔治·莫兰迪”展览的策划与实施，结合自身的策展实践，综合学习期间的感悟，形成了以下关于策划莫兰迪艺术展过程中所思所想的札记，以此记录、总结、反思。

关键词：倒叙；诗性；精神世界；光

展览的策划线索至关重要，它决定展览最终的学术走向和面貌。“光的诗——乔治·莫兰迪艺术展”前言的结尾处，我们向观众提了一个问题：“何以这么隽永而伟大的力量，存在那瓶瓶罐罐的小千世界里，存在那风吹而过的连绵山丘？”作为展览动线的起点，它引导着观众带着问题去寻找答案。

1909年，莫兰迪19岁，正值青年，受到《未来主义宣言》的影响，他积极参与现代主义的实践，莫兰迪早年的艺术探索中，始终维系着与当时先锋艺术的纽带。他实验性地尝试现代艺术的表现方式，参与“未来主义”与“形而上绘画”艺术团体的活动。但莫兰迪始终与现代艺术保持谨慎的距离，这或许与他执拗的性格有关，抑或是他逐渐发现现代艺术似乎不能完全解决他对于艺术的迷惑。正像他自己在许多年后写的那样：“那时我虽然已经很热切和很感兴趣那些理论，但后来那时的意大利绘画的方向对我来说太平淡又令人厌烦……我很快地意识到那种新的美学观比旧的更不适应我的精神上的追求。”

此次展览以“光的诗”为展览题目，凸显着整个展览策划的核心——光。“光”在这里有两层含义：一方面它指代“自然光”，这是解读莫兰迪所有艺术观念的基础；另一方面，它指向的是“时光”，源于莫兰迪作品中不懈的追求——客观世界的永恒性。如果说“光”是打开莫兰迪艺术精神世界的密匙，那么“诗”则是进入莫兰迪内心之境的崭新视角。我们可以把展览的切入点看作展览视角的起点，以什么样的方式进入展览语境中，需要根据不同的展览主题、形态做出判断。与大部分现代艺术大家不同的是，莫兰迪在20世纪50年代于博洛尼亚美术学院退休之后才迎来了创作的高峰，完成了他一生超过一半的作品。这种特殊的创作轨迹为展览线索的呈现提供了一个恰当的角度——回望。何为“回”？“忘”向哪里？策展团队从莫兰迪的成长环境、莫兰迪观念与视觉来源、莫兰迪的个人经历这三个思考切面入手，通过大量的阅读，去进行文献的梳理与提炼，并逐步构思展览的结构与展览节奏，去寻找答案，并以“倒叙”与“回溯”的视角回望莫兰迪的一生，为展览搭建思想与视觉的框架。而如何呈现莫兰迪艺术中的纯净与诗意？回应展览标题中的关键词“诗”，展览文本的呈现至关重要，我们透过莫兰迪、诗人雅各泰、策展团队三个语言视角，展开不同时空、不同角度的对话，以及透过莫兰迪艺术中孤寂、安宁、超脱、诗性的思想，试图去寻觅这位远在欧洲小镇的意大利画家与东方艺术的关联与耦合。

策展语言里，情绪的递进在策展过程中极其重要，空间形态、冷暖色彩、听视觉等皆可影响观展情绪的渐进。因此，“光的诗——乔治・莫兰迪”展览选择以传统博洛尼亚的拱形建筑为背景，白色石膏瓶罐嵌入在白色墙中，有色与无色相映，有形与无形相交，逆光而向的展厅入口，牵引着观众主动拉开观看莫兰迪艺术世界的序幕。进门右手边的年表，采用了阶梯累积与山脉起伏的两种形态，暗合了莫兰迪在20世纪50年代之前艺术上的缓慢积累，以及50年代之后与亚平宁山脉的相伴，近 60 米长的时间轴年表，渐渐带领观众步入莫兰迪一生的艺术历程。

图 1　乔治·莫兰迪展览现场（图片来源于成都市美术馆）

一、彼时的遥望

如同从墙体切割而出所构建的场景下，视线穿透的“窗”代表着“遥望”在此便已开始，它预示着此刻的我们正遥望莫兰迪的彼时。

当观众沿着动线向前时，可清晰地看到莫兰迪作品中色彩与空间的逐渐变化。光的层次更加地丰富、色彩越发地简练，空间更为主观，空间中光影的设置、矩形与圆形的窗、平行时空的文本，独

图 2　乔治·莫兰迪《白色小路》
（图片来源于成都市美术馆）

图 3　保罗·塞尚《风景》
（图片来源于成都市美术馆）

自感知的音乐，都在潜移默化地将莫兰迪艺术的情绪传递给观众。当你由 A1 步入 A2 展厅时，冷暖色彩的微妙变化与外场音乐声调的降低，进一步暗示和影响着观众在这一空间的感知和情绪的递进。

此次展出的莫兰迪作品，大都尺幅较小，作品撑起硕大的展示空间，难度极高，但莫兰迪的作品恰恰有这样的力量。色彩、空间、造型、文字，这些基本元素使得展览在冷暖色中缓慢“诉说”。当目光望向高处时，是抽离自莫兰迪静物作品中被放大的瓶罐，向前，转折处，墙上书写着来自菲利普·雅各泰的话“至此，说了这么多，却一言不中；这些画作在你面前，谜如青草”，再向前，投射在地面的光引导仿佛连通着另一世界阶梯与窗。空间元素的节奏变化，与作品沉稳宁静的力量相互映衬，大与小、冷与暖、动与静，引导观众再次出发去“触碰”莫兰迪。

二、不朽的目光

静物作品是莫兰迪艺术最为人所熟知的一个主题。这一板块展出了莫兰迪从20世纪初至20世纪60年代的23幅静物主题的作品，极为难得地涵盖了莫兰迪一生所有重要的创作阶段，包含了莫兰迪早期少见的立体主义风格的静物作品。

20世纪初，受欧洲前卫艺术运动的影响，青年时代的乔治·莫

图4　乔治·莫兰迪《静物写生》（图片来源于《光的诗——乔治莫兰迪画册》）

图5　乔治·莫兰迪《银盘静物》（图片来源于《光的诗——乔治莫兰迪画册》）

兰迪积极地迈向现代主义的怀抱，立体主义对形体的解构在他早期创作中清晰可见。画面中静物实体的出现，预示着他对于静物这一主题的探索已经开始，而光影的描绘也隐现其中。20 世纪 30 年代后，莫兰迪摒弃一切干扰，逐渐远离现代艺术的纷扰，开始独立地进行艺术的探索。

图 6　乔治·莫兰迪展览现场（图片来源于成都市美术馆）

如何让观众身临其境地感受莫兰迪艺术的精神世界？观展环境的塑造极其重要。如果大家细心观察，便能看到此次展览在空间布局上多采用直角形式的搭建方法，通过“忘”“回望”的角度，用一种微妙的色彩与空间的关系，试图靠近莫兰迪的精神世界，去寻找一束光。如在 A3 展厅的中间位置，有一处依据博洛尼亚建筑特点搭建而成特殊展区，左边的窗户一束光倾泻下来，与静物花卉弥散的光重叠，画中花朵的颜色，微妙婉转，仿佛是黎明的颜色渐渐散开去。

1956 年，莫兰迪从博洛尼亚美术学院退休，他离开城市，隐居在格里扎纳的乡间里，进入了一种更为纯粹简练的状态，迎来了创作的高峰。

三、可知的世界

文献在展览策划中不仅仅是资料的辅助，它往往是拓展理解，延伸策展理念的重要一环。莫兰迪的纸上作品便是如此。可以肯定的是，莫兰迪纸上作品并不是布面作品的依附，它们同等重要。

需要强调的是，此次展览的很多空间设计都源于莫兰迪的作品及每个章节之间的转换与关联。如在第二单元中拱形的物理建筑形态转向第三单元开头拱形的光的形态，这种视觉媒介的转换也引申出第三单元的主旨，也在暗示着莫兰迪在所有纸本作品创作中，对光的精湛的不同表达。如萨莱 · 布兰迪所说:“在莫兰迪的画里，事物似乎是从空间的深处走向我们，恰如记忆从时间的深处显现，如同海上远远的一个点慢慢变成一艘船。”

再向前，是此次展览最后一个展示区域，通过纪录片、艺术文献、艺术互动等方式让公众再次认识莫兰迪。在这里，不同年龄层次的观众，包括小朋友都能够再次获取关于莫兰迪更多维度的拓展内容。在放映区，你可以通过莫兰迪朋友、同事、家人的视角更深刻地了解莫兰迪。在文献区，你可以阅读更为资深的研究者、策展

图 7　乔治·莫兰迪展览现场（图片来源于成都市美术馆）

人对莫兰迪艺术的多重解读。在互动区，你可以通过不同形式的公教主题活动走进莫兰迪的艺术世界。

四、结语

最后，让我们再次回到文章开头所提到的那个问题："何以这么隽永而伟大的力量，存在那瓶瓶罐罐的小千世界里，存在那风吹而过的连绵山丘？"或许你心中早已有了答案。

在近两个月的展期里，有 30 余万观众走进成都市美术馆观看了展览，展览的举办收到了诸多正面的反馈和褒奖。但仍有很多遗憾和值得改进的地方。在"中青年视觉艺术策展人"培训学习过程中，多元的授课体系让我对策展相关学科有了进一步的理解，如何架构严谨的策展逻辑？如何合理地进行展览结构划分？如何策划有效的公众活动？如何进行策展项目的系统化管理？如何延伸策展学科间的融合与互补？通过学习、交流、合作，学员们共同找到答案，再运用到未来的策展实践中，这份收获和积累弥足珍贵！

参考文献

蒋梁. 直观 时间 显现——莫兰迪绘画方法研究［D］. 杭州：中国美术学院，2010.

雅各泰. 朝圣者的碗钵：莫兰迪画作诗思录［M］. 光哲，译. 北京：商务印书馆，2020.

中国文联文艺研修院

Academy of Literary and Art, CFLAC

卢　毅

戏剧导演，策展人，副教授，成都太可文化传播有限公司总经理，新西兰人人艺术基金会主席。曾策展新西兰中国建交50周年新西兰特展，编剧并导演戏剧作品《黄金时代》，代表新西兰人人艺术基金会获得新西兰政府特别贡献奖励和总理勋章。

参训感言

非常荣幸能够参加2023年中国文联及国家艺术基金共同举办的全国中青年策展人才训练班，这是我人生中一个宝贵的学习机会。通过30天的线下集中学习和30天的线上讨论学习，我获益良多，从中汲取了宝贵的经验和知识。

此次培训让我深刻体会到，艺术策展不仅仅是展览的设计和组织，更是一门综合性的艺术。它要求我们对不同文化、历史和艺术形式有深刻的理解，同时也需要我们具备创意、组织和沟通的能力。这是一项充满挑战和机遇的工作，能够参与其中我感到非常幸运。

在此，我要感谢中国文联和国家艺术基金的支持，感谢所有导师和讲师的精彩教导，感谢所有同学的分享和互动。这次培训将成为我未来策展生涯的宝贵经验，我将继续努力，为中国的艺术发展贡献自己的力量，让更多人能够感受到艺术的魅力。

45

浅谈中国文化艺术在国际文化艺术交流中的策略

卢 毅

摘　要：中国拥有丰富多彩的文化艺术传统，近年来在国际文化艺术交流中发挥了越来越重要的作用。本文旨在探讨中国文化艺术在国际文化艺术交流中的策略，以提高中国文化在全球范围内的影响力和可持续性。我们将从文化交流的历史背景、中国文化的特点、国际文化艺术交流的挑战以及中国采取的策略等方面进行分析和讨论。通过研究，我们将探讨中国文化艺术在国际舞台上的发展，并提出未来可能的发展方向。

关键词：中国文化艺术；国际文化艺术交流；国际传播；现代文化创意；文化交流平台；跨文化合作

一、引言

中国文化艺术在国际交流中的重要性不容忽视。随着全球化的推进，文化交流成为不同国家之间相互了解和合作的重要途径。中国作为一个拥有悠久历史和丰富文化传承的国家，在国际舞台上扮演着越来越重要的角色。中国文化的独特之处和深厚内涵，使其在国际交流中具备巨大的吸引力和影响力。

中国文化的魅力在于其博大精深的传统，以及与之相伴的哲学、艺术、文学等领域的丰富成果。例如，中国的儒家思想强调和谐、礼仪和人伦，这些价值观在国际交流中能够促进文化多元性和相互尊重。另外，中国的绘画、书法、音乐、舞蹈等艺术形式，展现出独特的审美理念和表现手法，吸引着全球观众的目光。

当下是一个多元化的时代，国际文化艺术交流不仅仅是一种单向的文化输出，更是一个相互学习、共同进步的机会。通过文化交流，不同国家的人们可以更好地理解彼此，超越语言和地域的限制，增进友谊和合作。因此，探讨中国文化艺术在国际交流中的策略，不仅关乎中国的文化传承和发展，也关乎人类文明的交融与发展。

二、中国传统文化的国际传播

中国传统文化在国际舞台上的影响力远远超出了国界，成为中外文化交流的重要桥梁。这种影响力体现在多个方面，不仅使中国文化更广泛地为世界所认识，还为国际社会带来了深刻的启示和感受。

影响力的体现：中国传统文化源远流长，其深度和广度都有一定优势，同时我们国家在世界经济中的地位不断提高，再加上多年来的对外文化推广工作，让中国的传统文化和艺术受到更多国际社会的关注，在全球范围内产生了积极的影响。儒家思想强调的“仁爱”和“和谐”观念，以及道家的“自然”理念，都在国际交流中被广泛传播，同时中国传统文化也通过其独特的艺术和哲学元素，丰富了世界文化的多元性，推动了不同文明的交流与融合。

举例应用：中国传统文化元素在国际活动中的应用不胜枚举。以春节庆典为例，世界各地的城市在春节期间举办庆祝活动，如花灯展、舞龙舞狮等，吸引着大量观众的参与。这些庆典不仅展示了中国的传统节日，更在全球范围内传递出喜庆、团圆、希望的文化价值。此外，京剧作为中国传统戏曲的代表，也在国际间举办演出，吸引着许多外国观众。例如，法国的“巴黎京剧团”就将京剧的表演技巧融入法国的戏剧创作中，创造出独具魅力的艺术形式。

赢得国际观众的认同：传统文化通过艺术形式赢得国际观众的认同，部分原因在于其独特的审美和情感表达。中国传统绘画、书法以及音乐等艺术形式，常常通过简约、留白的表现手法，引发观众的联想和共鸣。这种审美体验不仅仅是对技巧的欣赏，更是对中国文化的认同和尊重。艺术能够超越语言的障碍，直接触及人们的情感和内心，从而使中国传统文化在国际舞台上赢得广泛的赞誉。

总而言之，这些年来中国传统文化在国际交流中的影响力和应用是多方面的，从传递价值观念到推动文化创新，都为世界文化的发展做出了重要贡献。通过艺术形式的传播，中国传统文化在国际上赢得了认同和喜爱，为促进文化多样性和文明互鉴做出了积极的努力。

三、现代文化创意的推广

中国当代艺术、电影和音乐等在国际市场上的表现正日益受到世界的关注，成为中国文化走向世界的一种重要表现形式。

中国当代艺术：中国当代艺术家正在通过各种媒介表达其对社会、历史和文化的思考。他们的作品在国际艺术展览、画廊和艺术节上得到了广泛展示。这些作品不仅反映了中国当代社会的变迁，也促进了中外艺术家之间的交流和合作。

中国电影的国际荣誉和市场拓展：中国电影业近年来在国际电影节上取得了显著的荣誉，中国电影在国际市场上的份额也在逐步扩大。票房爆款如《流浪地球》和《哪吒之魔童降世》在海外市场取得了不俗的成绩，吸引了国际观众对中国电影的兴趣。

文化创意产业的战略地位：文化创意产业在国际交流中具有重要的战略地位。它不仅是经济增长的重要动力，也是推动文化交流和跨文化合作的桥梁。通过打造文化创意品牌、支持创意产业企业等举措，文化创意产业在国际文化交流中发挥着重要作用。

总而言之，中国当代艺术、电影和音乐等现代文化创意形式在国际市场上的表现逐渐崭露头角，吸引了世界的目光。这些形式不仅代表着中国创意力的崛起，也在国际交流中促进了文化的多样性和创新。文化创意产业作为推动国际文化交流的引擎，将继续在未来的合作中扮演重要角色。

四、文化交流平台的建设

政府和相关机构在国际文化交流中扮演了很重要的角色，通过搭建各种文化交流平台，促进了中外文化的交流与融合，增进了人民之间的相互了解和友谊。

以新西兰为例：新西兰内政部、民族社区部以及新西兰社会发展部共同成立了 Everyone an Artist 基金会，当然我也是基金会发起人之一。这个国家基金会主要任务是推广各种形式的文化和艺术在新西兰的发展、融合与互鉴。而这也给我们中国文化的对外推广提供了一个重要平台。疫情之后，基金会联合中国驻新西兰使领馆推出了“新西兰建交 50 周年 · 世界更美好系列艺术作品展”。同时，基金会也和中国的艺术机构合作，为中国的艺术家和艺术机构来新西兰办展提供支持和便利。比如，中国美协理事刘中先生以及艺术家蒋焕先生都曾在新西兰参加展览，而且效果不错。

五、跨文化合作的未来展望

挑战与机遇：在国际文化交流中，中国面临着一些挑战，如语言障碍、文化误解等。同时，全球化也为中国提供了前所未有的机遇。中国作为一个拥有丰富文化遗产和创意能力的国家，有机会通过文化艺术交流，增进国际社会对中国的了解，同时也从其他国家汲取有益的文化元素。

关于未来国际文化交流，个人谈一点策略建议。

1. 尊重差异：在多元化文化背景下，各国社会生活与文化艺术都存在较大的差异，在海外文化交流中，以尊重为主。

2. 深化合作项目：积极参与国际文化交流项目，加强与其他国家在文化、艺术、电影、音乐等领域的合作。通过合作项目，促进不同文化的融合与碰撞，创造新的文化价值。

3. 推广创意产业：积极支持文化创意产业的发展，鼓励艺术家、创作者跨足国际市场，推动中国的创意产品和作品在全球范围内流传。

4. 多元宣传手段：利用互联网、社交媒体等现代科技手段，拓展文化交流的渠道。通过网络平台，更多的人可以了解中国文化的多样性，从而吸引更多国际观众。

5. 培养文化交流人才：培养更多熟悉国际交流的专业人才，以推动文化交流策略的制定和实施。这些人才不仅要具备文化深度，还要具备跨文化沟通的能力。

总之，中国文化艺术在国际交流中扮演着不可或缺的角色，它既是中国软实力的重要体现，也是促进人与人之间相互了解和友谊的桥梁。通过加强国际交流，中国可以更好地参与全球文化的互动，推动人类文明的交流与发展。通过合作、交流和互鉴，我们有望实现一个更加多元、和谐、共存的文化世界。最后，希望我们在新西兰的努力，可以成为大家国际文化交流的一个桥梁之一。

参考文献

Nye，Joseph S. Soft Power：the Means to Success in World Politics[M]. Public Affairs Books，2005.

Xia，Y. Chinese Opera as a Transnational Practice：the Spatial Practices of Chinese Opera in Los Angeles and Paris[J]. Asian Theatre Journal，2009，26（1）.